# 民商法教育教学问题研究

李跃利　著

燕山大学出版社

·秦皇岛·

**图书在版编目（CIP）数据**

民商法教育教学问题研究 / 李跃利著. —2 版. —秦皇岛：燕山大学出版社，2023.2

ISBN 978-7-5761-0465-3

Ⅰ．①民… Ⅱ．①李… Ⅲ．①民商法－中国－教学研究－高等学校 Ⅳ．① D923

中国版本图书馆 CIP 数据核字（2022）第 256901 号

## 民商法教育教学问题研究

李跃利　著

| | | | | |
|---|---|---|---|---|
| 出 版 人：陈　玉 | | | | |
| 责任编辑：张　蕊 | | | | |
| 责任印制：吴　波 | | 封面设计：吴　波 | |
| 出版发行：燕山大学出版社 YANSHAN UNIVERSITY PRESS | | 电　　话：0335-8387555 | |
| 地　　址：河北省秦皇岛市河北大街西段438号 | | 邮政编码：066004 | |
| 印　　刷：涿州市殷润文化传播有限公司 | | 经　　销：全国新华书店 | |

| | | | |
|---|---|---|---|
| 开　　本：700mm×1000mm　　1/16 | | 印　　张：16.75 | |
| 版　　次：2023年2月第2版 | | 印　　次：2023年2月第1次印刷 | |
| 书　　号：ISBN 978-7-5761-0465-3 | | 字　　数：300千字 | |
| 定　　价：69.00元 | | | |

# 序

新中国成立后，以马克思主义理论为指导的新的法学教育在全国兴起，并全面引进苏联模式，实行专才教育，为新中国培养法学人才。1957年以后，法学教育规模开始缩小，到"文化大革命"时被完全取消。改革开放以后，法学教育开始恢复、重建并逐渐迎来了发展的春天，尤其是1995年以后，进入了跨越式发展阶段，为依法治国方略的贯彻实施、建设社会主义法治国家发挥了不可替代的作用。随着时代的发展，我国法学专业的培养目标已从单一化转为多元化。这一转变，在当今司法考试的相关制度中已有所体现。国家对法学人才的需求与日俱增，为了满足国家的相关需求，各高校相继开设了法学专业课程，同时也肩负起为国家培养优秀法学人才的任务，但学校要想在真正意义上做到这一点，就要从积极构建法学专业实践性教学体系开始做起。法学是一门实践性很强的学科，其应用型的职业发展方向决定了实践教学在法律职业人才培养方面的特殊地位。但长期以来，我国传统法律职业人才培养的一大弊端就是重理论、轻实践，偏重法条法理的系统性和完整性传授，却忽视或弱化了学生实践能力的培养，这就造成理论教学与实践相脱节，导致有些法学毕业生进入工作岗位容易眼高手低，岗位适应期延长。各高校为了解决这一问题，也一直积极致力于应用型法律职业人才培养与法学本科实践教学体系的探索，以求实践教学模式难题能够得以破解。本书从法学专业实践性师资队伍建设、法学专业实践教学评价机制的构建、法学案例教学的困境与出路等多角度对法学专业实践教学问题进行了探讨。

民商法作为法律体系的重要组成部分，是法学专业教学的重点内容，其应用广泛，对教学的实践性要求更高。而要搞好民商法的实践教学，深刻把握民商法的热点和难点问题必不可少。本书主要选取了我国民商法领域内的热点问题进行研究，比如："试婚"的法律问题、单身女性生育权问题、婚内侵权损害赔偿问题、离婚救济问题、知识产权领域反垄断问题、公司治理问题、企业融资问题，等等。本书着眼于当今社会民事行为、商事行为、经济活动中出现的新现象，有针对性地分析了其中所蕴含的民商法学理论并提出处理思路和建议，以期对民商法研习人员有一定参考价值，也期望在教学中引领学生开拓创新，培养学生发现问题、分析问题、解决问题的能力。

## 一、经济、政治体制的变革对婚姻家庭制度的影响

随着经济体制转轨和政治体制改革的深化，整个社会发生了翻天覆地的变化，同时人们的价值观念也发生了很大改变，当新的价值观作用到婚姻家庭领域时，必然引起婚姻家庭巨大而深刻的变革。这些变革体现在人们的婚姻观、生育观以及夫妻关系上。

传统观念中，家庭关系的唯一模式是合法的婚姻关系，但随着社会不断发展，人们的思想也不断解放，一种新兴的婚姻模式——试婚，在中国悄然流行起来，并逐渐成为一种时尚。但目前，我国现行的婚姻制度并没有对此进行法律规制。试婚是一个介于真正婚姻关系与一般同居关系之间的新兴法学概念。一方面，试婚与一般的同居关系不同，试婚是双方当事人以缔结婚姻为目的的同居关系；另一方面，试婚毕竟不是真正依法登记的婚姻关系，不能按照婚姻法的规定来处理当事人之间发生的人身和财产纠纷。因此，应将"试婚"这一概念写入法律，明确试婚中双方的权利和义务，以弥补我国《婚姻法》在非婚同居方面的漏洞。

家庭是社会的基础，婚姻则是家庭的基石。婚姻的稳定，关乎着家庭与社会的和谐。然而近年来，家暴、婚内虐待等问题却愈演愈烈，给婚姻家庭和社会和谐蒙上了一层阴影。且更为严峻的是，各国在婚内侵权领域的相关立法几近空白。因为缺乏法律的强制力和保护力，受害者的权利仅靠道德和舆论的力量无法得到保障，也由此造成了一定程度的不良影响。因此，有必要通过立法建立健全婚内侵权赔偿制度，以更好地保障婚姻生活的幸福安定，规范夫妻双方的权利义务，填补法律上的这一漏洞，进而促进国家和社会的稳定。

随着人民婚姻自由意识的不断增强，对于离婚的认识也发生了很大变化，离婚自由得到进一步实施。但是，离婚这个法律行为会导致婚姻关系的消灭，使离婚双方当事人恢复到婚前自立的社会角色，在这个关系变动过程中，离婚弱势一方（妇女居多）的权利往往受到损害。能否处理好离婚这个法律行为，事关当事人的合法权益能否得到保障，如处理不好会引发诸多社会问题。而离婚救济制度对在离婚过程中当事人权利的保护发挥着重要作用，离婚救济制度的发展和完善有利于保障当事人的合法权益、调节社会关系、解决社会矛盾。目前，正值我国

民法典制定的重要时机，离婚救济制度的完善对于构建完整的民法典体例有着非凡的意义。

伴随现代社会的发展和女性社会地位的不断提高，愈来愈多的女性摒除传统观念，崇尚自由，选择独身、不婚的生活方式，以实现自身更大的价值。其中一些单身女性不想结婚或由于种种原因未能结婚，却希望能够生育自己的孩子，但我国相关法律法规把生育权限定在已婚夫妻之间，导致单身女性无法行使自由生育的权利。随着国内新生人口持续减少、老龄化趋势日趋严重，改变传统观念，通过立法赋予单身女性生育权对缓解人口危机不失为一个好办法。

## 二、世界经济局势的发展变化对我国知识产权战略的影响

知识产权法律制度是科学技术和商品经济发展的产物。在当代，随着以网络、信息技术为代表的新技术的发展，以及经济全球化趋势的不断增强，知识产权保护变得越来越重要。在依法治国的今天，法律制度将在鼓励知识创造和促进知识、信息的广泛传播，推动社会经济发展、科技与文化进步等方面发挥更加重要的作用。我国知识产权制度的完善也为知识产权法学的研究提供了广阔的空间。近些年来，学者们在知识产权法律制度的很多方面都做了积极的探讨，取得了丰硕的成果。"入世"之后，我国的知识产权制度已经被纳入全球知识产权保护体系这一大环境中，加强知识产权法律制度的研究更是为了适应时代的需要。知识产权法学研究具有丰富的内容，涉及制度规范、司法实务、国际保护等问题。

伴随世界知识产权保护水平的不断提高，跨国公司滥用权利的现象也日益突出。从根源上看，跨国公司在华知识产权垄断行为的泛滥主要还是由于我国在知识产权保护和反垄断规制的平衡问题上把握不足。入世后，我国加大了对国外知识产权的保护力度，然而现阶段我国仍未建立起完善的知识产权垄断规章制度体系，我国在防止和规制知识产权垄断行为方面的法律制度的建立仍属起步阶段，这使得我国相关产业在国际竞争中难免处于被动局面，对我国经济的健康独立发展有一定消极影响。我国必须尽快建立并完善有关知识产权反垄断的法律规章制度，吸取、借鉴世界各国在知识产权反垄断方面的研究成果和成功的治理模式，为知识产权反垄断提供有力的法律保障。从2015年震惊全国的跨国公司知识产权反垄断第一大案"高通案"的落幕，可以看出我国政府已经高度重视愈演愈烈的跨国公司在华知识产权垄断问题，为了改善制度缺陷，也在立法上做出了大量修正尝试，但仍存在许多不足和缺陷。本书第三编中的"知识产权领域反垄断立

法的比较借鉴""论知识产权的适度保护""知识产权搭售许可的法律规制""论商标侵权责任抗辩"等内容是作者对知识产权保护法律制度的完善所做的探讨。

近年来，"大众创业、万众创新"的浪潮方兴未艾。高校承担着知识传承和知识创造重任，越来越多的高校成立了知识产权教学研究机构，有的还成立了知识产权学院，这为知识产权高级人才的培养提供了坚实的基础，也为知识产权法学的学术研究提供了良好条件。高校又是科技创新的重要源头和知识产权的主要基地，对于实现创新驱动战略具有关键作用。高校知识产权的创造和运用已经取得显著成效，但离推动科技成果转化、建设创新型国家的要求还有一定差距。建设知识产权综合服务平台，全方位解决高校知识产权问题，是关系未来的长久之策，本书"高校知识产权综合服务平台建设研究"部分对解决高校知识产权走出学校、服务社会提出了有力措施，有助于全方位、长久性、高效率地解决高校知识产权被束之高阁的问题。

## 三、市场经济的进一步发展对商主体的影响

《民法总则》的出台推动了我国市场经济的法治化进程。《民法总则》实施不论是对民法典的制定，还是对社会主义市场经济的发展都具有极其重要的作用。作为受到《民法总则》实施直接影响的商主体，如何理解这些调整变化，如何尽快适应新的法律规定，在市场竞争中占领先机，保证经济秩序的稳定发展，本书"《民法总则》实施对商主体的影响"部分探讨了此问题。

公司作为最重要的商主体，在市场经济发展中起着不可替代的作用。其数量之众、体量之大、作用之强是其他商主体所不可比拟的。而在我国，母、子公司结构形态是十分普遍的，并且随着我国经济的高速发展，母公司、子公司的形式也越来越多，在这种发展状态下，一些问题也不断衍生出来，如母公司钻公司立法的空子，滥用公司独立法人人格、股东有限责任原则，利用子公司进行欺诈，规避合同义务、税收义务和社会义务，侵害中小股东利益等，不仅损害了子公司的债权人及中小股东的利益，还对中国证券市场制度的完善和健全形成直接挑战。从公司集团的经营角度看，母、子公司的控制与被控制关系是必然的，但是这种控制与被控制关系必须被限定在合法的正常限度内。若母公司滥用对子公司的控制权，对子公司实施过度控制，从中渔利，以致子公司完全丧失独立的法人资格，损害子公司债权人和中小股东的利益，便是不正当的行为，必须受到法律的制裁。本书"试论我国母、子公司民事责任的立法完善"部分分析了我国现在的公司制

度，为我国母、子公司制度的完善提出建议。

市场经济的本质是信用经济，缺乏诚信，市场经济的发展就难以为继。现阶段，我国经济活动中存在的信用危机，其范围之广、程度之深已到了惊人的地步，严重地影响着市场经济的健康发展，是招商引资、国际合作的重大隐患。上市公司本应是优质的诚信载体，却出现了严重的诚信缺失现象。我国上市公司诚信缺失的制度成因在于产权制度存在缺陷、股份制改造不规范、监督机制阻滞、法律制度缺损等。因此，必须通过完善公司治理结构，加强监管以提高失信的风险和预期成本，强化中介机构管理以降低信息不对称，加大非正式契约供给等机制予以治理。本书"论上市公司诚信治理的法律规制"部分研究了我国上市公司诚信缺失的表现、危害、原因和我国目前的上市公司诚信法律制度现状，提出完善我国上市公司诚信法律制度的建议。

## 四、经济新常态对融资市场的影响

近年来，随着中国经济增长速度的逐渐回落，中国经济开始由常态转变为新常态。随着经济步入新常态，一方面为企业转型升级提供了机遇，另一方面又加剧了对企业融资的约束程度。所以在新常态的背景下，了解企业融资存在的问题尤为重要，根据这些问题找出相应的解决办法，可以促进社会资源的有效配置和企业的健康发展。

融资难是我国中小企业发展面临的最大障碍。历史和事实证明，我国民间借贷在解决资金供求矛盾和促进我国民营经济发展方面发挥了极其巨大的推动作用。相关调查统计数据显示，50%以上的中小微企业的资金来自社会性的民间借贷。然而，民间借贷无疑是一把双刃剑，其在发挥积极作用的同时，也不可避免地为某些非法集资行为提供了温床，严重破坏了社会诚信体系的构建，扰乱了国家合法的金融管理制度，极大地影响了我国法律法规的权威和尊严。近年来，随着民间借贷的发展和壮大，其导致的各类民间借贷纠纷案件层出不穷，因而民间借贷受到了学者、金融家、政府相关部门以及广大人民群众的共同关注和高度重视，成为重要的研究课题。本书"论经济新常态下民间融资的风险防范""当前我国民间融资的风险成因及防范"两篇对用法律规制民间融资，健全民间融资法律体系，采取综合性的措施，构建符合中国国情的多层次、多元化的民间融资法律体系，正确引导民间融资更好地为经济发展服务，防范其风险提出了具体措施和对策。

# 前　言

本书收集了我本人及我的合作者在过去多年有关民商法教育教学方面的主要研究成果。其中"法学专业实践性师资队伍建设初探"一文是与任江海合作完成的，"《民法总则》实施对商主体的影响"一文是与乞雨宁合作完成的，"高校知识产权综合服务平台建设研究"一文是与王希勇合作完成的，"当前我国民间融资的风险成因及防范"一文是与许天城合作完成的，"马克思主义经典作家的婚姻家庭观"一文是与李佳合作完成的，"论商标侵权责任抗辩"一文是与闫旭合作完成的，"我国单身女性生育权法律问题研究"一文是与杨海鑫合作完成的。

民商法具有极强的应用性，对教学的实践性要求较高，搞好实践教学直接关乎民商法的教学成效。而搞好实践教学，首先需要一支较好的实践教学师资队伍，实践性师资队伍的建设不仅是培养学生实践能力的必要条件，而且对科研水平的提高、科研成果的转化和高校服务社会职责的完成具有重要意义，如何建立一支强有力的实践教学师资队伍，在"法学专业实践性师资队伍建设初探"一文中做了探讨。高校在实践教学工作中，普遍存在对目标定位和功能认识不足、评价方法缺乏科学性、重形式不重实效、管理欠规范等问题，影响了实践教学的应有效果。因此，建立和完善实践教学评价机制，对提高实践教学水平、改进实践教学方法、调动学生参与的积极性、提高实践教学质量具有积极作用，"论法学专业实践教学评价机制的构建"一文对此做了较为详细的探索。

教学与科研是高校的两项基本活动。一方面，高校通过教学来培养人才，为社会发展提供人才保障；另一方面，高校通过科学研究探索未知，寻求真理，创造知识。高等法学教育，与其他专业的高等教育一样，包括了科研这一重要内容。法学教学和法学研究是法治再生产的组成部分，是持续实施法治的关键环节。其中，法学教学为法治建设提供后备人才的支持，而法学研究为法治建设提供理论支持。有了法学研究，法治进程才能向一种科学有效的方向迈进。我和我的合作者在长期的教学实践及法律服务过程中对民商法方面的热点、难点问题进行了探讨,提出了自己的观点和主张,以期与同行切磋,希望本书能起到抛砖引玉的作用。

在本书出版之际,我要感谢人文与法律学院领导和法学系全体同人的支持,还要感谢我的学生宋雨轩、关诗语为此书的编排校对所做的工作。可以说,没有他们的帮助,此书的出版工作不可能完成。

作者

2019 年 9 月 30 日

# 目　　录

# 第四编　商主体问题研究

# 第五编　民间融资问题研究

# 第一编
# 民商法实践教学问题研究

# 关于当前师德建设的思考

引言：实施素质教育的关键是教师，高素质的教师队伍，是高质量教育的基础。德为才之帅，师德在教育中居于首要地位，它直接影响教育的水平和质量。因此加强师德建设，创建良好的教师队伍，是搞好素质教育、培养高素质人才的前提和保障。

《中华人民共和国教师法》第三条规定："教师是履行教育教学的专业人员，承担着教书育人，培养社会主义建设者和接班人，提高民族素质的使命。"因此，教师素质的提高是教育水平提高的关键，是民族素质提高的根本。而教师素质不仅包括教师的科学文化素质、身体心理素质，还包括教师的职业道德素质，即所谓的"师德"。一个称职的教师，不仅应该有丰富的科学文化知识、扎实的理论根底、健康的体魄、良好的心理素质，还应该有良好的师德。

## 一、师德的内涵

师德，即教师的职业道德，是教师履行职责时的行为规范和准则。师德是一位称职教师应具备的首要素质。师德应包括以下七个方面的内容：

### （一）遵纪守法，依法执教

教师应主动地学法、守法、执法、护法、传法，加强法律观念和法律意识，在法律允许的范围内开展教育教学活动，自觉依法办事，依法执教，维护法律尊严，为我国的法治教育和法治建设做好宣传者和排头兵；自觉遵守校规校纪，遵守社会公德，为学生起模范带头作用。

### （二）勤恳工作，爱岗敬业

教师应忠诚于人民的教育事业，一心扑在教育教学工作上。献身于教育事业是师德的核心和根本，也是国家和社会对师德的要求。只有爱岗，才会敬业，才会勤恳工作。以教育事业为重，才能够立师志、塑师魂、尽师责、创师业，才能激发献身教育事业的自觉性、责任感和使命感。

### （三）教书育人，热爱学生

教书育人，热爱学生是师德的基本要求和师德高尚的具体体现，也是做好教育教学工作的前提。邓小平同志指出："我们提倡学生尊敬师长，同时也提倡教师爱护学生。"对学生的尊重和热爱是师生情感沟通的唯一桥梁，是进行教育的前提条件。

### （四）讲究科学，治学严谨

教育是一门科学，是一种学问，是一项工程。教育是百年大计，教育工作时间长、见效慢，来不得半点虚假。做好教育工作，不仅需要超人的胆略，更需要严谨的科学态度、卓越的学识水平、超凡的教育能力和勇往直前的进取精神。要积极进行教学改革，不断探求适合各层次特点的教学方法，注重教育成效。

### （五）热爱集体，团结协作

所有教师都在为国家培养人才，其目标是一样的，彼此间应相互尊重，互谅互让，求大同，存小异。要摒弃文人相轻、各自为政的旧的传统习气，应和睦相处，取长补短，团结一致，密切协调，互相配合，不谋私利。《学记》中说："独学而无友，孤陋而寡闻。"团结协作才可能不断进步，多出成果，快出成果，出好成果。

### （六）淡漠物欲，廉洁从教

一位称职的教师，应廉洁奉教，淡泊名利，发扬奉献精神，为国家的教育事业尽心尽力。爱因斯坦曾说过，一个人的价值应该看他贡献了什么，而不应该看他取得了什么。教师应把为国家、为社会培养更多优秀人才作为自己的价值取向，而不应把挣钱多少作为自己的奋斗目标和衡量人生价值的尺度。

### （七）严于律己，为人师表

教育家叶圣陶说过，教育工作者的全部工作就是为人师表。身教重于言教，教师的一言一行有着强烈的示范性和巨大的感染力。因此教师要时时严格要求自己，用自己的模范行为去影响学生。

## 二、师德的作用和影响

师德不仅深刻地影响着学生，而且会通过学生作用于家庭和社会。它不仅影响学生在校期间的学习和生活，甚至作用于他们今后的生活道路和终身事业。

### （一）师德具有感化作用

教师的言行有着强烈的示范性和感染力，教师的思想倾向、道德情操、工作精神、学识水平、举止风度都会对学生产生一定的影响。编写教案、登台讲课、课堂辅导、批改作业、管理教学等各个环节都体现着教师的思想水平和工作能力，都会成为学生评价的标准、模仿的原型、认同的准则。俄国教育学家加里宁的《在欢迎荣受勋章的乡村学校教师晚会上的讲演》中曾说过："教师的世界观，他的品行，他的生活，他对每一现象的态度，都这样或那样地影响着全体学生。如果这个教师很有权威性，那么这个教师的影响就会在某些学生身上永远留下痕迹。"教师并不仅是知识的化身，而是作为整体存在于学生心目中的，其一言一行在学生心中有较强的影响力，其道德品质促使学生思想认识和心理上的变化，在学生心灵上留下印记。这种教师对学生具有较强的感化力，这种作用在某些方面甚至具有长效性，会影响学生的一生。

### （二）师德具有认同作用

教学过程是教师与学生双方合作的过程，在施教过程中，教师情感的表达和流露能够直接感染学生并影响到学生的学习动因和效果。学生的尊师心理，会使其对老师的信赖和信任胜过父母，常表现为父母的话可以不听，但老师的话非听不可。教师的褒奖，会让学生在内心感到欣慰和满足；教师的批评，会让学生内心感到震颤和羞愧。学生的可塑性和学生对教师的崇敬心理，比较容易让学生把教师的教导和要求变成个人的导向和行为准则。同时，通过师生情感的交流，可以使双方感情相通、心理相融。这种情感作用有助于增强教育的效果，促使学生世界观的变化。

### （三）师德具有导向作用

教师是教育过程中最直接的、有象征意义的人物，是学生可以视为榜样并拿来同自己的所作所为作比较的人物；教师的言传身教及其塑造出的自身形象可以潜移默化地感染和影响每一个学生，对学生来说，这是无声胜有声的教，是无形而有效的育。教师端庄的仪表、严谨的教学态度、渊博的学识、敏捷的思维、坚忍不拔的毅力和刻苦勤奋的钻研精神都会使其成为学生心目中的榜样。

## 三、当前师德建设的必要性及途径

在广大教师队伍中，绝大多数教师是注重自身师德修养的，是称职的，但也有少数教师不注意自己的教师形象，做出了与"教师"这一光荣称号格格不入的行为，如：说话粗野、不讲文明；体罚学生、侮辱学生；吵骂斗殴、不顾师表；索取财物、不讲手段；自私自利，不关心集体；不负责任、敷衍塞责；弄虚作假、不务正业；唯利是图、不思进取；等等。少数教师的这些言行，严重损害了教师队伍的形象，玷污了学校的名声，影响了学生的健康成长，甚至严重侵害了学生的身心健康，导致学生不愿或不敢上学，给社会带来一些不安定因素。因此，加强师德教育，整顿教师队伍，提高教师素质，是每所学校应常抓不懈的工作。

孔子说："德之不修，学之不讲，闻义不能徙，不善不能改，是吾忧也。""其身正，不令而行；其身不正，虽令而不从。"（《论语·公冶长》）要想教出好的学生必须要有好的教师。常言道："名师出高徒。"而好教师的造就，不仅是教师自身的事情，也是国家、社会、学校的事情。笔者以为，加强师德工作建设，必须从以下几个方面入手。

**（一）把好选用教师的第一关**

教师不仅是知识的传播者，而且是模范，教师应该由社会上最优秀的人来担任。然而，我国选用教师缺乏健全完善的机制和标准，这就难免使一些有才无德、有德无才、无才无德、不热爱学生、不热爱教育的人混进了教师队伍，无法保证教师队伍的高质量。因此，要建立健全一整套各级各类学校的教师选用机制，要经过全面分析考核，保证真正有才有德、热爱教育事业的人进入教师队伍。

**（二）创造师德建设环境，营造良好的育人氛围**

第一，师范院校应把师德教育作为重头课来抓；第二，各个学校对从其他非师范院校分配来的新教师和从其他渠道进来的教师要进行上岗前的师德培训，尽可能保证教师队伍的质量；第三，对已任职多年的教师和教学管理者要定期或不定期地进行有关职业道德方面的培训，学习有关职业道德方面的政策、法规和方法，加大师德宣传力度，树立榜样，介绍经验，做到"警钟长鸣"；第四，对教师和各类教学管理者的工作提出具体要求，并建立有效的激励、制约机制，把职业道德水平的高低作为考核教育工作者业绩的主要内容之一，对违反教师职业道德的言行进行必要的处罚，从而提高教师讲师德的自觉性和主动性。

**（三）建立起完善的评优制度，促使教师培养良好的职业道德**

教育管理部门要制定出一定的条件和评选优秀教师的办法，每年通过综合评定评选出优秀教师和不称职教师，并给予相应的奖励和惩罚（包括精神的和物质的），对连续被认定为不称职者应考虑是否将其清除出教师队伍，以免误人子弟。

### （四）把师德作为评聘职称的一项条件，促使教师注重自己的师德修养

应将师德作为教师评聘职称的一项条件。那些不负责任、不务正业、滥竽充数、见利忘义、违纪违法者在评定职称、晋职晋级时要靠边站，并予以解聘或降级聘用，以激励其转化，促使其加强自身修养。

### （五）强化教师的师德意识，使教师注重自身修养

外因是通过内因起作用的，外界采取的措施再多，如果不能引起教师自身的足够重视，那么一切规定和办法都无法起作用。说到底，教师的师德建设关键还是取决于教师本人。

#### 1. 要用心去爱每一个学生

师爱是师德的核心，是教师良好思想道德素质的集中体现，而师爱又会带来强烈的教育力量。实践证明：当教师与学生的关系融洽时，当学生喜欢自己的老师时，他就会听从教育，反之，学生就会有抵触情绪，拒绝接受教师或对教育者的教育不当回事。教师对学生的爱，要做到爱中有严，严中有爱，使爱有度、严有格，严慈相济。

#### 2. 教师要有正确的人生观和价值观

教师不仅是一个光荣且重要的岗位，而且是一种崇高而愉快的事业，它对国家的人才培养、文化科学教育事业的发展以及后代的成长起着重大作用。教师应以自己的职业为荣，应有甘做人梯的奉献精神，薄利重教，不为金钱所动，不为物欲所驱，这样才能以高尚的志节去影响学生、感召学生，从而收到"其身正，不令而行"的教育效果。

#### 3. 努力发挥教师的表率作用

教师在学生中应有崇高的威信，有威才有信，无威则无信，无信则不尊重。教师要想赢得学生尊重，要想树立威信，必须注意师表。加里宁说："一个教师必须好好检点自己，他应该感觉到，他的一举一动都处于最严格的监督之下，世界上任何人没有受着这样严格的监督。"师表是无声的语言。教师应具备无私、诚实、正直、谦虚、言行一致、光明磊落的美德，要做到举止端庄、语言文明、服装整洁、礼貌待人、和蔼可亲。只有这样，才能使教育顺利进行，才无愧于"人类灵魂工程师"的光荣称号。

# 论法学专业实践教学评价机制的构建

引言：高校在实践教学工作中，普遍存在目标定位和功能认识不足、评价方法缺乏科学性、重形式不重实效、管理欠规范等问题，影响了实践教学的应有效果。因此，建立和完善实践教学评价机制，对提高实践教学水平、改进实践教学方法、调动学生参与的积极性、提高实践教学质量具有积极作用。

法学专业是一个应用性十分强的学科，实践教学对提高其教学质量起着不可或缺的作用。卓越法律人才的培养也要求法学教育应当以法律实践应用能力为核心和导向。而当前，我国高等法学教育存在的突出问题之一就是学生实践能力不足，学校教育与社会需求脱节、学生学与用脱节，造成了连续多年法学专业毕业生就业率低的状况。加大实践教学力度、提高实践教学课程占比、强化实践教学效果成为各高校法学专业教学改革的重点。

因此，建立科学合理的实践教学评价机制对提高实践教学水平、改进实践教学方法、调动学生参与的积极性、提高实践教学质量具有积极作用。

## 一、法学专业实践教学考核评价存在的问题

从法学专业实践教学考核评价的研究和实施情况来看，主要存在下列问题。

### （一）目标定位和功能认识不足

法学教育界的不少人认为，法学实践教学相对于理论教学而言，应处于辅助性地位，实践课程应为辅助理论教学而设，并不具备独立地位。从高校管理层到教学一线教师，大多未能把实践教学放在与其他课程教学同等重要的位置加以对待，更不用说建立符合法学专业实践教学规律和特点的独立的评价机制。对实践教学的目标定位不准、对其功能的认识不足，致使对实践教学重视不够，其结果必然是导致实践教学考核评价机制的缺失，这极大地影响了开展实践教学的积极性和实效性。

### （二）重形式不重实效

目前，各高校的法学专业实践教学项目主要是旁听审判、法治调查、法律诊所、

模拟法庭、专业辩论、专业实习、毕业设计等，可以说实务中可能接触到的法律工作均被纳入实践教学中。从法律实务到法学研究，涉及到了方方面面，所开科目不能说不全，但无论是学生还是老师，大多认为许多实践课程的设置没有达到预期的教学效果，不少学生还认为这纯粹是加重负担、浪费时间，在这些课程（或活动）中没有什么收获。在实践教学中存在下列问题：一些项目只能让一小部分人参加，不能做到全部学生参与，没有参与其中的学生则漠不关心，如模拟法庭、法律诊所、专业辩论等项目；一些项目由于无法考量而流于形式，如法治调查、专业实习；一些项目由于难度较大而难以把关，教师如果严格要求，可能会导致大多数学生考核不合格，使得考评无法进行，等等。究其原因主要有：缺乏科学系统的教学体系、没有教师全程跟踪指导、缺乏科学合理的考核办法和评判标准。

### （三）评价方法缺乏科学性

不少高校法学专业实践教学的评价方法主要是撰写总结、心得体会或实践报告等书面材料，在学生返校后交回，老师大致看看后打个分数，甚至看都不看，只要有材料就有成绩。这样的评价方式忽视了学生实践过程中的运用能力、操作能力、协同能力、执行能力、道德操守、认知能力等方面的综合评价，重实践结果而轻实践过程，重实践的书面形式而轻实践的实际表现，容易造成实践教学走过场，达不到让学生通过实践教学增长见识、锻炼能力、提高职业素养的目的，是不科学、不客观的。同时，在对学生实践教学的评价上，许多高校往往以教师的意见或学生参加活动的种类或次数为依据，评价方式单一，缺乏规范性和多样性。[①]这种评价方式与评价标准造成了实践教学评价信度较低，难以达到以评促学、以评促教的目的。因此，如何建立一个科学、客观、合理的实践教学评价体系值得我们关注。

## 二、构建法学专业实践教学评价机制的基本原则

法学专业实践教学评价是一个多层次的评价问题，涉及范围广、内容多，影响教学质量的因素是多方面的，既有学校的内部因素，又有社会的外部因素；[②]既有客观的因素（如环境因素），又有主观的因素（如组织管理因素）。这些因素决定了构建实践教学评价机制应遵循以下原则。

---

① 石雪梅. 高校思想政治理论课实践教学评价机制探析[J]. 科技信息，2010（2）.
② 冯小安. 实践教学评价指标体系的构建与实施[J]. 中国电力教育，2010（5）.

### （一）评价体系的客观性

评价指标体系应该是可测的、具体的、可操作的。在评价指标体系建立的过程中，要全面考量实践教学质量保障的各种因素，将其作为评价指标的组成部分，并根据各个因素的重要程度赋予相应的权重，尽可能做到考虑因素全面，评价指标设置合理、客观。整个评价体系要有利于调动师生参与实践教学的自主性、能动性和创造性，要客观反映实践教学的实际情况。

### （二）建章立制的规范性

进行法学专业实践教学评价要建立一套切实可行的规章制度，依法管理，使评价工作规范化、标准化、制度化，克服无序性和主观随意性，实行有效控制，保证实践教学工作像理论教学工作一样有序进行，从而不断提高实践教学质量。

### （三）评价方法的可操作性

法学专业实践教学质量评价的重要工作是找出能反映实践能力变化的基本要素，根据其对实践教学质量的影响程度加以管理和控制，以保证实践教学目的的实现。目前，国内法学专业实践教学评价的方法基本上是学生自我评价（写心得体会、写实习汇报）和教师评价（根据实践报告给出成绩）。而在实际操作过程中影响实践成效的因素很多，过于简单的评价方法，虽然操作便利，但不能真实反映实践教学的质量。因此，制定一套便于操作、涵盖全面、能够反映各类实践课程特点的评价方法是实践教学课程所必需的。

## 三、法学专业实践教学评价体系的构建

### （一）评价主体

法学专业实践教学评价主体应当由指导教师（包括校内指导教师和实务部门指导教师）、学生和教学监督小组组成，应明确各自的职责。

1. 指导教师既是评价实践教学的主体，也是被评价的对象

指导教师的职责包括：编写实践教学的教学计划、教学大纲、实施建议；提醒学生实践注意事项；办理与实务部门的交接手续；跟踪了解学生的实践情况；解答学生在实践中遇到的专业问题；对学生的实践表现进行评价。

2. 学生既是被评价的对象，也是自我评价的主体，还是评价他人的主体

学生的主要职责是：服从学校和相关实务部门的安排，按要求从事专业实践，完成学校和相关实务部门布置的工作；对自己的专业实践进行评价；对其他学生的专业实践进行互评；对指导教师的工作进行评价。

**3. 实践教学专业指导小组应由同行专家组成**

实践教学专业指导小组的主要职责是确定专业实践课程、制订专业实践计划、建立实践基地、协调对内对外关系，对指导教师和学生的专业实践活动提出合理化建议并进行指导。

**4. 教学监督小组的主要职责是督促专业实践教学的开展**

教学监督小组应对专业实践教学进行检查、督导；对专业实践教学的各项指标完成情况进行考评，并奖优罚劣。

### （二）评价指标

实践教学的科目很多，对实践教学的评价应包括多个方面，要多方位、多层次地予以考虑。实践教学的评价指标应包括以下五个方面。

**1. 实践教学的硬件设施建设**

硬件设施包括：实践基地建设、实训基地建设、实验室建设、资料室建设、网络建设等。

**2. 实践教学保障措施**

实践教学的保障措施主要有：保证充足的实践经费；制定科学严谨的教学大纲；加强与实践基地的联络与交流；加强对实践教学过程的指导；不断改善实践教学环境；建立科学的管理体制，对实践教学进行监督管理，使实践教学管理工作规范化、透明化、制度化；对相关文件资料进行归档；严格遵守各项规章制度。

**3. 实践教学的实施**

不仅要重视对实践结果进行评价，更要重视对实践教学的过程进行评价。实践教学课程的安排应当符合法学专业教学规律。实践教学进程的安排应当科学合理，应该有利于引导学生消化和拓展所学知识，有利于培养学生运用知识、运用法律、发现问题、分析问题、解决问题的能力，有利于培养学生独立思考、灵活应变的能力。在实践教学进程中，指导教师应时常对学生进行指导，发现问题应及时提醒和解决；学生应按阶段汇报实践进程中的问题和收获。

**4. 实践教学效果**

对实践教学效果进行评价，主要是考查专业实践教学是否有助于学生对法学专业的了解、是否提高了学生对本专业的学习积极性、是否锻炼了学生应用知识的能力、是否增强了学生分析问题和解决问题的应变能力、是否培养了学生细心观察分析的习惯。同时，也可以检验理论教学的效果，帮助教师不断完善教学内容、改进教学方法、提高教学水平。

5. 实践教学考核

实践教学的考核不同于理论教学，不能简单地以最终考试结果衡量，而应该突出对运用能力、分析问题和解决问题的能力、应变能力、协调沟通能力、总结归纳能力等综合性能力的考评。要减少仅凭一份汇报、一份总结而定成绩的主观判断占比，提高对整个实践过程的客观表现的考量占比（如出勤、态度、操作能力、与人相处的能力、学习能力等）。

（三）评价方法

实践教学的评价方法直接影响评价目标的实现和评价工作的效果，良好的评价方法能够客观反映实践教学的效果，公正地考量学生的各种能力和教师的教学能力。反之，则无法反映实践教学的真实情况，也无法对学生和教师进行客观评价，可能会影响实践教学的顺利进行。评价可遵循以下原则：自评与他评相结合，评学与评教相结合，过程性评价与终结性评价相结合，惩罚性评价和发展性评价相结合，依此避免单一评价所导致的不全面、不客观，以促进实践教学评价体系的不断完善。在具体操作上可采取下列方法来进行。

1. 学生自评

学生作为实践教学活动的直接参与主体，既了解实践教学活动的整个过程和具体情况，又切身感受到自身能力和综合素质在实践中是否获得提升，是实践教学考核最直接的评价主体。操作上，可以由学生填写有关表格进行自我量化来评价，也可以让学生通过写总结、写收获来进行自我评价。

2. 学生互评

各专业班级或专业小组学生，对本班或本小组成员的专业实践表现进行互评，并给出成绩，最后的平均成绩是该学生的互评成绩。此种评价方法便于班组成员的相互督促、相互学习。

3. 指导教师评学生

由于实践指导教师深入实践教学第一线，作为组织者、指导者和学生直接接触，最了解学生在实践活动中的表现，是实践教学考核最主要的评价主体。实践指导教师对学生的实践过程、实践效果进行评价，依据学生是否遵守实践课纪律、实践态度是否认真、实践报告和总结是否按时提交以及写作质量好坏进行考核，并给出成绩。

4. 实践基地评学生

实践基地作为实践活动的提供单位和接待单位，是学生实践活动的第一线，熟知实践活动的要求和操作规程，最了解学生在实践活动中的表现，在对学生的实践活动进行考核时最具发言权。

5. 专业指导小组评指导教师

评价教师在实践教学安排、教学思路、教学方法等方面的设计及实施情况，重点考核实践指导教师的业务素质、组织能力、管理水平等，考核教师对实践教学的准备与落实情况。包括：教师是否制定有切实可行的实践教学大纲和实践教学计划、是否有详细的实践教学活动方案、是否对学生提出了明确要求、是否对学生进行了耐心细致的指导、是否对学生进行了客观认真的考核、是否尽职尽责等。

6. 教学督导小组对各实践教学科目进行综合评价

教学督导小组通过教学文件资料检查、材料调阅、现场抽查、教师座谈会、学生座谈会等多种形式，对专业实践教学环节的教学准备、实施和教学效果等情况进行综合评价，找出优点和不足，分析影响实践教学质量的问题所在，提出整改意见。

### （四）监督管理

1. 建立专业实践教学质量的反馈系统

反馈是指一个系统输出的信息又返回输入到本系统内，以进一步完善本系统。法学专业实践教学质量的提高是一个渐进的过程，它需要建立一个科学的实践教学质量反馈系统，总结经验，发现不足，加强管理，不断进行探索改革，才能达到应有效果。实践教学质量的反馈包括实践教学过程的反馈和实践教学结果的反馈。对实践教学过程应实行全程监控督导，可采取日常督导、专项督导、综合督导、跟踪督导等多种形式，及时发现问题，解决实践教学中存在的不足。[①]对实践教学结果的反馈，可通过问卷调查、学生座谈、教师座谈、接收单位座谈、检查分析实践报告和实践汇报等途径获得，研究实践教学中存在的问题，并提出解决问题的方案。

2. 完善实践教学监控和评价管理机制

健全的组织机构、严格的管理制度和科学的评价考核机制，是保证实践教学质量不可或缺的要素，为此，必须建立一套完整的监控和评价管理机制。一是成立专门的实践教学质量监控与评价机构，负责审定实践教学质量监控工作计划与

---

① 张颖杰. 影响高职教学质量的关键因素研究[D]. 天津：天津大学，2008.

实施方案，制定实践教学效果评价制度，指导、检查实践教学质量监控工作，研究解决实践教学质量监控实施过程中发现的重大问题，制定实践教学质量监控工作奖惩办法，①② 实施规范化、科学化的管理。二是建立学生联络员制度，由各班或各小组认真负责的学生代表担任联络员。收集学生实践教学情况的各种信息并及时反馈给学校相关部门，使学校能够全面了解实践教学情况，及时采取修正措施。

　　应用型法律人才的培养是一个综合工程，而实践教学的灵活运用是培养应用型法律人才不可或缺的手段。对实践教学进行评价是调动师生参与实践教学的积极性、督促师生重视实践教学的重要保证，是知识转化为能力的催化剂。建立一套科学合理的实践教学评价机制对于提高实践教学水平、改进实践教学方法、保证实践教学质量具有重要意义。

---

①张洪斌，林应耀. 地方普通高校实践教学监控与评价机制研究[J]. 琼州学院学报，2009（10）.

②李培敬. 经管类专业实践教学评价和质量监控体系构建[J]. 潍坊教育学院学报，2011（7）.

# 法学专业实践性师资队伍建设初探

引言：目前对法学专业学生实践能力培养的重要性已形成共识，但建设一支法学专业的实践性师资队伍，尚没有引起足够的重视。实践性师资队伍的建设不仅是培养学生实践能力的必要条件，而且对科研水平的提高、科研成果的转化和高校服务社会职责的完成具有重要意义。国家主管部门要出台相应的政策推动实践性师资队伍的建设，高校应采取具体措施加强实践性师资队伍的建设，高校教师也要主动地通过多渠道提高自身的专业实践能力。

法学专业本科毕业生的严峻就业形势，反映了我国目前法学教育存在着诸多问题，其中就包括不重视学生实践能力的培养，这一点可以说已形成共识。但如果把存在问题的原因之一归结到法学专业师资队伍的建设上，那就不一定能得到认同了。因为近年来，随着我国法学教育的发展，法学教师队伍的人数、学历、职称已得到空前的提高。如今招聘法学教师"博士、教授"等往往是入门条件，这往往也是共识。以如此高标准的条件招兵买马，怎么能说不重视师资队伍建设呢？但作者认为在法学专业教师队伍建设中忽视实践性师资队伍的建设是目前法学教育存在的主要问题之一，它不仅使培养的学生不能适应社会需求，而且影响到法学专业从教学到科研的整体水平。因此，法学专业实践性师资队伍的建设是必须加以探讨和研究的课题。

## 一、法学专业实践性师资的界定

### （一）法学专业实践性师资的内涵与特征

实践性师资是具有较强的专业实践能力并担负培养学生专业实践能力职责的师资。所以实践性师资具有两个重要特征，一是自身具有较强的堪为人师的专业实践能力，二是担负着培养学生实践能力的职责。关于这一点，与理论教学是相同的，正如理论教学需要教师一样，实践能力的教学同样需要专业的教师。理论教学分学科，需要不同专业的师资，比如法理学、刑法学等；同样，实践教学也是分学科的，比如有办理诉讼法律事务能力与非诉讼法律事务能力之分、辩护能力与审判能力之分等。

### （二）实践性师资的具体类型

1. 根据实践性师资的来源分类

根据实践性师资来源可以将其分为校内实践性师资和外聘实践性师资。校内在编教师从事学生实践能力的培养，属于校内实践性师资，是实践性师资的主体。实务部门应邀担任的学校兼职教授或校外辅导员属于外聘实践性师资。目前许多院校的法学专业从实务部门聘任了兼职教师，大多是看重了实务部门的实践优势。实务部门的教师也多是在受聘学校从事实践性教学工作，比如指导学生的毕业实习，到受聘单位开展实务方面的讲座和交流。这部分教师不占编制，如果用得好，他山之石可以攻玉，事半而功倍，是实践性师资队伍的重要组成部分。

2. 根据实践性师资的专门性分类

根据实践性师资的专门性可以将其分为专门的实践性师资和兼顾培养学生实践能力的师资。学校编制内配备的专门从事实践教学的实践性师资属于专门的实践性师资，比如专门从事模拟法庭教学、毕业实习指导、辩论能力指导的教师。就像学校配备有专门的理论师资一样，学校也应该配备专门的实践性师资，这正如理工科的教学既有理论课教师又有专门的实验师一样。这种类型虽然在包括法学在内的文科教学中不一定有绝对多的人数，但它的确应该是实践性师资的主体。目前各高校法学专业此类型的师资队伍急待建设。具有较强的实践能力，在理论课教学中兼顾培养学生实践能力的师资属于兼顾培养学生实践能力的师资。理论课教师本身也应具有一定的实践能力，在具体学科理论教学中担负着培养学生本学科相应的实践能力的职责。这部分师资，虽然不是专门的实践性师资，但人数众多，他们自身实践能力的有无，以及在理论课中是否重视培养学生实践能力，对学生实践能力的培养有着广泛而深远的影响。这样看来，所有法学专业的教师都应该是不同程度的实践性师资。

3. 根据实践性师资所承担的培养学生具体实践能力的类型分类

根据实践性师资所承担的培养学生具体实践能力的类型可以将其分为承担学生立法能力培养的师资、承担学生司法能力培养的师资和承担学生行政执法能力培养的师资。在培养学生司法实践能力的师资中，又可以分为培养学生审判能力的师资、培养学生辩护能力的师资、培养学生公诉能力的师资等。越重视学生实践能力的培养，对学生实践能力有关问题包括师资的划分就越细。

### （三）法学专业实践性师资队伍建设中几个关联性问题

#### 1. 实践性师资队伍的建设与教师实践能力的培养

对教师实践能力的培养是实践性师资队伍建设的一项重要内容，其是在现有师资队伍的基础上，通过培养教师的实践能力，从而建设实践性师资队伍的方式。而实践性师资队伍的建设，包括引进现成的实践性师资和对现有师资队伍的培养、管理和考核等。

#### 2. 教学实践能力与专业实践能力的区别

教学实践能力与专业实践能力是两个不同范畴的概念，前者属于教育学范畴，后者属于学科专业范畴。

经常听到一些资深教师说，我教了大半辈子书了，积累了丰富的教学经验，你怎么能说我缺乏实践能力，不属于实践性师资？这位教师的说法混淆了教学实践能力和专业实践能力的区别。如果你教了一辈子诉讼法学，但从没有亲自为一个真实的案件写过诉状、代理过一方当事人或从事过审判，就不能说你有丰富的实践经验和实践能力，只能说你有一定的教学经验，并且是理论和知识的教学经验，而不是培养学生实践能力的教学经验。

## 二、法学专业实践性师资队伍建设的重要性

### （一）实践性师资队伍建设是培养学生实践能力的需要

韩愈早在《师说》一文中就开宗明义地提到"师者所以传道授业解惑也"。其中"传道"相当于今天的理论教学，而"授业"相当于今天强调的实践能力教学。教师要给学生授业就必须自己有业，正如给学生传道必须自己有道一样，否则无道可传，无业可授。为了培养学生的实践能力，教师自身不但必须有实践能力，而且必须有丰富而高超的实践能力。我们常说要给学生一杯水，教师必须有一桶水，这句话不仅是对理论教学的要求，同样是对实践教学的要求。实践教学比理论教学更需要教师的指导。有的老师说，我们的教学不能太急功近利，实践能力可以在参加工作后逐渐培养。照此逻辑，实践能力可以以后自学，那理论知识同样不也可以自学吗？实际上，理论比实践更容易自学，实践比理论更需要教师指导。高等教育自学考试不设立像临床医学专业这样实践性极强的专业的原因，就是因为实践能力难以自学，而理论知识相对容易自学。法学专业开设有自学考试，在校法学专业学生的优势本来是实践教学，但如果忽视了法学专业实践能力教学，忽视了实践性师资队伍的建设，就失去了优势，本末倒置了。

### （二）实践性师资队伍建设是提高考研水平的需要

没有实地调查就没有发现，没有实践就没有真正的原创。理论联系实际、实践出真知等唯物主义认识论的原理佐证了法学研究离开法学实践就成了无本之木、无源之水，高质量的科研成果来源于高质量的专业实践。高质量的实践需要高水平的实践能力，所以加强实践性师资队伍建设，提高教师的实践能力，是提高高校科研水平的要求。诚然，我们可以从别人的实践中获取信息，然后进行逻辑推演，虽然可能得出理论成果，但资料来源的可靠性、成果的原创性，都将大打折扣。

### （三）实践性师资队伍建设是服务社会的需要

服务社会是高校教师重要的职能之一，服务社会必须要具有专业实践能力，也就是把科学技术转化为生产力。法学理论知识转化为指导法律实践的力量，没有身体力行的实践能力是不行的。

### （四）实践性师资队伍建设是法学专业自身特点的要求

法学专业是一门实践性极强的学科，实践是法学专业的生命，如果说高校任何学科都要重视实践教学和实践性师资队伍建设的话，那么法学专业由于其实践性的特点比其他学科的要求更为强烈和迫切。

## 三、当前高校实践性法学师资队伍建设存在的问题

### （一）没有专职的实践性教师

没有专职的实践性师资，是当前法学教育中一个普遍的问题。现在高校的文科教学存在的问题包括法学没有专职的实践性师资队伍，实践课程仍由原来的理论课教师兼任，毕业实习一般是由实习基地的工作人员担任指导教师。理论课教师承担实践性课程，只能勉为其难，校外工作人员担任实践课指导教师，随意性较大，二者都不能代替专职实践性师资的地位。

### （二）现有教师缺乏实践能力和经验

现有法学专业教师一般是从高校硕士、博士毕业生中招聘而来的，他们从高校的学生到高校的法学教师，很少专门参加社会的法律实践。引进教师重学历，轻能力；重学术能力，轻实践能力；在考核中，重教学实践能力的考核，轻专业实践能力的考核。而教师实践能力的核心是专业实践能力。现今的法科教师队伍中，具有丰富的实践经历和科研经验的"双结合人才"少之又少，个别实践能力强的教师由于得不到重视，流向了实务部门，如专职律师、专职的国家官员等，

造成了实践能力强的教师的流失。

### （三）教师的实践能力没有在管理体制中得到重视

目前高校中教师的在职进修、访问学者交流等都是从高校到高校，没有教师与实践部门访问交流或在职培训的规划和制度。没有制度保障，实践性师资队伍就不可能得到系统建设。

### （四）实务部门兼职教师虚设现象较普遍

目前实践性师资队伍的建设已经引起了一些学校的注意，比较速成的方式是在实务部门聘请兼职教师，如聘请实务部门的法官、检察官、律师等担任兼职教师。不能否认不少兼职教师不计报酬，热心法学教育，为受聘高校做了大量的工作。但受限于兼职教师的管理制度，其待遇的经费来源等问题没有解决，所以，普遍的情况是兼职教师往往只是一个名衔，没有真正发挥出培养学生实践能力的作用。

## 四、建设法学专业实践性师资队伍的具体措施

### （一）国家主管部门应采取的措施

1. 将实践性师资队伍的建设作为高校办学评估的一项指标

教育部组织的高校本科教学水平评估充当了高校办学指挥棒的作用。为了在评估中获优，各高校不惜重金引进高职称高学历人才，但很少有不惜重金引进实践性人才的。这是因为就法学专业而言，实践性师资不是教育评估范围的重点。我国目前的本科教学评估存在评估目标模糊、标准单一的问题，没有充分考虑不同层次、不同类型高校和不同学科、专业的特殊性，分类指导功能不强。就法学本科来说，应当就实践教学制定专门的评估方案，如果教育部将实践性师资队伍的建设情况纳入评估范围并做硬性要求，将有利于促进高校法学专业实践性师资的建设。

2. 制定以实践能力作为晋升职级依据的政策

如今教师晋升职称、竞选领导岗位，主要看科研和教学，所谓科研就是发表了几篇文章，所谓教学主要是指理论教学。如果能将教师的实践能力作为晋升的依据之一，将有利于促进教师主动寻找或创造机会提高自身的实践能力。

### （二）高校应采取的措施

1. 制订并落实引进实践性师资的计划

对于高校决策层而言，不仅要引进人才，而且要把引进实践性人才列入引进人才计划。对于法学专业而言，就是要引进有实务部门实践经验的人才。过去聘

任教师主要看是什么学历、发表了几篇文章、有无课题，现在应该再加上一条，即有无实践经验，专业实践能力是否堪为人师。过去聘任教师需要试讲，试讲是一种教学实践能力的展示，现在除了试讲，还应通过现场辩论、解决法律难题、书写法律文书、出具法律意见、与现职教师对阵模拟法庭等形式一试身手，展示专业实践能力。

2. 加强对师资队伍实践能力和业绩的考核

在教师队伍的日常管理和年度考核中，如果增加对教师专业实践能力和实践业绩的考核，就能敦促教师加强自身实践能力建设。有人提出，实践能力不像科研和教学考核那样可操作，科研能力可以通过统计其发表科研文章的档次和篇数来考核，教学可以通过统计任课的课时量和获奖情况考核。其实实践能力也是可以考核的，因为实践能力是一种外在的能力，比科研和教学更直观，比如办理多少起诉讼案件、非诉讼案件，为社会提供了多少次法律援助，发表了多少专业实践性的文章，与实务部门进行了怎样的交流等。当然，有学者可能认为这些不能确切反映实践能力。其实任何考核方式都是有误差的，用发表文章的数量考核科研成绩，用课时数考核教学成绩，同样具有很大的误差。可以在考核中不断地完善考核办法，减小考核的偏差，建立起有效的实践性教学教师队伍考核评价激励机制，将考核结果与个人晋升、晋职、津贴、奖金挂钩，充分调动实践教学教师工作的积极性和主动性。这是实践性师资队伍建设的常规性措施。

3. 开展与实践部门的交流活动

高校可以建立与实务部门交流的机制，派教师到实务部门交流工作。改革单一的高校与高校的交流访问，变为兼顾高校与实务部门的交流。

4. 建立充分发挥实践部门兼职教师作用的机制

制定从实务部门聘任的兼职教师管理和考核的办法，把兼职教师的工作纳入年度工作计划内。落实兼职教师适当的经济待遇，把兼职教师的待遇、是否续聘与兼职教师的工作量和工作表现联系起来，授予表现突出的兼职教师荣誉称号，充分调动兼职教师的积极性。

5. 鼓励法学专业教师到实务部门挂职锻炼

现有法学专业教师具备法律职业资格的，国家法律政策允许担任兼职律师。有些地方比如北京的检察院系统，从高校法学专业教师中聘任兼职检察官，目前北京各区的检察院都有一名高校法学专业的教师担任兼职副检察长。法院从高校聘任兼职法官的情况比检察院要少，但人民陪审员制度为法院从高校教师中聘任人民陪审员提供了大量空间。其他一些实务部门也主动吸收高校法学教师兼职，诸如仲裁员、政府法律顾问、专家咨询委员会委员、企业法律顾问等，这是高校教师提高自身实践能力的机会，学校当局应当支持，并提供便利。有些学校把教师在实务部门的兼职作为宣传自身影响和实力的因素，这是很明智的做法。也有些学校领导对此存在偏见，认为一线教师在社会上担任能提高专业实践能力的兼职是不务正业，这种教育观念是不正确的。当然高校对社会兼职做适度的监控是必要的，首先社会兼职一定要经过所在高校同意，所在高校要审查教师兼职的内容是不是属于专业实践的范畴，不是就不许可；其次，兼职或参加社会活动不得影响本职工作，兼职的实践成果纳入考核的内容。实践性师资是法学专业师资队伍建设的紧迫问题，目前虽重在建设，但也要监控。

**（三）法学专业教师自身应采取的措施**

**1. 在参与社会服务的实践中提高自身实践能力**

教师自身应主动走与实践相结合、与人民群众相结合的教学和科研道路，结合自身条件，找到与实践结合的渠道。多到实务部门调研，多与实务部门的人结合成科研团队，取长补短。有法律职业资格的可以做兼职律师，多发表些在实践中解决具体问题的实践性文章。

**2. 在科研创作中提高自身专业实践能力**

学者写文章，先看别人的文章，这是必要的，学界也形成了一种共识，不看别人的文章，不可能写出好的理论文章。一篇文章要没有几篇上档次的参考文献，编辑就不会理睬，更不要说发表了。其实这种观点是很片面的，要想写出好的文章，不仅要看别人的文章，更重要的是要有自己的实践。看别人的文章只是为了避免做重复研究，是站在巨人肩膀上研究问题。但站在巨人肩膀上研究些什么，有没有自己原创的理论成就，还要看作者有没有自己的实践，有哪些实地调查，有哪些亲身经验。实践出真知，没有实践写出的文章再好也只不过是排列组合、归纳总结了别人的理论成就，不可能有真正原创的思想。只有真正走实践创新的科研之路，法学专业教师才会提高科研水平，同时才会在科研创作中提高自身的专业实践能力。

**3. 在培养学生实践能力的过程中不断提高自身的实践能力**

由于学校缺少专职实践性师资，校外兼职教师指导学生实践的机会又极为有限，所以目前学生的实践性课程基本上由理论课教师兼任。这些教师如果能在指导学生提高实践能力的同时，利用教学资料和环境加强自身的实践能力，不仅有利于当下的实践教学，从长远来看，也是实践性师资队伍建设的一种途径。

**4. 考取职业资格以真实的法律实践提高实践能力**

通过司法考试是法学专业学生就业的一项要求，参与真实案件的法律人必须获得职业资格。教师要想参与真实的司法实践、提高实践能力，就应该积极通过司法考试。

**5. 践行科研成果培养自身创新实践能力**

教师的科研是一项重头戏。实际上，有价值的科研成果往往是解决某类疑难问题的对策，如果教师能践行自己的科研成果，将有利于形成自己独具的创新实践能力。

综上，法学专业实践性师资队伍的建设包括专职师资的引进、兼职教师的外聘和现有师资实践能力的提高。目前可行的做法是以多渠道提高现有师资的实践能力，逐步引进实践性师资，切实用好兼职教师。这样才能实现法学专业实践性师资队伍乃至整个法学专业教育的科学发展。

# 法学案例教学的困境与出路

## ——以商法案例教学为例

引言：当前各高校法学专业正在掀起一场法学教育改革运动，包括商法在内的各门课程教学中引进了许多实践教学环节，极力推行了一些新型的法学实践性教育模式。其中，案例教学、法律诊所、模拟法庭、法治调查、专业实习等模式最为法学教育工作者推崇。不过，由于这些教育模式本身存在严重缺陷，要么与现实生活脱节，要么组织性差、学生参与度低，致使教学改革陷入另外一重困境。这种困境，在商法课程教学中尤为严重。商法学是一门内容丰富、实务性强的法律学科，传统的讲授式的教学方法与商法学科的特点并不完全相符，而案例教学法能够做到理论联系实际，形成师生间的互动，因此在商法教学中引入案例教学法，对于提高学生的学习效率、培养学生的实践能力、促进商法教学方法的改革等，有着极其重要的意义。

"法学教育的基本目的，在于使法律人能够认识法律，具有法律思维、解决争议的能力。"法学乃实用之学，法学学习的目的在于处理实际问题。在此意义上，本科法学教育应当定位于法律人的培养，即让他们在理解法律的基础上锻炼解决法律问题的技能，形成用法律思维对待社会问题的习惯。这一要求在商法课程教学中尤为突出，因为商法是一门具有较强的实践性、特别强调操作性的学科。因此，本科阶段的商法学课程目标更应强调学生素质特别是职业素养、实践技能的教育，要让学生在掌握民法基本理念与制度的基础上，了解商事活动的基本规律，了解商法各个制度的基本内涵与展开原理，培养学生以商法原理与制度规定来思考市场问题、规划交易活动、解决市场交易纠纷的习惯和能力。显然，以理论讲授、逻辑推演、规则解释为主要特征的传统课堂教学模式难以适应商法教学目标的需要。应当把职业技能培养放在商法教学目标的首位，理论教育只是作为职业素养教育的一个基础或手段。因此，教师的讲授只是教学展开的一个辅助手段，而学生的实践性参与才是根本所在。

## 一、案例教学中存在的问题

### (一) 缺乏商法思维

法律思维，即通过对法律概念与特征、评判、推理的运用去阐述法律制度与现象的一种错综繁杂的心理过程。而商法思维更主要的是必须严格地遵循商事活动的习惯与惯例，并不是简单地采用法律判断替代商业判断，它是一种在裁判商事活动案例、化解商事活动中遇到的法律风险时运用的特殊思维方式。商法思维方式需要依靠长期专业的锻炼和实践才能形成，不仅是商法教学工作者应该拥有的思维方式与思维能力，也是法律职业能力组成中的关键性因素。商法案例教学过程中，无论是对客观事件的阐述还是事件中蕴藏的法律问题的分析，都应该具备极强的抉择能力与综合分析的思维能力，商法案例教学除了应该为学生讲解各类案例蕴含的商法理论外，更主要的是要加强对学生甄别能力、推理能力与逻辑思维能力的锻炼与培养。加强对商事活动和法律思维能力的锻炼与培养，需要强化学生的效率、协作与责任意识。[①]

但是，在目前的商法实践教学中，教师在讲述、剖析案例之时通常会指引学生根据法律关系发生的时间顺序去进行分析，以便能够确定适用的商法规则，在商法无具体的条款进行明确规定的情形下，解析出案例中所涉及的商法原则或理念。而学生对案例进行分析或者是讨论之时，一般知晓案情，接着是考虑现行商法中是否有具体的条文涉及该问题，如果有具体的规定，则直接依据该规定予以解决。这样的商法实践教学，学生理所当然地会认为法律规定和教师所讲理论是先验正确的，一般不会主动思考案例引用的法律规则或者理论是否存在不足与缺陷，教师在讲述和分析案例时过于积极以及讲授方法的单调性，使得商法案例分析结果变得固定化，既磨灭了学生参与商法案例教学过程中的主动性与积极性，同时也制约了其思维创造性，导致商法创造性思维能力的锻炼与培养举步维艰。

### (二) 案例运用方法不明

商法教学活动运用案例到底应该采用怎样的方法呢？

方法一为案例例证法，即将案例作为一种证明例子予以引入，教师在对商法理论知识进行体系化的讲解后进行例证说明，用已讲授过的商法理论知识对案例予以分析，或者是通过案例来检验与解释理论。这里提到的例证法实际是一种演

---

①刘琳琳，陈礼. 商法案例教学的困境与出路[J]青年与社会，2015（1）.

绎法，从法律条文的具体规定下推演出案例结果。这种方法主要是学生听取教师的知识讲授，然后能从所举的教学案例中发现问题，掌握并巩固所学知识。案例例证法教学并没能从传统式的教学方式中摆脱出来，教学形式依旧维持着教师主动讲解与学生被动接受的特点，案例仅仅是对某一商法理论知识的呈现，其目的是体现该理论知识的实际状态。

方法二为案例导入法，即教师在讲授商法理论知识之前将案例作为引导，从而引出将要讲述的某一商法概念与制度。教师在进行商法案例教学的过程中必须借助具体商法案例展开，通过具体商法案例来呈现某种商法原则、商法规则或商法思维，达到所希冀的教学水平与质量。从本质上讲，案例导入法其实就是归纳法，在开始时让学生接触到具体的商法案例，并要求从中总结出一些抽象的原理与规则，进而使学生探究并证实商法所具有的普遍规律性的东西。在判例法国家中，案例导入法常常被用来展开教学活动，案例被融入制度与原理的讲解中，但是缺少严密细致的逻辑分析过程，导致商法制度表现得不全面、不体系化，不能形成一个完整的商法知识体系。

我国重视理论完备的讲授体制与具有个案特征的案例教学有着难以调和的不兼容性，因此，在商法教学中案例一直以理论辅助品的角色出场，商法案例教学"先天不足"似乎成为定局。

**（三）案例库资源不够丰富**

案例教学的进行应该围绕一些具有代表性的案例展开，案例库能够为案例教学提供一个充分展示的平台，所以，案例教学涉及资源库建设问题。商法案例是对法律最具体生动的解释，是沟通课堂与商事活动的桥梁，对商法教学案例资源的收集是案例教学活动的基础和前提，只有高质量的案例才能保证商法教学效果。英美法系国家的法学教育与生俱来就是案例教学，判例的公开化及其系统化能够使其案例教学匹配到最新而又全面的案例资源。在美国和英国法学院的图书馆中，即使是一个很小、很不起眼的案例也能够很轻松地搜索到，而其判决书内容不加修辞即可成为案例教学的鲜活资源。

然而，我国并不是一个实施判例法的国家，不能实现判例的公开化及其系统化，不存在一个系统化整理并提供案例资源的实施者，法律教育工作者要想完整而又体系化地得到案例资源相当困难。因此，现在案例教学唯一能依靠的是法学教育工作者的个人案例资源。对于商法教学案例而言，教学案例库不应该仅仅只有我国法院的司法裁判案例，更应该收入能够反映商事活动的商事活动案例，也就是商事非诉案例，只有同时拥有商事裁判案例与商事活动案例才能全面、真实地反映商事法律制度，从而有利于学生商事法律思维的训练与培养。目前来看，国内有条件对商事活动案例进行收集的高校并不多，有报道称，江西财经大学的法学院采用多种不同的方式收集来源于法律实务中的 400 多份商事审判案例的案卷，建立了一个能为商法教学活动服务的案卷库，防止了商事案例匮乏问题的出现。事实上，商事教学案例库资源匮乏已经成为我国商法案例教学亟待解决的问题。

## 二、案例教学的运用

注重对学生进行法律思维与商事思维融合的培养。在实际问题面前，仅有法律思维或者仅有商事思维都是不够的。培养法商结合的应用型人才尤其要注重融合"法"和"商"两种思维，使学生不但善于运用法律思维，在合法的前提下思考问题，同时还能从商人、消费者、市场等角度去妥当地处理实际问题。这样，我们培养出来的法商结合的人才才能够适应日益激烈的市场竞争。要培养出真正的法商结合的应用型人才，必然要求我们的学生在思维、观念层面上有所突破，决不能局限于"法"和"商"两种知识的简单相加。具体来说，法学专业的学生不仅要学好法学基本理论和法律基础知识，尤其是与市场经济紧密相关的民商、经济法律知识，还要在考虑合法性这第一价值的基础上，同时兼顾成本和效益等商事因素。而对于商科专业的学生来说，也要在学好本专业基本理论和基础知识的同时，在充分考虑合法性的前提下，注重成本和效益的比较。[1]

使用案例教学法培养学生的法商思维能力，应在"以思维为中心"的教学观指导下展开教学。在初始案例选择阶段应以提高学生的思维能力为核心，之后的提问、讨论等环节也应紧紧围绕于此，鼓励学生去分析、思考，从而真正达到教学目的。案例教学法的一个特点就是将学生置于主角地位，让学生参与到集体讨论中来，从不同角度剖析案例，利用所学知识发表观点、激烈辩论，而教师要做的就是为学生营造一个自由的讨论环境，并在学生分析讨论时予以适当引导，保证围绕主题不偏离。这种以讨论为主、启发为辅的教学方式对于培养学生的法商思维能力可以起到良好的作用。[2] 课堂讨论步骤可细化为以下四点。

①龚志军. 构建法商结合人才培养模式[N]. 中国教育报，2009-01-09（3）.
②欧洁梅. 以培养法律思维能力为目标探索案例教学法[J]. 学术论坛，2011（2）.

### （一）明确规则

教师根据不同的案例内容分配小组，且需要注意讨论顺序和时间安排。每组发表完观点后要留出时间给全班同学思考，时间长短要与学生互动的积极性相联系。

### （二）提出观点

每组讨论完毕后派代表宣读本组的观点，时间不宜过长，要求分析报告应观点鲜明、言简意赅。其他成员在这个过程中应当认真记录，并就分析报告提出自己的观点。

### （三）展开讨论

在讨论过程中，教师一定要调整好课堂气氛，对学生的发言适当地加以引导，使讨论能够紧扣主题并避免冷场。

### （四）案例反思

案例讨论结束后，教师不能只是简单总结，走个形式，应当组织学生进行反思。例如，就讨论的案例举出一些社会上发生的与之相类似的真实事件，或拓宽思路引导其思考现今社会存在的问题。[①]

## 三、教学案例的选用

在商法课程案例教学过程中，案例是案例教学的根本，是案例教学全过程的主线，因此案例的选择是案例教学中最为关键的一环。案例的内容要契合课本知识，定期清理不符合最新法条的老旧案例，同时也要注意所选案例的难易程度，这些都对教学质量有直接影响。[②]因此，根据以往教学经验，在选择和应用案例时，教师应从以下几个角度考虑。

### （一）重视案例的选用

案例教学的目的是让学生通过案例来理解法条。所以，案例本身的内容需要契合相应的书本知识，案情事实要与所要传授的基本理论相对应，案情事要能较好地揭示相应的法律规制，并要有探讨的价值。在众多的案例中，并非所有的案例都能满足教学内容的要求。因此，教师需要严格筛选具有一定理论深度且应用性强的案例，才能更好地适应具体教学内容和教学组织的需要，发挥案例教学的作

---

①李立新，孟祥宇. 案例教学法在民商法教学中的应用[J]. 洛阳师范学院学报，2013（7）.
②郑洁惠. 案例教学法在国际商法课程教学中的应用与创新[J]. 中外企业家，2017（6）.

用。有代表性的案例，能够加深学生对法律原理的认知，也有助于培养其解决实际法律问题的能力。同时，典型性的案例容易引起学生的好奇心，使其对案件的解决过程产生兴趣，从而引导学生主动去学习法律。因此，在商法授课过程中引入典型案例，是提升教学质量的必经之路。

### （二）注重案例新颖性

由于科技和信息的不断发展，商贸活动发生了深刻的变革，商法的案例也随着法律的完善而不断变化，但是法律的修订永远滞后于社会的发展。在案例的选择过程中，教师必须考虑商事实践迅速发展变化的实际。案例选编要立足商事法律实践，所选案情要与时俱进。另外，案例所涉法律规则要随着商事法律规范或惯例的修订同步更新，防止学生产生认识误区。

### （三）案例要与教学层次相适应

案例的选取要适应教学内容，要在学生知识的接受范围之内。同时，还要体现学校的办学层次和特色，选编由单一型简单案例和综合型复杂案例构成的、由易至难的阶梯递进式案例库。案例不能太简单或者太难，如果所选案例过于简单，学生不用思考就能理解，便失去了案例教学的意义；如果所选案例太难，学生就会由于知识储备不够产生困惑，过多依赖教师课堂讲解，无法发挥案例所应有的教学价值。一般而言，简单案例多用于导入案例，让学生带着问题进入到学习中，事半功倍。而运用复杂案例，可以用来诠释课堂教学的核心内容，强化知识点，引导学生分析问题和解决问题，在分析过程中养成严谨的思维习惯，并拓展学生的商法思维。

商法案例教学侧重于对学生思考、分析能力的培养，它带给学生的不是完整的商法知识体系，而是商法思维以及运用商法的艺术。学生通过对案例的学习与理解能够契合商事实践的需要，用商法理论来思索经济市场问题、规制商事活动，处理并解决商事活动中的纠纷，真正实现从学术理论教学向职业技能教学的转变，从而有利于学生理解和掌握知识要点，增长实际操作能力。

# 关于改进《公司法》教学方法的思考

引言：《公司法》是我国法学本科生的专业主干课程，也是最基础的科目之一。从 1994 年至今，我国《公司法》历经了 5 次修正，颁布了 5 个司法解释，成为所有法律学门中最经常变动与修改的法律之一，这些变动对"公司法"课程教学的改革提出了挑战。我国《公司法》的教学所面临的困难是教学方法上的创新，目前的课堂教学固定化、模式化，亟须进行全面的优化。在《公司法》的本科教学过程中采用什么样的教学方法才能既帮助学生掌握基本理论知识，又有利于提高学生的应用能力，这的确值得学界做进一步探讨。

现代市场经济最重要和最主要的企业形态就是公司，公司以无可替代的力量促进着社会的进步和发展。而《公司法》既为公司的发展点亮了航灯，又为公司的发展保驾护航。因此，法律专业的本科学生对《公司法》的理解和应用能力在以后的职业生涯中至关重要。随着我国经济政策的不断调整，《公司法》的教学不再局限于对法条的片面理解和记忆，开始注重理论与实务相结合。教师们也希望能通过课程的教学改革来寻找新的突破，激发学生的思维，使学生在掌握《公司法》的理论与内容之余，具备解决问题的能力。

## 一、《公司法》教学中存在的问题

### （一）从立法设计看

在立法上，缺乏具有一般性调整特征的类似于《商事通则》的规范，导致我国商事法律"群龙无首"。由于没有一部总纲性的法律进行协调，各个单行法不能形成商法体系内应有的联系，致使商事法律杂乱无章、缺乏统率、不成体系。在现行的单事立法模式下，有时候会出现重复立法的现象，如现阶段关于商事法人登记的法律，就有《企业法人登记管理条例》和《公司登记管理条例》等，既浪费了立法资源、增加了立法成本，又给商事主体的理论教学增加了不必要的麻烦。这一问题的解决有待于立法工作的进一步完善。

### （二）从课程内容看

传统的民法领域在内容、形式和立法经验方面受德、日等国家以及我国台湾地区的影响颇大，但是在最近 20 多年，我们在商事法律领域内更多地借鉴和继受了英美法系特别是美国法的内容、形式和立法经验的事实，使商事法领域很大程度上被"美国化"。这为单行商事法律原则、制度和规则的全面理解造成了很大困难。如在公司注册资本额制度方面的规定，德国和日本的立法采用的是法定最低资本制，而在英美法系中，美国 1969 年制定的《标准公司法》取消了最低资本额的规定，英国法律也并未规定最低资本额，只规定了设立公司时必须支付保险金，保险金的最低数额为 5000 英镑。我国原公司法立法采用资本信用的理念，有鉴于长期以来逃废债务和资本不实对我国经济秩序的困扰和影响，在德、日等国立法的影响下，对公司资本采取了典型的法定资本制。2013 年 12 月 28 日修改的《公司法》则取消了法定资本制，采用了认缴资本制。修改后的制度让我们创设公司更方便了，从某种意义上说在一定程度上也促进了就业。为加强认缴资本制下的违约风险防范，与之相配套的制度建设也在逐步完善，2014 年 3 月 1 日全国企业信用信息公示系统正式启动，同时我们还可以到最高人民法院网站的失信被执行人名单数据库中查询相关公司的信息。但是，迄今为止我国还没有相应企业强制责任保险的规定，由于资本保障的不确定，故对于企业致损的侵权债权人的权益保护方面，到底要如何进行，还是一个问题。认缴资本制的利弊以及其理论的周延性，很难让学生通过课堂讲解就有直观的认识。

### （三）从传统教学模式看

现在的法学本科教学模式注重对基本概念、原则和法条等的解释，缺乏操作性强、完善的实践能力的培养，这使法学专业陷入了窘境，其中一个表现就是学生能通过考试，却没办法直接获得常识性的技能和作出符合职业道德的判断。由于我国法学本科教育中缺乏职业性的培训，对毕业生的就业也没有相关的指导性规定，因此在一定程度上影响了司法工作的效率。当然，我们也不应当指望通过课堂教学就能培养出成功的律师或者司法工作者。

### （四）从社会需求看

立法者和司法者的思维有一定的差异，以立法者的视角把握公司法理论的内在逻辑不一定符合司法者的要求。司法者的视角实际上也就是公司利害关系人的视角。因为司法者的思维，必须以问题为导向，而问题必定从利害关系的角度提出。例如，作为律师必定从当事人的角度提出问题：当事人权益保护有哪些法律依据。作为法官，首先需要从原告和被告的角度分别思考，查看原告的诉求有无法律依据、被告的诉求有无法律依据，然后进行对比分析，从原、被告之外的第三者的角度思考裁决纠纷的法律依据有哪些。《公司法》是一门实践性很强的课程，纯粹的课堂讲解不能使学生对《公司法》有直观、生动的认识。我们必须建立一套切实可行的理论与实践结合的教学模式，让学生清楚地认识到《公司法》和社会生活的关系，激发学生的学习热情，促进其对《公司法》的理解和实践操作能力的提高。

## 二、教学中的互动

教学中的互动分为课堂内的互动和课堂外的互动，教学互动应贯穿于课堂内外的全部教学进程中。教学互动是双向的，在教师主导作用的干预下，学生应当积极主动参与，让学生"动"起来。所谓"动"即动脑、动口和动手。"动脑"即通过课程内容设计，让学生按照学习思路与教师一道思考问题，在教师讲和学生学的过程中不断提出"为什么"。"动口"即通过课程内容设计，鼓励学生不断向教师提出问题，也可以让学生回答教师提出的问题，教师通过分析学生提出的问题，引导学生的思考，提高学生的学习能力。所谓"动手"即通过实验、实习和作业，培养学生将所学知识应用于实际的能力，进而提高学生分析问题、解决问题的能力。

教学互动的实施，包括三个方面：一是教师和学生在知识传授过程中的互动。二是知识传授过程中的理论结合实际。三是教师和学生于课堂内外的相关活动。教师有责任设计、规划和组织好课堂内外的知识教学。学生亦应根据教师知识讲学的主题或内容，做好课堂笔记，积极思考探索，求解疑难问题，完成作业和考核。只有师生双方全心全意致力于教学的全部过程，才能收到最佳的知识"传""受"效果。

在教学互动中，教师始终承担着引导和调节作用。所谓引导即教师通过教学情景的设立，对学生的学习施以积极影响，充分激发学生的主观能动性，使学生热爱学习、学会学习、探究学习、创造学习。所谓调节即教师根据教学情况，不断认识互动对象，调整互动方式和策略，促进互动的深化。因此教师应当做到以下三点：第一是熟练地掌握教学内容，并通过各种手段将其通俗、直观、形象地表达出来。第二是认真研究交往心理，机动灵活地掌握交往技巧。第三是全身心的情感投入。教师在教学过程中要以极大的热情激发学生学习的主体意识，鼓励和相信他们能够发现问题、解决问题，有创造和探究的能力。

在教学互动中要建立相互尊重、坦诚和信任的师生关系，使学生在愉快的氛围中学习。融洽的师生关系是教学互动的前提条件，在这种条件下，教师可以发挥最大的潜能引导和调控教与学的交流，同样，学生也会在轻松的氛围中，被激发出最大的学习热情，积极地"动"起来，使教学互动不断深化。①

当前，互动已成为课堂教学中十分重要的教学手段，但实际上教学互动无效或低效的现象普遍存在。互动是一种双向运行机制，教师作为教学活动的主要实施者，应作好充分准备，收集学生感兴趣的素材、话题，根据教学目的和内容设计互动环节。同时应充分认识到互动是一种动态过程，在进行中有可能出现意料或设计之外的问题，如何正确地应对这一问题，也是对于教师的一种考验。因此，互动除了学生要动起来以外，也要求教师认真备课，努力提高自身素质，不断学习，共同提高。此外，教师有责任对整个互动过程进行监控，避免有的学生置身事外或谈论与教学无关的话题，使学生积极、愉快、广泛参与互动，以产生教学共振，达到教与学共融互促、提高教学效果的目的。

## 三、建立法治人才培养共同体

习近平总书记在考察中国政法大学时指出："高校是法治人才培养的第一阵地。"这句话指明了高校对于法治人才培养的第一责任，同时也清楚地表明高校不是法治人才培养的"唯一阵地"。正是因为如此，习近平总书记明确指出："要打破高校和社会之间的体制壁垒，……加强法学教育、法学研究工作者和法治实际工作者之间的交流。"也就是说，法治人才培养应当是高校和社会（尤其是法律实务部门）的共同责任和使命。"实务部门应该成为法治人才培养的主体之一，或者说叫作法治人才培养共同体，并非仅仅只是提供平台的使用。因此，应当加强关于法律实务部门支持法学教育实践教学的顶层设计，推动法律实务部门深度介入法治人才培养全过程。"②实际上，党的十八届四中全会决议《中共中央关于全面推进依法治国若干重大问题的决定》中也明确指出："健全政法部门和法学院校、法学研究机构人员双向交流机制，实施高校和法治工作部门人员互聘计划，重点打造一支政治立场坚定、理论功底深厚、熟悉中国

---

① 黄灿灿. 互动式公司法教学模式探讨[J]. 北方经贸，2009（8）.
② 柴葳. 法治人才培养如何应对挑战[N]. 中国教育报，2015-07-05（4）.

国情的高水平法学家和专家团队，建设高素质学术带头人、骨干教师、专兼职教师队伍。"可以说，法治人才培养共同体的建立是大势所趋，而建立和坚持"同步实践教学"模式和理念，是建立和推动高校和社会（尤其是法律实务部门）建立法治人才培养共同体的关键着力点，更是法治人才培养共同体的运行模式。①

具体到《公司法》的教学来讲，高校可以聘请校外一些参与实务的专家进行授课。这些专家在常年的实务工作中积累了丰富的工作经验，且通过长期的工作对《公司法》的运用有准确的把握。在讲授的过程中，专家还可结合自己的工作事例进行分析，提高了教学内容的可信度。另外，专家还可以提出自己遇到的问题，让学生一同思考，这样学生就能对实务工作的操作和关键问题有一定的了解。通过这种形式，可以让学生对《公司法》课程产生浓厚的兴趣，同时积累一定的实务工作的经验。高校教师可以根据专家的授课内容对自己的教学内容进行调整，筛选教学内容的重点，使《公司法》的教学内容能够与实际变化发展紧密结合起来，增强教学的时效性、实用性。

## 四、采用研讨式教学模式

"研讨式"教学模式采用了以学生为主体的教学思想，是指学生在教师的指导下自主完成观察、提问、查阅资料、获得并处理数据、解释、预测、共同讨论等一系列研究活动，旨在培养学生自学、思考、表达、科研、创新等各方面综合能力的教学模式。在研讨课上，教师以启发式教学替代"满堂灌"式教学，教师不再只是传授知识的知识权威，而是成了学生的辅助者、指导人，教师不再是"授人以鱼"，而是"授人以渔"。虽然研讨式教学模式以学生为主体，但教师在其中也扮演着极为重要的角色，教师是整门课程的"指挥家"，需要根据教学内容、教学对象等的特点进行课程设计，把握课程节奏，兼顾不同学生之间兴趣、能力、潜质等方面的差异，将知识与方法传达到位，使学生的综合能力获得提升。在复杂的双向活动当中，教师的教学水平也能得到显著提升。②

在《公司法》的教学过程中，"研讨式"教学法要求学生成为课程学习的主人，并始终处于相对自主的地位。要求尽量发掘出学生的创造潜力和创新能力，让学生各抒己见，把课堂教学的主体地位还给学生。同时它也要求教师在设计系

---

① 于志刚. 法治人才培养中实践教学模式的中国探索："同步实践教学"[J]. 中国政法大学学报, 2017（9）.
② 孙志煜, 陈茜. 法学本科教育研讨式教学模式初论[J]. 教育文化论坛, 2016（6）.

列具有启发性的问题时，要进行有价值的探讨。在此过程中要求教师循序渐进，引导性问题应由简到繁，由易到难，因材施教，量力而行，既重视学生个体的发展，又注重班级整体的共同进步。这个过程不仅可以提高学生的实践应用能力，也可以强化教师的教学水平和业务素质，达到教学相长的效果。

## 五、采用实践教学模式

《公司法》是一门实践性很强的课程，纯粹的课堂讲解不能使学生对《公司法》有直观、生动的认识。我们必须建立一套切实可行的实践教学模式，要让学生清楚地认识到《公司法》和社会生活的关系，激发学生的学习热情，促进他们提高对《公司法》的理解和实践操作能力。现阶段，我国各大法学院校为了培养学生的法律实践能力、提高学生的法律职业意识观念，都在努力建立实践教学体系。基于此，对《公司法》实践教学模式的完善提出以下三方面的建议。

### （一）建立实习学分制

我们国内的实践教学虽然形式多样，但是，针对类似于《公司法》这样的专业课程来说，有其不足之处。如实践教学常选的法律义务服务机构中接待的案子，一般多是民事方面的小纠纷，社区服务亦如此，很少有专业性强的案子，而且，为了对当事人负责，在安排实习的时候，偏向于考虑有一定理论基础的学生。而毕业实习是在毕业前的一次整体知识大检测，对之前的专业课程教学基本没有帮助。同时，我国的高校在录取大学生时，没有对其社会实践方面的要求。由于学生社会阅历的缺乏，让其熟记法条相对容易，但对公司很难有直观的认识，更不用说带着问题学习。这样看来，课堂讲解就缺乏针对性。因此让学生尽早接触实践是我们要做的第一步，笔者对完善《公司法》的实践教学提出以下设想：第一学期接触法学基础理论和法律推理后，在开展专业课程教学之前，要求在寒、暑假都开展第三学期式的校外实践活动，如到律师事务所实习，最好能让学生直接代理案子；建议给假期里的实习分配0.5或1学分（这个可以根据具体时间来设计），使学生认真对待，将其作为一门正式的课程来完成。

### （二）建立或完善电脑模拟情境练习

由于实践资源的不确定性，我们可以设计相关软件在电脑中模拟情境练习，用延伸课堂或者虚拟课堂代替传统的教学。据了解，这种电脑模拟实践的模式，已经有学校在尝试。这种模式有其优越性，比如学生不用离开学校，可以由专业老师直接指导，但有些学校由于资金或者其他的问题，并没有建立。针对实践中的问题，理论讲解更有针对性。程序还可以分情境进行设计，如公司设立的内容，可以在电脑中设计不同行业的公司设立，设计股东投资协议需要解决的问题，以及公司设立中应注意的问题等；如公司的资本制方面的问题，可以在软件中比较认缴资本制和法定资本制的优缺点，还可以结合实际案例进行比较分析。这样，学生会在动手操作中获得较为直观的认识，结合案例的比较，也能让学生印象更深刻。

### （三）组织进行情境实验

说到法学专业的情境模拟，很多人会想起模拟法庭。模拟法庭确实是法学生校内实践的一种很好的方法，在《公司法》教学中，可以采用这一方法演练股东代表诉讼、申请撤销公司决议等一些需要法院参与的环节，但是这种方式并不能完全契合《公司法》的教学。我们应该开展多方面的校内情境实验，可以采用综合模拟、微型实验课、角色模拟实验课等方式进行。比如在教学中，可以将学生分成小组，模拟设立不同行业的公司，召开股东会、董事会，兼并公司，公司破产等微型实验活动。为了让学生意识到公司的社会责任，还可以组织模拟公司股东和公司致损的侵权债权人角色进行抗辩性的实验。

总之，教学方法的研究和改革是一个永恒不变的课题，只有不断探讨、不断改进，才能取得良好的教学效果。

# 第二编
## 婚姻家庭法问题研究

# 马克思主义经典作家的婚姻家庭观

引言：家庭是社会的有机组成部分，在构建社会主体和谐社会实践中，需要以社会主义婚姻家庭观为基础实现家庭和谐。本文以马克思主义经典作家诠释的社会主义婚姻家庭观为研究视角，针对爱情观、道德观、义务观展开分析讨论，旨在为人民群众形成正确家庭婚姻观提供参考与借鉴，以期为马克思主义伦理学认知贡献绵薄之力。

以社会的角度思考，社会主义婚姻家庭观是社会主义社会成立、发展的基础；从人性的角度思考，个人对于社会的责任与义务源于对家庭的责任。改革开放以来，受西方资本主义意识形态的影响，人民群众对家庭婚姻的理解认知出现了一些偏差，出现诸多与社会主义公有制不相符的社会现象。所以，以社会主义婚姻家庭观为基础重塑人民群众婚姻家庭观，可以对社会主义和谐社会的全面构建发挥重要作用。基于此，针对"马克思主义经典作家的婚姻家庭观"一题的研究具有现实意义。

## 一、社会主义婚姻家庭爱情观

### （一）爱情的历史发展观

随着物质文明的不断发展，人们对精神文明逐渐重视起来，这使得人们的观念在不断转变。马克思在对社会主义婚姻进行研究分析中指出，现代的专偶制家庭，必然会随着社会的进步而逐步发展。在生产力逐渐发展的状况下，夫妻双方对感情的需求逐渐增多，为男女之间的爱情提供发展的可能性，而这种可能为一夫一妻制的发展奠定了基础。随着社会的逐渐发展，现代人对爱情的认知，与古代相比存在很大差异性，马克思认为，社会主义阶段的爱情是建立在双方社会地位平等的基础之上的，同时在社会主义婚姻中的爱情是相互尊重的。[①]

---

① 张春华，张继钢.《婚姻法解释（三）》对婚恋家庭观的影响[J]. 漯河职业技术学院学报，2012（1）.

### （二）爱情是社会主义婚姻的基础

恩格斯在对婚姻家庭基础与爱情历史演变的研究中明确指出，结婚充分的自由，唯有在消灭资本主义生产及其形成的财产关系后，才能得到普遍的实现。在进入这样的社会之后，组建家庭的夫妻双方相互之间的感情才是爱情。马克思认为，废除私有制以及社会主义的诞生，能为单纯以爱情为主要动机的婚姻家庭体提供重要的保障。也正是在这样的现实基础之上，婚姻家庭才能得到不断的进步。[1] 在婚姻众多的基础因素之中，爱情的因素正在排斥着经济、政治和其他利益因素，逐渐占据着婚姻中的主导地位，在社会主义社会中，爱情将成为婚姻家庭组建的唯一动机。

## 二、社会主义婚姻家庭权利义务观

### （一）资本主义婚姻家庭的权利存在不平等性

在对社会主义婚姻家庭进行研究时，马克思指出，在资本主义社会中，从资产阶级的层面而言，婚姻是这类人享乐的一种方式，犹如买卖一样，金钱是婚姻的主宰者，女性在这样的社会中家庭地位极低，属于婚姻家庭的牺牲品。而男性在这样的家庭中对家庭的财产有着决定性的权利，这也是欺压妻子的重要基础。在这样社会的婚姻家庭中，夫妻之间的权利不平等，并不是人类追求的理想婚姻。

### （二）社会主义婚姻家庭是资本主义婚姻的超越

马克思认为在资本主义婚姻家庭中，丈夫在经济上的统治权决定了其在家庭中的统治地位。而在社会主义社会中，在制度逐渐完善后，生产资料和财产的社会公有化会完全取代资本主义社会的私有制，阶级的剥夺与剥削将不复存在，同时个体家庭不再是社会的基本经济单位，女性不必被家庭琐事所束缚，将得到完全的解放，重新回到劳动中去，其原来在家庭中的地位发生改变。伴随而来的是男尊女卑社会结构和形态的转变，男子在家庭中的地位会发生很大的变化，失去了所有的独裁权，承担了更多的家庭义务。社会主义婚姻家庭中，男子和女子的地位平等，并得到相互的尊重和爱护，而法律与社会各个方面均对女性在家庭中的地位进行保护。[2]

---

[1]陈旸. 和谐社会视域下的和谐家庭论析[J]. 湖北社会科学，2013（6）.
[2]何丽野. "家文化" 在马克思主义中国化百年进程中的嬗变与展望[J]. 浙江社会科学，2013（7）.

## 三、结论

综上所述，社会主义婚姻家庭观是社会主义社会发展、社会主义和谐社会构建的关键组成部分，基于对马克思、恩格斯、列宁等无产阶级思想关于婚姻家庭观的总结，婚姻家庭观是建立在爱情观、道德观、义务观、生育观基础上的伦理认知以及价值诉求。希望通过上文的阐述，能够使得广大人民群众深入理解与认知社会主义婚姻家庭观，推动社会主义和谐社会的全面构建。

# "试婚"的法律问题探析

　　引言：传统观念中，家庭关系的唯一模式是合法的婚姻关系，随着社会的不断发展，人们思想的不断解放，一种新兴的婚姻模式——试婚在中国悄然流行起来，并逐渐成为一种时尚。但目前，我国现行的婚姻制度并没有对此进行法律规制，因此，本文试图通过分析试婚中出现的法律问题，提出一些立法构想，以期为立法机关提供参考。

　　"试婚"一词并非新生词汇，却是近年来才开始在较为发达的城市逐渐为大众所接受，并且有发展成为越来越重要的婚恋形式的趋势。但目前，我国的"试婚"仍缺少法律保护，因此，探析试婚中的法律问题具有重要的现实意义。

## 一、"试婚"概念的界定

　　虽然试婚现象自古有之，但其含义在我国立法上一直不够明确。通过查阅相关资料，得出如下定义：试婚是指未婚男女双方不受法律约束，带有一定试验性质的婚前同居行为。[①]这个概念主要包含以下构成要件：第一，试婚双方当事人必须是未婚男女，否则将侵害到合法的配偶和合法的婚姻关系；第二，试婚是双方当事人的自愿行为，否则将构成欺诈、胁迫等违法行为；第三，试婚必须以缔结婚姻为目的，这也是试婚与一般的非婚同居最主要的区别。

　　试婚不同于非婚同居。在立法方面，非婚同居与试婚的相似处在于二者在我国立法中都不甚明确，我国学者倾向于认为非婚同居是指符合结婚实质要件的男女在双方自愿的情况下相对稳定的共同生活行为，同居与"试婚"一样都要求未婚，但对双方是否有结婚的意图不作要求。

　　试婚不同于事实婚姻。事实婚姻是指男女双方在主观上具有永久生活的目的，在客观上具有未经结婚登记即以夫妻名义同居生活的事实，群众也认为是夫妻关系的结合。[②]事实婚姻与试婚构成要件的相同之处在于双方都是出于自愿，在以

---

[①]肖红. 试婚：现象透视与法律思考[J]. 社会科学家，2005（4）.
[②]杨大文，龙翼飞. 婚姻家庭法学[M]. 北京：中国人民大学出版社，2006：186.

缔结婚姻为目的的前提下共同生活。不同之处是事实婚姻的双方具有公开的夫妻身份，又为群众所公认。

试婚不同于非法同居。首先，两者内涵不同，与非法同居对应的是合法同居；而与试婚对应的是法律意义上真正的婚姻关系，因此，试婚是一个中性词。其次，非法同居的范围比试婚要相对广一些。最后，两者在立法方面存在不同，"非法同居"一词已经存在了几十年，也就是说，非法同居是一个历史产物，作为一个法律概念已经被正式废止。而试婚则是个新生的法律概念，目前的任何法律都没有对其进行界定。[①]

## 二、"试婚"存在的法律问题

### （一）身份问题

试婚，顾名思义就是试验婚姻，它不是正式的婚姻，只是男女双方在正式步入婚姻殿堂前的一次试验。它存在的目的只是为了检验对方是否为适合的结婚对象，因此，不具有约束力。在这一点上，"试婚"与真正的婚姻关系有很大不同。但同时，双方当事人在同居期间具有一定的类似夫妻之间的权利和义务，如同居义务，日常范围内的法定代理权，各自工作、学习和生活的自主权等。[②]

### （二）财产问题

财产问题通常是婚姻关系中最容易产生纠纷的方面，从某些方面来看，很多人选择试婚，也是为了规避夫妻之间财产共有的法律规定。根据《民法总则》和我国《婚姻法》的规定，试婚双方当事人在试婚关系存续期间的财产关系包括财产的归属以及债权债务的承担等。

#### 1. "试婚"期间的财产归属问题

试婚期间的财产归属问题主要表现在以下几方面。第一，试婚前的财产归属。按照规定，试婚前双方的财产，有财产公证或者协议约定的按照试婚前的规定归属某一方。第二，试婚期间的财产归属。如果有协议，双方试婚期间所获得的财产按照协议归属；如果没有协议，只要能证明属于自己财产的归本人所有，如果不能证明是双方任何一方的则双方共同所有。第三，试婚后的财产归属。根据婚姻法规定，双方试婚结束后如若能结婚，只要没有协议约定，都属于婚后夫妻共

---

① 王娟. 非婚同居法律制度研究[J]. 河南科技大学学报（社会科学版），2012（4）.
② 陈红. 当代青年试婚现象探析[J]. 中共郑州市委党校学报，2007（4）.

同财产，如若试婚期间有协议，则归协议的一方。此外，试婚后没有结婚的财产归属，若试婚前有协议规定，则按照协议约定来分配财产；如若没有财产协议，试婚期间所获得的财产按等分原则处理。但是，从《婚姻法》保护妇女权益这一点出发，应适当照顾女方。

2."试婚"期间的债权债务承担问题

双方在试婚期间如有外部债务，只要有证据证明是其中一方的债务，则由这一方单独偿还；若有证据证明是双方共同债务，则需要双方共同偿还债务。如果一方财产不能还清债务，另一方要负连带责任，双方有一方偿还贷款比较多的话，可以向另一方索偿差价。

### （三）父母子女问题

《婚姻法》规定：双方在试婚期间所生育的非婚子女与婚生子女享受同等的权利。此外，《婚姻法》还规定，非婚子女的父母同样享有抚养孩子和赡养父母的义务。父母在任何时候都有赡养子女的义务，在任何时候都不能出现溺婴、弃婴和其他残害婴儿的行为。在父母不能抚养未成年子女的情况下，要给子女法律规定的抚养费，否则就会触犯《婚姻法》。

### （四）损害赔偿问题

1. 对人身的损害赔偿问题

我国《婚姻法》规定：重婚、有配偶者与他人同居，实施家庭暴力、虐待、遗弃家庭成员导致离婚的，无过错方有权请求损害赔偿，该赔偿包括物质赔偿和精神赔偿。然而，"试婚"在理论上不受《婚姻法》约束，也不适用于《婚姻法》关于过错赔偿的规定。因此，在试婚过程中，如若出现上述情况，不能基于《婚姻法》的规定直接主张赔偿，需按一般侵权处理。在司法实践中，可根据最高法院人身损害赔偿解释、精神损害赔偿解释的规定主张赔偿。[①] 其中，精神损失赔偿，从客观上来讲，是指对人格利益的损害；从当事人主观方面来讲，是指其所遭受的精神痛苦，如试婚当事人在试婚期间遭受了对方的暴力虐待等就属于精神受到损害，可以对施暴者依法提起诉讼，人民法院应予以受理。

2. 对财产损害的赔偿问题

在试婚关系中，一方若在没有得到另一方同意的情况下擅自动用另一方的财产，要在法律规定的基础上归还对方，而不能返还的财产要折合成人民币等值补

---

① 邹顺康. 对"试婚"现象的道德分析[J]. 学校党建与思想教育，2006（10）.

偿对方。在试婚期间双方的财产是受到法律保护的。

## 三、关于"试婚"的立法构想

在试婚的合法性方面，不同学者有不同的看法，有学者提出使用"准婚姻关系"这样的中性概念加以规制，而反对此观点的学者则认为不应对此进行专门规定。[①] 但无论持何种立法态度，笔者认为，都应考虑以下几个问题。

第一，同居义务与忠实义务的豁免。试婚期间的双方在法律上不享受婚姻事实，也没有在婚姻基础上所产生的婚前亲情关系。在试婚期间，双方不存在正式的婚姻关系，不享受《婚姻法》所规定的各项权利，也不负有婚姻关系中双方应履行的义务，不受法律保护。故笔者认为，同居者之间不负有同居义务和忠实义务。

第二，家庭暴力问题。无论是否是婚内同居关系，试婚和真正婚姻的双方都要相互尊重，相互爱护。在法律上，应同等对待试婚和真实婚姻中所发生的家庭暴力，保护双方的合法权益。[②]

第三，继承权问题。我国现行继承法一方面强调继承权建立在婚姻和血缘等亲属关系上；另一方面，将继承权的主题扩大到婚姻、血缘等关系之外的尽主要赡养义务的扶养关系之间，如丧偶儿媳、丧偶女婿。试婚期间的双方与真实婚姻的夫妻双方并没有实质性区别。因此，试婚期间的双方也要享有相对应的法律权利与义务。如共同抚养非婚育子女、在一定基础上共同享有双方的共同财产。

试婚是一个介于真正婚姻关系与一般同居关系之间的新兴法学概念。一方面，试婚与一般的同居关系不同，试婚是双方当事人以缔结婚姻为目的的同居关系；另一方面，试婚毕竟不是真正依法登记的婚姻关系，不能按照《婚姻法》的规定来处理当事人之间发生的人身和财产纠纷。因此，应将试婚这一概念写入法律，明确试婚中双方的权利和义务，以弥补我国《婚姻法》在非婚同居方面的漏洞。

---

①巢陈思．"试婚"的合法性思考[J]．法制与社会，2010（17）．
②马忆南．婚姻家庭继承法学[M]．北京：北京大学出版社，2012：168．

# 婚内侵权损害赔偿制度研究

引言：家庭是社会的基础，婚姻则是家庭的基石。婚姻的稳定，关乎着家庭与社会的和谐。然而近年来，家暴、婚内虐待等问题却愈演愈烈，给婚姻家庭和社会和谐蒙上了一层阴影。更为严峻的是，各国在婚内侵权领域的相关立法几近空白。因为缺乏法律的强制力和保护力，受害者的权利仅靠道德和舆论的力量无法得到保障，也由此造成了一定程度的不良影响。因此，有必要通过立法建立健全婚内侵权赔偿制度，以更好地保障婚姻生活的幸福安定、规范夫妻双方的权利义务，填补法律上的这一漏洞，进而促进国家和社会的稳定。

家庭是社会的基础，婚姻则是家庭的基石。良好的婚姻关系不仅能增进夫妻双方的感情、促进夫妻及其他家庭成员自身的发展，同时也有利于社会的稳定与和谐。婚姻家庭对于个人与国家都具有极为重要的意义，我们每个人都希望能够拥有一段圆满的婚姻、一个幸福的家庭。然而在现实生活中，近年来的离婚案件却呈逐年上升之势，打开电视、网页，有关家暴、婚外恋等的相关报道比比皆是，发生在夫妻之间的血腥案件也屡屡见诸报端，如女演员白静的案件等。愈演愈烈的婚姻问题，近年来已逐渐成了严重影响社会安定的负面因素。而我国现行的《刑法》《婚姻法》及相关法律和司法解释，乃至欧美发达国家的相关法律，均只对离婚案件中的侵权责任及赔偿有着明确的规定和处罚标准，而对婚姻存续期间的侵权赔偿的规定仍存在空白。婚内侵权的频发与相关立法的缺失，一方面会造成受害者的权益得不到应有的维护，给社会造成负面影响，另一方面也深刻反映了法制工作的任重道远以及建立婚内侵权赔偿制度的重要性。早日建立起针对婚内侵权行为的损害赔偿制度，不仅可以及时有效地维护受害者的合法权益、维护社会的公平正义，而且从国家建设的长远来看，更有利于促进全面依法治国的深入推进，为我国社会主义和谐社会的建设提供了一个更加稳定的社会环境。

## 一、婚内侵权产生的原因

所谓婚内侵权行为就是指在合法婚姻关系存续期间，夫妻中的某一方违反了有关夫妻权利与义务的法律规定，实施了危害另一方的人身权利和财产权利，导致对方的合法权益遭受损害的行为，它是民事侵权行为的一种。婚内侵权行为不仅是法律上的一种侵权行为，也是现实生活中的一种特殊社会现象。它的出现深受历史背景、社会现实、经济文化、法律体制等因素影响，是与社会生活的各个方面紧密相关、密不可分的。

### （一）历史的发展与进步

我国曾长期处于封建专制时期，君权与父权是当时绝对的主流意识。在婚姻及家庭生活中，男性的权利处于至高无上的地位，女权则长期被忽略，女性地位低下，各项权利均受到限制。民主革命时期，资产阶级男女平等思想的输入给当时延续了两千余年封建男尊女卑思想的中国带来了崭新的理念，有识之士开始为争取男女平等而奔走呼吁，女权运动开始在各大城市零星出现。新中国成立后，尤其是改革开放后，中国进入了市场经济时代，平等、自由思想普遍为社会各界所接受，我国已然进入了男女平等的新时期。然而，受传统思想的影响，部分地区和民众依然存在较为传统的男权思想，对男女平等的理念难以接受。因此，在婚姻平等化的进程中，新思想与旧传统、丈夫与妻子、强势与弱势的矛盾也日益凸显。[①]

### （二）社会生活的巨大压力

改革开放以来，随着市场经济的蓬勃发展，社会生活中的竞争也在日益增加。当代社会，人们无时无刻不在面对着诸如工作竞争、子女入学以及购房、贷款等巨大压力。而大部分人在面对这些生活压力时，都难以找到一个合适的调节方式。当承受的压力日益增多时，人往往会暴躁易怒，在这种情况下，人们往往会对配偶或家庭成员等最亲近的人施暴，由此造成家暴、虐待等对人身权利的侵害。同时，有的人在面对经济的巨大压力以及金钱的巨大诱惑下，往往采用转移、变卖夫妻共同财产，或侵害配偶个人财产等方式，从而导致配偶个人财产权利的损害。

### （三）我国现行婚姻法律的不健全

我国现行的婚姻法律中，有关侵权的责任承担以及赔偿均只能在离婚案件中应用，对于婚姻关系存续期间的侵权责任承担及相关赔偿却并无明确规定。并且，在合法婚姻关系存续期间，夫妻双方所享有的权利应当包括人身权利与财产权利两方面。然而，我国现行的婚姻法律体系一方面对夫妻的人身权利，诸如贞操权、同居权等尚无明确定义；另一方面对于财产权利的规定并不完备，共同财产范围

---

①杜江涌．婚内侵权相关问题研究[M]．重庆：西南政法大学出版社，2005：16．

大，个人财产范围小。现行婚姻法律在夫妻权利上的立法缺失，使得婚内侵权行为的受害人难以在法律上求得保护，也难以追究侵权人的侵权责任。这种制度上的缺失无疑也成了婚内侵权频发的诱因之一。

### （四）某些陈陋社会思想的存在

进入新时代后，我国公民的思想观念也逐渐发生了变化。然而，因为改革开放历时较短，一些新生的思想还未能在全国范围内普及，所以在部分民间社会中，婚姻陋习甚至"乡规村俗"等传统社会遗毒仍然大行其道。受此思想影响，婚内侵权的受害人往往会选择忍气吞声，不敢甚至不知维护自身的合法权益。即使有人主动维权，当地的社会舆论亦会通过"和稀泥"来平息事端，甚至违反受害人的意愿强行调解，最终难以达到维护受害人权益的目的。这些陈规陋习的存在，无疑是导致婚内侵权行为的重要原因。

## 二、我国婚内侵权赔偿制度的缺失

婚内侵权行为不可小看，轻者会造成夫妻感情出现裂痕，影响家庭的稳定，严重的则会造成对社会的危害。因而在经济高速发展、社会关系日益复杂的当代中国，建立起一个完善的婚内侵权赔偿制度就显得尤为重要了。

全国妇联的最新调查数据表明，在被调查的公众中有约 16% 的女性承认遭受过配偶的殴打，而同样有约 14.4% 的男性承认曾殴打过自己的配偶。在离异群体中，因暴力事件导致离婚的比例更是高达 47.1%。而随着市场经济的逐步发展，婚姻生活中关于财产方面的侵权事件也呈逐渐上升的趋势。甚至有观点认为"金钱被视为产生婚姻冲突唯一最普遍的原因"[①]。然而，在日常生活中我们可以看到，即使是在当今这种婚内侵权行为频发的状态下，受害者也大多选择忍气吞声，无法从《婚姻法》中求得救济。"有学者认为，当前社会，我国绝大部分家庭实行的仍是夫妻财产共有制，因而婚内赔偿无异于把赔偿的财产'从左手转到右手'，仅具有象征意义。"[②]同时，依据我国现行《婚姻法》的规定，夫妻一方提出损害赔偿要求的，必须以诉讼离婚作为前提。根据以上的现实情况以及法律规定我们可以了解到，对于婚内侵权赔偿，我国现在仅仅只是限制在学术讨论的理论阶段，法律尚未针对这一问题作出明确规定，国家也并无相关的制度建设。受此法

---

① 王卫国. 过错责任原则：第三次勃兴[M]. 北京：中国法制出版社，2000：235.
② 刘耀光. 浅议我国婚内侵权损害赔偿的现状[M]. 北京：中国政法大学出版社，2012：213.

律及制度空白的影响，婚内侵权行为的受害方若想维护自己的合法权益，大多仅能依靠社会舆论的帮助与提出诉讼离婚这两种途径。

婚内侵权赔偿制度作为一项有利于保护当事人合法权益、维护社会稳定的良好制度，在当代中国无法建立，必然有其深层原因。传统观念的影响、整体思想的束缚、立法范围的欠缺等，都是极为重要的因素。

### （一）传统立法原则的影响

我国封建社会的法律长期以来就普遍采取夫妻一体主义的立法原则，承认婚姻中的许多事务可以不严格依照法律规定处理，如夫妻之间侵权行为的民事责任豁免就是其中的一个重要方面。在我国长达两千余年的封建专制时代中，"家国一体"一直是立法思想的主流，历朝历代的统治者在制定法律时无不奉行此原则。同时，在专制主义集权的要求之下，也为了体现帝王的过人谋略，历代封建王朝多沿袭了"德主刑辅"这一治国方略，提倡以礼服人，法律作为道德的补充。受此影响，封建时代不仅产生了"三纲五常""三从四德""夫妻一体"等立法原则，而且在司法实践中长期践行着"法不入家门"的传统观念。在这些法律原则和道德准则的要求下，封建时代的婚姻关系便出现了夫妻之间人格的相互吸收，即一旦婚姻关系成立，夫妻双方便不再具有独立的人格，而是相互吸收、合二为一。然而，在封建社会男女关系不平等的时代背景下，这种人格上的互相吸收并非夫妻双方对等地融合，而是妻子成为丈夫的附庸，其人格被丈夫吸收，人身权利处于夫权的支配之下，进而导致妻子的财产权利亦为夫权所吸收，夫妻双方的地位是完全不平等的。新中国成立后，虽然第一部《婚姻法》提出了反对性别歧视，全面贯彻男女平等的原则，摒弃了夫妻一体主义，但由于婚姻立法尚不完善，出现婚内侵权行为时没有相关民事救济制度可以援引，婚内侵权的出现依旧频繁。而依据我国现行《婚姻法》第四十六条之规定，提出损害赔偿的主体仅限于离婚诉讼当事人中的无过错方，且只有夫妻间的侵权行为导致离婚才能提出损害赔偿。也就是说在现行婚姻制度下，若要以夫妻之间的侵权行为为由提起损害赔偿，是必须要以离婚为条件的，否则不能提起损害赔偿之诉，起诉了法院也不受理，受理了法院也不会支持。如法释〔2001〕30号《最高人民法院关于适用〈中华人民共和国婚姻法〉若干问题的解释（一）》第二十九条就规定："人民法院判决不准离婚的案件，对于当事人基于婚姻法第四十六条提出的损害赔偿请求，不予支持。在婚姻关系存续期间，当事人不起诉离婚而单独依据该条规定提起损害赔偿请求的，人民法院不予受理。"这样的规定显然限制了婚姻当事人一方因为夫妻间侵权行为而引起的赔偿在没有起诉离婚的前提下提出赔偿请求的权利，实际上与夫妻间侵权行为豁免原则一脉相承。而这一强调夫妻一体的原则无疑会对强调夫妻人格独立的婚内侵权赔偿制度的建立造成一定影响。

### （二）离婚作为赔偿的前提条件规定不足

在我国现行的《婚姻法》第四十六条的规定中，只有在无过错方的配偶实施了重婚、与他人同居、家庭暴力及虐待、遗弃家庭成员这四种侵权行为时，无过错方才有权提出损害赔偿请求，且这一请求还必须以离婚为前提，否则法院不予受理。而在《婚姻法》的相关司法解释中，也作出了针对上述损害赔偿请求的限制——损害赔偿的责任主体，只能是受害人或无过错方的配偶。若法院最终判决当事人双方不准离婚的话，那么相应的赔偿请求也将不予支持。若受害方仅仅提出损害赔偿请求而不要求离婚的话，法院则不予受理。

由此可见，我国现行《婚姻法》是将提出离婚作为夫妻间侵权损害赔偿的前提条件的。但是离婚损害赔偿制度只是婚姻损害赔偿制度的一个方面，其适用条件和范围都比较窄。若以离婚为条件提起损害赔偿的话，那么必将导致大部分侵权行为受害人的合法权益无法通过法律来得到保障。且由于婚姻家庭关系的特殊性以及中国社会的现状，夫妻双方出于子女的抚养教育、社会舆论对自身的影响、夫妻之间的感情等原因，在大多数情况下是并不愿意靠离婚解决问题的。而我国关于婚内侵权损害赔偿的法律规定却少之又少，仅仅在《民法通则》中有对于公民、法人由于过错实施侵害国家、集体和他人财产以及侵犯他人人身的行为应当承担民事责任的规定。且在现实生活中，运用此条来保护婚内侵权损害赔偿的又很少见，即使利用了，也因其规定的主体太过宽泛而很难得到法院的支持。相关法律的欠缺，使得婚内侵权赔偿制度的建立缺乏法律上的支撑而难以为之。

### （三）道德法律化的影响

《婚姻法》不是独立于社会的一个法律体系，它深嵌于社会母体，是社会和文化的一个组成部分。在其社会化过程中，因不同社会背景、社会力量的作用，它的立法原则、指导思想、主要内容、条例形式、社会功能等无不在不断地演变与发展，它的作用绝非仅限于法律条文字面上的显示，而是融入了社会大环境，通过规范婚姻家庭的方方面面来影响整个人类社会。这就是所谓的社会在法律的影响下产生变化，法律也因社会的影响而日益变迁。中国封建专制时代的历史，是一部以道德代替法制来治理国家的历史，这在《婚姻法》的立法领域尤为突出，特别是受"伦理治家"传统思维方式的影响，以道德来规范婚姻家庭关系的做法似乎成了封建时代通行的惯例，也因此导致了《婚姻法》上的权利主要表现为道德权利这一结果。"由此，有学者提出，婚姻法的制定，应当同其他法律部门一样，无论是总的法律文献还是具体的法律规范，它的构成都应该以假定条件、行为模式以及制裁手段三部分为准。这有利于给人们的行为选择方向提供明确的指示和合理的诱导，对人们的合法行为予以确认和保障，对人们违反法律规定的行为进行惩罚与矫正，防止其再犯。通过这些功能，便可以设定一个一般的模式，进而确立起一个规范化的法律秩序。"[1]根据这一理念，假定条件、行为模式以及制裁手段这三个方面均须在法条中得以显示，才能体现出立法的科学性和严密性，也便于法律关系主体把握、遵守与执行，这是立法的一项基本要求。但大陆法系婚姻法在此方面脱漏严重，尤其是对近乎所有违法现象缺少明确具体的制裁矫正性规定。我国婚姻家庭夫妻间侵权豁免也受到了传统道德法律化观念的影响，在《婚姻法》的规定中对侵权行为所作的惩罚规定较少。而受此观念的影响，婚内侵权赔偿制度的建立自然会受到阻碍。

### （四）夫妻财产制的影响

从财产发生的角度来说，夫妻财产制分为法定财产制和约定财产制两种。在我国现行的和以往的婚姻法中，夫妻间的法定财产制是婚后所得财产共同制。因其在民事法律的性质上是共同共有的，故其发生的原因只能是法律直接规定。夫妻共同财产一般在夫妻一方死亡或在离婚时进行分割，我国法律规定民事责任一般情况下为财产性责任范畴，故婚内侵权人要以赔偿的方式承担民事责任就难以实现。因为"婚内侵权案件若以夫妻的共同财产来赔偿婚内受侵害的一方，无异于是用自己的财产来赔偿自己的损失，实际上没有丝毫意义"[2]。我国《婚姻法》第十七条中就作出了类似的规定，夫妻婚姻关系存续期间，所得的财产归夫妻共同所有；而对于共同所有的财产，夫妻双方均享有平等的处理权。受此观点的影响，在社会生活中有相当一部分人持"夫妻之间一方向另一方提出损害赔偿，没有实际意义"的观点，我国法学理论界持这样观点的人也不在少数。由此可见，夫妻之间法定共同财产制是导致我国婚内侵权赔偿制度难以建立的最重要的原因。

---

①王腊清，黄建和. 论婚内侵权案件民事救济制度[J]. 中国律师和法学家，2006（3）.
②同上。

### 三、我国婚内侵权赔偿制度的构建

虽然婚内侵权赔偿制度在当今中国尚未正式建立，但随着社会经济生活的日益丰富，男女平等的现代观念的不断深入，以及公众的法律意识不断提高，相关制度的早日建立已成为顺应时代潮流、维护公民权益的应有之义。

#### （一）我国建立婚内侵权赔偿制度的必要性

我国现行的《婚姻法》中已对离婚案件中的损害赔偿作出了明确的法律规定，但是这些规定却存在着不能完全涵盖婚姻家庭中发生的所有侵权行为的缺陷。就婚内侵权行为而言，对是否应设立相关的损害赔偿制度这一问题，理论界一直存在着争议，司法界对于此类案件的处理结果也有着很大的差异。因此，为更好地保护婚姻家庭的和谐稳定，明确司法标准，当前在我国设立婚内侵权赔偿制度是有其必要性的。

1. 建立婚内侵权民事赔偿制度是更好地保护夫妻权益的需要

新修订的《婚姻法》对离婚案件中侵权行为的损害赔偿作出了明确的法律规定，这一方面对受害人合法权益起到了保障作用，另一方面却也造成了这样的问题：如果夫妻一方违反了法律对于夫妻权利义务的规定，实施了一定的侵权行为，且该侵权行为对另一方造成了实际的损害，但是他（她）的行为又并未达到犯罪的标准，法律则不会对他（她）的行为作出制裁。此时，受害人若要求得到补偿，则必须通过离婚诉讼来解决。若受害人无意解除婚姻，那么就只能继续忍受侵权行为带来的损害，无论作出哪种选择，都无法达到损害赔偿的理想状态，这也使得法律的正义原则无法得到体现。如果在现行离婚损害赔偿制度的基础上建立起针对婚内侵权的相关民事法律制度，那么不仅侵权人的非法行为可以得到遏制和惩戒，婚姻关系中受害的一方也可以因此而得到及时有效的法律救济，获得相应的赔偿。且如此一来，也可以发挥法律的教育作用，弥补法律制度的缺陷，更好地维护法律的权威，促进社会的稳定。

2. 建立婚内侵权损害民事赔偿制度是维护家庭稳定的需要

家庭作为构成社会有机体的细胞，它的稳定，关乎着社会的和谐和国家的安宁。而在家庭生活中，最为核心也最为重要的便是婚姻关系。因此可以说，婚姻关系是维护家庭稳定的重中之重。而在所有的婚姻问题中，家庭暴力无疑是对婚姻及家庭生活影响最深、破坏最大也是最为普遍的问题。在各类离婚案件的原因中，家庭暴力所占的比例一直是排在首位的。由家庭暴力导致的血腥案件在社会生活中也屡见不鲜，我国的影视剧也有相当一部分是反映家庭暴力问题的。家庭暴力对家庭和社会造成的危害之巨不消细说。家庭暴力在我国之所以如此高发，一方面是由于封建社会男尊女卑思想长期盛行，现代社会依然有其余毒存在；另一方面则是由于现行法律对于婚内夫妻之间侵权损害的立法尚不完善，施暴者没有受法律制裁的恐惧，受害者也没有寻求法律救济的方法。因此，若是能建立起一项行之有效的婚内侵权损害的民事赔偿制度，不仅可以提高人们知法守法的思想观念，也可以鼓励受害者鼓起勇气，勇敢地同家庭暴力作斗争。且相关制度的建立，一方面有利于夫妻双方提高权利义务的法律意识，更好地落实夫妻平等，实现家庭的圆满和睦，切实有效地降低家庭犯罪的发生。另一方面对于实施家庭暴力的侵权人，也可以在不必解除婚姻关系的前提下对其进行制裁，给他（她）洗心革面、不再实施此类侵权行为的机会，进而挽救出现裂痕的婚姻家庭关系。由此看来，婚内侵权损害赔偿制度的建立，对于维护家庭的稳定是具有重大意义的。

3. 建立婚内侵权民事赔偿制度是完善我国婚姻立法的需要

从法理上说，任何人受到非法侵害都应当得到法律的保护。但是《最高人民法院关于适用〈中华人民共和国婚姻法〉若干问题的解释（一）》第二十九条规定："在婚姻关系存续期间，当事人不起诉离婚而单独依据该条规定提起损害赔偿请求的，人民法院不予受理。"由此造成夫妻一方在遭受婚内侵权之时得不到保护与补偿的局面。而一旦确立婚内侵权赔偿制度，就可以为遭受婚内侵权行为的受害者提供一条有效的救济途径，消除夫妻间侵权得不到赔偿的现象，使司法部门处理该类案件有法可依，进而完善我国的婚姻立法，填补此法律空白。

（二）我国建立婚内侵权赔偿制度的可行性

一项制度若想被建立和推行，那么它必须顺应社会的潮流及其发展规律，能够有利于社会的进步。而当代中国思想观念的变迁、立法形势的要求，无疑为婚内侵权赔偿制度的建立提供了可能性。

1. 我国侵权行为的立法目的是构建婚内侵权损害赔偿制度的基础

我国关于侵权行为的立法目的和社会功能主要是：（1）对受害者遭受的损失给予相应补偿；（2）对侵权人的侵权行为进行惩罚；（3）教育公民，防止侵权行为的再次发生。故此，其立法的主要目的在于保护当事人的合法利益。而法律对于何种行为、侵害何种利益所产生的损害应如何给予赔偿的规定，也都显示了一个社会的价值观念。此外，我国修改《婚姻法》的目的之一是"保障公民的婚姻家庭权益"。也就是说,立法者已经作出了对公民在婚姻家庭内部的利益给予保护的选择,这就必然要求法律为该利益提供周密而有效的保护手段。

补偿损失是损害赔偿制度最基本、最主要的社会功能,充分体现了民事责任的目的。民法重在保护,而非惩罚,因而民事责任的主要目的不是为了制裁、惩罚违法行为人的人身,而是基于公平正义的理念,补偿受害人的损失。"在损害赔偿案件中,判决的首要目的在于补偿受害人遭受的损失,以便使之尽可能地恢复到侵权人的侵权行为发生之前的原有状态。"[①]民事法律给予各平等主体以平等的保护,对任何损害平等主体合法权益的违法行为都会予以惩罚。因此,既然现行法律对来自婚姻关系之外的侵害都能予以惩罚,那么,因为配偶造成的损害又有什么理由不予以救济呢?

依据传统民法的观点,损害赔偿通常以"同质补偿"为原则。然而,随着侵权行为相关立法的发展,现在的法律更加注重对个人利益的保护,"我们所反对的仅仅是实证主义法学家认为侵权行为法关心的只是损失和补偿这一观点,而不是对人们的道德判断的主张。""对侵权责任人进行制裁是法律对漠视社会利益和他人利益、违背法律义务和公共行为准则的行为所作的谴责和惩戒,它意味着法律依据社会公认的价值准则和行为准则对某种侵权行为所作的否定性评价,也是矫正不法行为的重要措施。"[②]基于此,对侵权责任人作出惩戒,将有助于安定、圆满家庭的建立。

另外,从对当事人以及社会的影响来讲,对侵权行为的事前预防远远好过事后救济。"人类对自身行为会给出一种理性模式,在决定某种行为实施与否时,人们总会事先对该行为的利弊得失进行权衡。"[③]在预计自己的行为可能侵犯到他人的合法权益时,人们必然会权衡自己的行为将得到的利益与损害赔偿制度将责令他支付的赔偿孰轻孰重,当意识到遵纪守法比侵权更有利时,他便会主动放弃侵权的想法,这是法的预测作用之一。同理,在婚姻关系中,若有婚内侵权赔偿制度的存在,那么婚姻一方在实施侵权行为之前,也将考虑侵权风险及其将要付出的成本,当他(她)认识到赔偿的代价将高于其所实施的侵权行为带来的收益时,就会自动放弃实施该侵害行为。

---

①王立峰.论惩罚性损害赔偿[M]//梁慧星.民商法论丛(第15卷).北京:法律出版社,2000:68.

②兰明春,彭萍,等.婚姻与家庭模式的选择[M].成都:四川大学出版社,1990:210.

③王立峰.论惩罚性损害赔偿[M]//梁慧星.民商法论丛(第15卷).北京:法律出版社,2000:68.

根据以上分析，我们可以知道，因为法律要对夫妻的合法权益给予保护，对婚内的侵害作出预防，对婚内侵权造成的损害进行弥补，所以侵权行为的立法目的和社会功能便构成了婚内侵权的损害赔偿制度得以建立的规范基础。

2. 夫妻间人身关系观念的改变为婚内侵权赔偿制度的建立提供了思想基础

在我国漫长的封建专制时期，夫妻间的人身关系一直奉行"夫妻一体"原则，即夫妻关系一旦成立，妻子的人格便为夫权所吸收。在这种观念的影响下，衍生出了许多侵害女性权利的封建道德要求，婚内侵权行为也因此披上了合法的外衣而大行其道。然而，追求公平正义是人类的本能，随着封建社会的崩溃，封建经济体制的瓦解，植根于此的"夫妻一体"的传统观念也开始走向了消亡。新中国的建立、改革开放的推行，带来了经济的发展和社会文明程度的提高。妇女维权意识苏醒，夫妻间的人身关系观念从传统的"夫妻一体"转变为"夫妻异体"，即夫妻在婚姻生活中地位平等，人格独立，妻子的权利得到了真正的维护。随着时代的进步，部分家庭已开始实行夫妻财产分立，夫妻各自享有权利、承担义务，法律也对此作出了相应的保护。可以说，夫妻人身关系产生的变化以及权利意识的苏醒，都为婚内侵权赔偿制度在我国的建立提供了思想基础。

3. 离婚赔偿与诉讼时效的矛盾需要相关制度的解决

《婚姻法》第四十六条的规定意味着不离婚，配偶之间就不能提出损害赔偿。而《民法通则》第一百三十六条第一款规定，身体受到伤害要求赔偿的，诉讼时效期限为一年。但由于婚姻关系的特殊性，夫妻因一方的暴力或与第三者同居等侵权行为当时并没有离婚，之后离婚时，前述侵权行为已超过了诉讼时效，在离婚时提起赔偿，就会因诉讼时效已过而败诉。可见，这一规定在实践中可操作性不强。由此导致的结果，一是鼓励人们离婚，二是不及时离婚，婚内侵权就得不到有效保护。这种立法的价值取向是值得怀疑的。为了弥补上述规定的不足，就有必要构建婚内损害赔偿制度。这种制度是指男女双方在夫妻关系存续期间，一方不法侵害另一方的人身权利或者财产权利，造成另一方人身损害或者财产损害，而由不法侵害人给予受害人赔偿的法律制度。该项制度的出现，能很好地解决这一矛盾，甚至有利于降低离婚率，维护家庭的圆满和社会的安定。

4. 国外的有关立法证明婚内侵权赔偿制度的建立是顺应时代潮流的

在婚内侵权的相关立法领域，美国自 1884 年起就已经制定实施了《已婚妇女保护法》（《Marriedwomen's Acts》），赋予妇女独立的人格和对个人财产独立的所有权。法国的《拿破仑法典》也规定："（在合法权益受到侵害时）妻子可以向丈夫提出损害赔偿。""丈夫若因未履行保管义务导致妻子的财产受到损失，那么他应当承担相应的赔偿责任。"[①]而《瑞士民法典》则进一步指出："夫妻一方若拒绝履行共同生活义务，或对另一方有侮辱、损害等行为的，另一方可据此向法院提出诉讼。"[②]针对婚姻关系中出现的各类侵权问题，上述国家均采取了建立婚内侵权损害赔偿制度的法律措施。除了统一立法之外，各国也制定了针对各种具体的婚内侵权损害案件的单行法且经常根据情况变化进行修订。由此我们可以看出，婚内侵权赔偿制度在实际生活中是有着相当重要的作用的。因此，我国也应当构建完善的婚内侵权损害赔偿制度，而不应仅仅简单以离婚作为赔偿的前提条件。

### （三）我国建立婚内侵权赔偿制度的合理方式

婚内侵权赔偿是一项有利于国计民生的制度，它的出现，必将为我国的法制建设带来新的气象。但任何新生事物的出现都需要一定的过程，该项制度如何建立，采取何种方式建立，也是应该联系我国的实际国情进行妥善思考的。

首先，从历史角度看，我国是有着数千年历史思想的文明古国，农耕文化带来的如"夫妻一体"等的传统思想在刚刚迈入新时代门槛的中国社会是一时难以彻底消除的。因此，在建立婚内侵权赔偿制度时，应注意调节好与传统思想的关系，尽量和平地解决与传统思想的碰撞与矛盾。

其次，从社会现实看，我国现在处于社会主义初级阶段，人民的经济水平有了显著提高，思想意识有了很大进步，但各项发展尚不完善，立法领域尚还留有诸多空白，该项制度的建立也要以这一基本国情为基础，与社会发展的步调相一致，做到与时代大环境相融。

最后，现阶段我国大力强调依法治国，全面推进各项法律建设，但我们也应该清楚地认识到，我国的法制建设还有待完善。与之相适应的，婚内侵权赔偿制度的建立，也将会是一个长期而艰巨的任务，切不可操之过急。

若要在当下建立起完善的婚内侵权赔偿制度应该是有不小的难度的，但新生事物的发展是不可阻挡的。因此，可以在有条件的地方先进行试点，如设立调解机构，制定地方性的相关条例、规章，或在仲裁调解上下功夫，通过相关的法律规定，赋予仲裁机构对婚内侵权赔偿案件的仲裁权力。在社会条件、立法条件成熟后，再在法律上正式确立婚内侵权赔偿制度，从而发挥该项制度的积极作用，

---

①拿破仑法典[M].李浩培，吴传颐，孙鸣岗，译.北京：商务印书馆，1997：197.
②瑞士民法典[M].殷生根，译.北京：法律出版社，1987：39.

维护法律的完善、社会的稳定和家庭的圆满，进一步落实依法治国战略。

　　综上所述，制止婚内侵权，保护受害者的合法权益，建立婚内侵权损害赔偿制度，是社会进步的必然要求，是社会发展的趋势所需。我国应逐步化解目前存在的种种障碍，并借鉴国外的经验，依据我国的国情，逐步建立起婚内侵权损害赔偿制度。

# 论我国的离婚救济制度

引言：离婚救济制度是法律从公平正义的立场出发，为离婚过程中夫妻受损害或者处于弱势的一方提供的权利救济方式或者法律救助手段。我国的离婚救济制度深受中国传统伦理的影响，在救济措施方面闪烁着中国古代婚姻家庭的优秀思想的光辉，为我国家庭婚姻关系顺利解除以及保障社会关系的和谐提供了必要支持。同时，其在现代社会中也有不足之处，包括制度设计没有充分考虑社会现实，以及作为上层建筑的婚姻救济制度已经不能够解决当下的现实问题。因此，探讨离婚救济制度的完善和发展对我国婚姻家庭法的完善具有重要意义。

当代中国，随着人民婚姻自由意识的不断增强，对于离婚的认识也发生了很大的变化，离婚自由也因此得以确认。但是，离婚这个法律行为会导致婚姻关系的消灭，使离婚双方当事人恢复到婚前自立的社会角色状态，在这个关系变动过程中，离婚弱势一方（妇女居多）的权利往往受到损害。能否处理好离婚这个法律行为，事关当事人的合法权益，如处理不好会引发诸多的社会问题。而离婚救济制度对在离婚过程中当事人权利的保护发挥着重要作用，因此，离婚救济制度的发展和完善有利于保障当事人的合法权益，调节社会关系，解决社会矛盾。目前，正值我国民法典制定的重要时机，离婚救济制度的完善对于构建完整的民法典体例有着非凡的意义。

## 一、离婚救济制度的理论基础

"救济（Remedy）"在《牛津法律大辞典》中被定义为"对已经发生或者已导致的伤害、危害或损失的不当行为而进行的纠正、矫正或改正"[1]。离婚救济制度是指为在离婚过程中权利处于不圆满状态的一方当事人依法提供的救济措施的总和。[2]在我国现行《婚姻法》中，为离婚救济制度规定了三项内容：经济

[1]徐伟功. 国际私法中的自由裁量权问题研究[J]. 私法研究, 2001（1）.
[2]张艳波. 离婚救济制度研究[D]. 哈尔滨：黑龙江大学, 2009.

帮助制度、损害赔偿制度、经济补偿制度。它从制度层面上为离婚救济提供了支持，因此离婚救济制度的优劣也直接影响着离婚救济的最终效果。

### （一）学理基础

追求婚姻自由，是《婚姻法》的最高目标，也是评判《婚姻法》进步与否的准绳，同时反映了人性最深刻的诉求。而离婚救济制度就是对离婚自由的认可与保护。此外，正义是《婚姻法》的基本标准，也是《婚姻法》的评价体系，它对于《婚姻法》的进化发挥着极大的推动作用。西方有一句古老的法律谚语："正义不仅应当实现，而且应当以看得见的方式来实现。"离婚救济从应然层面来看，它是应当去实现的，在实然层面，它通过一种看得见的方式即法律制度来实现离婚当事人的正义。

### （二）伦理道德基础

近代以来，家庭婚姻法的内容始终与人类的伦理道德要求相一致。在渊源上，家庭婚姻法与伦理道德都是由原始习惯脱胎而来，并且在发展过程中相互转化；在形式上，家庭婚姻法作为部门法，与伦理道德都是社会规范；在内容上，家庭婚姻法与伦理道德都体现一定的社会价值，总体精神和内容相互重叠渗透；在功能上，家庭婚姻法与伦理道德都是社会调控手段，以维护和实现一定社会秩序和正义为使命；在发展程度上，家庭婚姻立法与伦理道德都是社会文明程度不断提高的标尺。离婚救济作为家庭婚姻法中重要的组成部分，同样浸润着法与伦理道德的双重光辉。因此，离婚行为导致其中一方的权利处于不圆满的状态，在伦理道德上就要求曾经是夫妻关系的一方当事人应该给予必要的经济帮助，在法律中离婚救济制度中的补偿性和补助性的经济给付正是伦理道德的体现。婚姻伦理道德的公平正义诉求，为伦理道德色彩浓厚的《婚姻法》在确立离婚救济制度时提供了道德上的支持和要求。[①]

## 二、我国现行离婚救济制度的不足

我国当下离婚救济制度体系主要是由经济帮助、损害赔偿、经济补偿三项制度构成的。该制度体现了我国在婚姻家庭方面的立法精神和价值取向，具有鲜明的时代特色。随着我国法治体系和法治能力现代化进程的推进，我国离婚救济制度也存在以下问题。

---

①叶英萍．婚姻法学新探[M]．北京：法律出版社，2004：223．

### （一）离婚经济帮助制度存在的问题

#### 1. 我国离婚经济帮助的法律规定

我国离婚救济制度由《婚姻法》第四十二条和《最高人民法院关于适用〈中华人民共和国婚姻法〉若干问题的解释（一）》（以下简称《解释（一）》）第二十七条以及《关于贯彻执行民事政策法律若干问题的意见》（以下简称《意见》）第十四条组成。其中，《婚姻法》第四十二条规定关于离婚时适当帮助义务的内容："离婚时，如一方生活困难，另一方应从其住房等个人财产中给予适当帮助。具体办法有双方协议；协议不成，由人民法院判决。"而《解释（一）》第二十七条是对其的补充和解释，主要是关于"生活困难"的认定以及帮助形式的规定："婚姻法第四十二条所称'一方生活困难'，是指依靠个人财产和离婚时分得的财产无法维持当地基本生活水平；一方离婚后没有住处的，属于生活困难。离婚时，一方以个人财产中的住房对生活困难者进行帮助的形式，可以是房屋的居住权或者房屋的所有权。"《意见》第十四条则进一步对经济帮助的给付方式、给付的终止时间作了明确的规定。

#### 2. 离婚经济帮助立法存在的问题

首先，生活困难的认定标准过于绝对。把生活困难的认定标准确定为当事人能够生存的条件，这显然不具备现实生活的理性要求。其次，对于离婚当事人在婚姻关系存续期间的生活水平由于离婚而造成差异的忽视，也不符合当今时代的发展要求和社会的需要，不能实现真正的公平。再次，计算生活困难的时间区间过于狭窄。在现实生活中，当事人的生活困难问题大多出现在离婚后的一段时间。如果不将离婚后的生活困难纳入经济帮助的范围，那么会导致很多当事人失去请求经济帮助的资格，从而无法得到真正的救济。最后，离婚经济帮助制度缺乏全面、详细的变更、终止的相关规定。另外，对于经济帮助的方式也比较单一。对于新生的经济形态是否可以作为支付的方式，缺少明确的说明。

### （二）离婚损害赔偿制度存在的问题

#### 1. 离婚损害赔偿的法律规定

我国离婚损害赔偿制度的规定比较全面详细，分别规定在《婚姻法》第四十六条，《解释（一）》第二十八条、二十九条、三十条，《最高人民法院关于适用〈中华人民共和国婚姻法〉若干问题的解释（二）》（以下简称《解释（二）》）第二十七条、《最高人民法院关于适用〈中华人民共和国婚姻法〉若干问题的解释（三）》（以下简称《解释（三）》）第十七条。

2.离婚损害赔偿立法存在的问题

第一，我国《婚姻法》没有追究破坏婚姻家庭的第三者的侵权责任。在婚姻家庭生活中，道德的社会规范功能逐渐减弱，因第三者插足而引起的婚姻破裂经常发生，正在逐步侵蚀我国婚姻家庭的和谐与社会安宁。正是因为《婚姻法》没有将赔偿责任主体范围扩大至第三者，因此第三者破坏家庭的侵权行为缺乏法律约束，从而导致错误的价值导向，不利于保护合法婚姻，同时也不符合公平原则。第二，法律条文中关于离婚损害赔偿的法定情形的规定过于狭窄。虽然我国也将精神损害纳入到了离婚损害赔偿之中，但是由于法定情形的局限性，导致实际生活中的损害得不到有效的救济。第三，原告方举证困难，使得受害当事人很难真正获得赔偿。夫妻生活具有私密性，并且受到受害人保存证据意识的局限，在诉讼中，原告往往因为证据不足而面临败诉的境地。

### （三）离婚经济补偿制度存在的问题

1.离婚经济补偿的法律规定

我国离婚经济补偿制度只规定在《婚姻法》第四十条中，关于本条文中对"夫妻分别财产制"前提的认定及其相关问题的确定，可以结合《婚姻法》第十七条（夫妻共同财产的认定）、第十八条（夫妻个人财产的认定）、第十九条（夫妻财产的约定制）的规定进行认定。

2.离婚经济补偿立法存在的问题

一是该制度在我国缺乏社会基础。夫妻分别财产制被规定为我国离婚经济补偿制度的适用前提，然而在现实生活中，我国"夫妻一体"观念深入人心，因此大多数人对于分别财产制处于排斥状态，并且分别财产制也不符合我国的婚姻家庭观，不利于家庭的稳定。二是经济补偿请求权往往只成为一种期待权，难以得到真正的落实。离婚弱势一方当事人渴望得到公平待遇，希望对方对自己的付出进行认可并给予经济回报。但是由于法律制度和司法实践的局限，这种需求往往很难实现。三是离婚经济补偿的数额缺乏详细和明确的标准，并且司法操作难度大。虽然我国婚姻法中有相关经济补偿的条款，但是规定非常笼统，补偿数额是按照财产比例还是按照绝对数的标准，这影响到当事人的切身利益，如果交由司法裁量权进行解决，就会造成区域司法结果相差太多，不利于整个司法秩序的维护。四是对离婚经济补偿责任人的给付方式没有作明确的规定。给付方式是解决经济补偿的最后一公里的问题，如果没有合适的给付方式，会造成执行难的司法困境。

### 三、我国离婚救济制度的完善建议

鉴于我国大多数学者总是以国外相关制度为标杆来审视中国法律，这种做法在一定程度上放弃了中国的传统法律思想，也会造成我国立法的迷茫，一方面认为国外的法律就是先进的，乐此不疲地进行所谓的移植或者嫁接；另一方面，所出台的法律并没有很好地解决实际问题，有的甚至适得其反。因此，笔者尝试结合中国传统婚姻家庭法律思想和国外先进做法寻找解决当前离婚救济制度问题的突破口，以期为众多离婚救济问题的解决提供有益的探索。

（一）离婚经济帮助制度的完善措施

1. 生活困难标准的设定，应采用相对困难理论

时代在发展，观念在进步。对于生活困难的认定除了数额标准之外，还有生活水平的变化。在当今社会，"贫富差距"带来的负面影响是非常大的，因此对于离婚带来的其中一方生活水平明显下降的情况，有必要给予重视，这对具有"家国一体"观念的中国具有非凡的意义，正所谓家安才能国平，家兴才能国强。

2. 完善生活困难认定时限的标准

在离婚后的相当一段时间内，若一方存在生活困难的状况，也可以要求另一方给予适当帮助，但是此段时间应该给予适当的明确，不能随意延长。国外的数字思维以及我国传统婚姻救济中对于当事人双方互有制衡的思维都要求时间可以适当延长，但是需要准确界定。

3. 采取多样的经济帮助方式

除了采取现金给付的方式之外，还可以采取其他具有经济利益的救济手段。法国和德国在其离婚救济措施中的规定中，就非常注重对于经济帮助方式的规定。而我国可以根据民法的相关规定对离婚救济制度进行弥补。这样，虽然现行婚姻法中对于经济帮助方式的规定很少，但是可以运用民法中的相关规定弥补其不足。

4. 增加经济帮助的变更和终止的相关规定，并肯定法官的自由裁量权

经济帮助的变更和终止即离婚当事人双方或一方的经济能力发生重大变化，而导致请求方需要增加帮助金额或者给付方无法继续履行的情形出现时，法院应该视情况对于经济帮助行为予以变更或终止。此外，上述情况必须依靠法官的自由裁量权来完成。

经济帮助变更和终止的规定体现了法律对生活更加真实的描述，更能够调整生活中的法律事实。法官的自由裁量权更是我国古代婚姻救济中"社会救济"现

代化的典范，通过公权力的救济更好地保护私权利，从而更能够体现我们国家社会主义的国家性质。与此同时，现在我国司法改革中"法官员额制"的制度设计，对于提高法官的司法水平具有划时代的意义，同样，充分肯定法官在离婚案件中的自由裁量权也具有现实的基础。

### （二）离婚损害赔偿制度的完善措施

#### 1. 将破坏婚姻家庭的第三者纳入离婚损害赔偿责任主体范围

社会对于合法两性关系应当给予保护，也就是说，应该对于破坏两性关系稳定的因素进行排除。所以，婚姻的无过错方有权对破坏其婚姻家庭的第三者请求承担离婚损害赔偿责任。这项制度与我国《宪法》中"婚姻家庭受国家保护"的规定是非常契合的，并且与我国传统婚姻关于破坏两性关系的态度具有很好的继承性。

#### 2. 运用立法技术增加认定离婚损害赔偿的兜底条款

在实际诉讼过程中可以采用列举性和概括性并举的方式进行规定，在条款尾部增加一个概括性的规定，即其他导致离婚的重大过错。如此，能够有效地弥补现行《婚姻法》第四十六条所规定的 4 种情况：重婚的；有配偶者与他人同居的；实施家庭暴力的；虐待、遗弃家庭成员的。这样能够使离婚损害赔偿制度更适应社会现实生活，同时，法官也具有一定的自由裁量权，能更好地保证法律的权威。

#### 3. 主动取证与取证合法性原则

诉讼过程中针对此类案件，人民法院在必要情况下，应该主动取证，这样能够更充分地保障无过错方的权利得以实现。我国司法的价值追求是"伸张正义"，婚姻家庭在我国社会生活中扮演着重要的角色，公权力应该发挥好守门人的作用。此外，应该从立法角度承认无过错离婚当事人私人取证的合法性。在符合民事诉讼证据的规定下，无过错方取得的关于对方有过错行为的证据，仅限在个案中进行使用，就应该在立法上承认其合法性。

### （三）离婚经济补偿制度的完善措施

#### 1. 对于经济补偿制度所适用的"夫妻分别财产"的前提应当予以扩大或者取消

这在中国司法实践中，已经逐渐模糊了其制度的适用前提，且综合运用经济补偿制度和经济帮助两种制度相结合，使当事人的权利得到了更充分的保护。因此，从法律文书上讲也应该及时地进行修改，做到上层建筑与经济基础相吻合。此外，从立法精神上讲，此项制度的设置重在保护处于弱势一方的利益。

"夫妻分别财产制"不应该作为法律倡导的价值取向，而应该肯定夫妻共同财产制。并且，经济补偿制度与夫妻共同财产制具有一致的价值取向。离婚需要补偿的原因在于夫妻在一起生活时，一起付出过，曾为家庭共同努力奋斗。西方价值观念是以单个人为基本单位的，非常注重独立个体的诉求，因此他们大多采用分别财产制。而中国之国情并不适合推广夫妻分别财产制，我们应该大力提倡夫妻共同财产制。

2. 适当延长经济补偿的申请时限

诉讼离婚的经济补偿的请求时限可以延长到婚姻关系结束后的一段时间内；对于协议离婚的案件，也同样适用。如此，有利于让当事人恢复到婚前独立状态，对于维护社会稳定具有积极意义。

3. 要细化经济补偿数额的标准

我们应该充分借鉴国外的量化思维，从各个方面对补偿的必要性进行评估，从而确定补偿范围。其中包括：一方所从事家务劳动的经济价值，付出较多家务劳动的一方、给付责任人在婚姻关系存续期间所获得的现实利益和预期利益，婚姻关系持续时间及离婚当事人的年龄等因素。

4. 明确和细化经济补偿的给付方式

经济补偿的给付方式不局限于货币资金的形式，也可以通过动产或不动产等资产所有权的转让来实现，或者借鉴法国的"现金"与"定期金"的方式。经济补偿制度实际上是平衡婚姻双方当事人利益的有效手段，合理的给付方式不仅对受害人具有积极意义，而且对于给付义务人也有着良好的作用。①

---

① 倪佶俪. 试论离婚经济补偿制度的完善[J]. 法制博览，2014（7）.

# 我国单身女性生育权法律问题研究

引言：伴随现代社会的发展和女性社会地位的提高，愈来愈多的女性摒除传统观念，崇尚自由，选择独身、不婚的生活方式，以实现自身更大价值。其中一些单身女性不想结婚或由于种种原因未能结婚，却希望能够生育自己的孩子，但我国相关法律法规把生育权限定在已婚夫妻之间，导致单身女性无法行使自由生育的权利。随着国内新生人口持续减少、老龄化趋势日趋严重，改变传统观念，通过立法赋予单身女性生育权对于缓解人口危机不失为一个好办法。

在封建社会，女性通常是权利上的弱者，其任务主要在于操持家务，分配家庭内部的吃穿用度以及繁衍子嗣，迂腐的社会观念和严苛的社会制度极大地限制着女性的发展。如今，女性社会地位提高，在诸多方面发挥着不可代替的影响力，她们不再甘于为家庭完全牺牲自我，不愿再做一个生育的机器，而是为了实现自身价值追求生育自由。我国《宪法》《婚姻法》等诸多法律以及各项规章制度，均给予女性生育的自由权利，严禁他人非法剥夺。此举在某种意义上保护了女性生育的权利，但是需要注意，法律授权的女性主体仅指已婚妇女，单身女性并未获得授权。正是由于法律的限制，单身女性无法实现合法生育，也无法获得正常的生育待遇，比如不能享受生育保险，不能寻求人工辅助生殖技术服务等。生育权作为人权的主要类型，是每一个独立人所享有的基础性权利，新时代具有新思想的单身女性愈发追求自主生育，而且国内新生人口持续减少、老龄化趋势愈发严重的实际状况也促使单身女性实现生育自由。基于种种原因，以法定形式认可单身女性作为生育权的主体是非常重要的，也是不可逆的发展趋势。

## 一、单身女性的界定

学界普遍认为单身女性包括未婚、离异、丧偶三种情形。未婚女性指的是尚未缔结婚姻的女性；离异是指夫妻解除婚姻关系后回归单身生活的女性；丧偶则是指配偶因故丧失生命而致恢复单身生活的女性。狭义上的单身女性是指未进行婚姻登记且在生活中无固定伴侣的女性，所以有恋爱对象，或者有固定性伴侣，实际上并不是度过单身生活，并不属于单身女性行列。由于人们思想逐渐开化，未婚同居愈发被社会接受，导致法律意义上的非婚状态并不完全等于事实意义上的非婚状态。社会对于单身女性的包含范围有了新的要求，广义上的单身女性是对所有未婚女性的统称，这之中既包含法律上的未婚女性，也包括法律上非婚但事实上已有固定生活伴侣的女性。另外，女同性恋群体虽然在生活上并非独身，但是因为没有异性的参与，我国法律也没有同性婚姻合法化的规定，这一群体又存在生育的意愿，因而将其归入广义上的单身女性行列。

## 二、单身女性生育权面临的现状

### （一）单身女性生育权相关学说

#### 1. 肯定说

绝大部分学者认为单身女性应当享有生育权，他们大多从权利的性质角度论证生育权属于人格权。生育权与人格权一样都是公民固有的不可剥夺的权利，不因身份转换而改变。婚姻是国家产生之后，上层阶级为了稳固政权，推动社会良性发展而被推出使用的制度。婚姻与人之间的关系并不像先有鸡还是先有蛋的假想一般难以捉摸，很明显人类的存在是婚姻关系得以产生的前提条件，因而首先维护人的权益，再来调整婚姻制度才是一个合理的逻辑顺序。还有一部分学者认为："生育权是人类最基本的权利，而人权反映的是人类的基本属性，因此生育权是人的基本人权。"[1] 人权作为公民的基础性权利，不依赖任何形式存在，不能被任意剥夺，生育权与人权具有相同的属性，应当被纳入人权保护范围。

另外，我国现有法律基本将生育主体限定在已经进行婚姻登记的夫妻或者个人，排除了单身群体。民法为更好地保护公民权利，一直倡导"法无禁止即可为"的法律理念，由于单身女性生育子女的权利并未被明确禁止，因此只要不违反法律规定，单身女性应当享有生育权。[2]

总而言之，无论是将生育权视为人格权，或者以人权视角进行解释，还是依据法律基本原则，生育权都不应当局限于法律意义上的已婚群体，单身女性同样拥有生育权，依然可以自主决定生育问题。更何况社会发展至今，赋予单身女性生育权可以实现一部分单身主义者不想结婚但想生育的愿望，具有现实意义。

---

①李冬. 人权视角下的女性生育权问题研究[J]. 净月学刊，2014（1）.

②张伟. 从吉林省"独身女性可生育子女"谈对公民生育权的法律保护[J]. 河北法学，2003（3）.

2. 否定说

主张单身女性不享有生育权的学者也从不同的角度展开讨论。

首先，学界部分学者将生育权身份化，认为生育权是基于某些行为或者彼此之间的关系而产生的人身权利。[①]身份权说代表学者芮卫东指出，具有生育权利能力并不代表拥有生育权，公民需要参与具体的民事法律关系取得生育权，他认为"结婚是人们取得生育权的主要甚至是唯一的行为方式"[②]。

其次，由于现行法律将生育权限定在已婚的夫妻及个人之中，导致单身女性没有足以保证其实现生育自由的依据。比如《婚姻法》中规定生育权属于已婚夫妻；《妇女权益保障法》第五十一条以及《人口与计划生育法》（2015年修正）第十七条将生育权赋予公民，表面上单身群体也获得了生育权，然而我国政府在《国际人口与发展大会行动纲领》中重申，在我国生育权还仅限于已婚夫妻双方和其中一方，单身男女并无生育权。

《吉林省人口与计划生育条例》（2002年）规定："达到法定婚龄决定不再结婚并无子女的妇女，可以采取合法的医学辅助生育技术手段生育一个子女。"[③]这是首次以官方立场允许单身女性利用人工方式生育子女，也间接承认了单身女性属于生育权的主体，但是有部分学者认为这一项规定的合理性条件不足[④]，将其作为吉林省地区单身女性享有生育自由的法规依据实属牵强。

再次，否定说学者坚持认为发达的技术手段所带来的负面影响甚大，甚至弊大于利。试管婴儿、冻卵等人类生殖辅助手段为单身生育提供了技术支持，如若认可单身女性生育权，则意味着单身女性可以摒弃人类繁衍的常规手段，即两性繁殖，选择利用技术手段达成生育的目的。此举满足了单身女性的生育愿望，但是其缺陷非常明显，它会大大突破社会伦理观念，引发违法行为，甚至诱发诸如生育后买卖人口的违法事件，为社会稳定增添诸多不安定可能。

不可否认，否定说学者提出的意见在一定程度上颇具合理性，无论是立法上的硬性原因，还是社会伦理、权利性质的软性原因，都是生育权普遍化的障碍，是长久以来单身女性没能真正获得生育权利的症结。但是不可否认，21世纪的

①邹瑜，顾明. 法学大辞典[M]. 北京：中国政法大学出版社，1991：196.

②芮卫东. 生育控制的法律分析 ‖ 兼论单身女性的生育权[J]. 人口与计划生育，2003（8）.

③该项规定在2016年《吉林省人口与计划生育条例》修订后保留至第二十八条：达到法定婚龄决定不再结婚并无子女的妇女，可以采取合法的医学辅助生育技术手段生育一个子女。

④汤擎. 单身女姓生育权与代际平等——评《吉林省人口与计划生育条例》第三十条第二款的非合理性[J]. 法学，2002（12）.

中国社会是开放的、自由的、与时俱进的，单身女性群体对于生育权自由化的呼喊日渐强烈，需求如此，固有的法规政策作出变通应是理所当然。

### （二）单身女性生育权实现的障碍

#### 1.单身女性生育权在伦理道德方面的障碍

在中国传统观念中，生育与婚姻一直是相伴而生的，女性与家庭更是被牢牢地绑缚在一起。女性如果到了适婚年龄却仍保持单身，或者有伴侣而不婚，甚至单身生育，那么很有可能遭受不和谐的社会评价。在目前的文化背景下，虽然社会开化程度远远高于旧社会、旧时代，人们也不再用"三从四德""三纲五常"作为衡量女性的价值标准，但是由于国人深受封建文化浸染，依然很难接受女性的"非常规表现"。

一般而言，女性要想实现单身生育无非利用两种方式，其一是常规的自然受孕，即通过两性结合孕育生命；其二是非常规的人工生殖技术服务，即利用技术手段，实现人工受孕。[①] 在社会伦理的视角上考虑，第一种方式意味着女性要进行非婚内性行为，这对于年轻人而言并非不可为，但是在一些父母辈、祖父母辈的思想观念中，这是女性不自爱的表现，并不可取。第二种方式则几乎无视了男性在生育活动中的主导地位，突破了传统的"男为尊"观念，也在一定意义上破除了生育与婚姻之间的联系，极大地冲击了社会人伦关系。目前大多数人依然无法在伦理道德层面接受此种科学的产物，认为其违背了自然生长规律。[②]

我们生活的时代没有了"父母之命，媒妁之言"的硬性要求，婚姻自由也在人们的呼唤下成为法定权利。女性越来越趋向于独立自主，经济独立、精神独立成为她们的代名词。正是在这样的社会背景下，女性的权利意识提高，她们要求获得生育权，将生育问题掌握在自己手中，这也是顺应时代发展的表现。

#### 2.单身女性生育权在政策方面的障碍

改革开放初期，人口基数庞大、社会资源紧张、人均资源占有量低是我国的现实国情。为了减缓人口增长带来的发展压力，国家专项制定计划生育政策并迅速在全国范围内推动实施。[③] 简单而言，社会供养不起众多的人口，为了减缓压力，要求每个家庭只能孕育一个子女（1982年实施的计划生育政策作此要

①朱晓飞.性别公正的公益法实践——以"单身女性生育权"事件为例[J].中华女子学院学报，2018（5）.

②章家好.单身女性生育权问题与对策[J].西部学刊（法学版），2019（3）.

③百度百科.计划生育[EB/OL].[2020-02-20].https://baike.baidu.com/item/计划生育/608369?fr=aladdin.

求）。在计划生育政策全面推行后，新生儿的出生率逐渐降低，而人口老龄化随之加剧，导致青壮年劳动力不能满足社会发展的实际需要。为了走出困境，解决劳动力不足引发的诸多问题，国家着手调整生育政策。2011 年、2013 年、2015 年分别推动"双独二孩""单独二孩""全面二孩"政策的实施。这些政策针对的是应当实行计划生育的主体，其本质是限制已婚夫妻生育权，而对于单身群体并未提出任何要求。

从计划生育政策实施时的基本国情看，虽然限制了生育权的实施，但是其出现具备合理性，符合当时的时代要求。如果允许单身女性群体获得权利并且能够得到相应的保障，那么遵从国家政策要求，履行社会责任也就无可厚非。

3. 单身女性生育权在法律方面的障碍

我国法律一直将妇女视为特殊保护群体。比如《刑法》中以女性为犯罪对象的各项罪名；《宪法》明确国家保护妇女的权益；《劳动法》规定非歧视原则，不能以任何不正当理由拒绝录用女性劳动者或者有针对性地提高录用标准等。但是针对生育权问题，我国法律还未显示出对于女性，尤其是单身女性的倾斜保护。

我国《宪法》第四十九条和《婚姻法》第十六条均明确说明已婚夫妻有责任实行计划生育。法条虽未直接划分生育权归属，但已经对责任主体作出了限制，单身女性是否有权以及是否需履行义务没有被提及。《人口与计划生育法》第十七条规定："夫妻双方在实行计划生育中负有共同的责任。""夫妻"的表述即可证明生育是以结婚为前提的，单身女性并未获权。此外，《妇女权益保障法》虽然没有直接点明生育权对象之一——"妇女"的婚姻状态，但是由于历来习惯以及我国政府的明确表态，单身女性的生育权利依然无法被法律所承认。有的学者也强调，决定保持单身状态并希望生育的女性只占极小的比例，个别情况通过行政手段调整即可，通过法律调整的价值不大。[①]事实上，在我国基本国情的背景下，生育权受政策限制多多，为了维护社会稳定运行，配套的法律法规也必然要与之保持一致，导致权利的实现绝非易事。

4. 单身女性生育权在法规、规章方面的障碍

在我国现行法规中，《吉林省人口与计划生育条例》最早明确了单身女性生育权归属问题，肯定这一群体享有生育自由。有一部分学者认为该条例违背了上

①孙春风，齐秀梅. 立法应慎对制度选择——检视吉林省"独身女性生育"条款的立法视角 [J]. 商业经济，2004（6）.

位法规定，不应具备法律效力。由于我国法律以及现实情况普遍将生育权的权利主体限定为夫妻双方及其个人，而该条款却承认了单身女性的主体地位，本质上是超越地方权限的修改。① 这里提及的上位法主要是指原卫生部（现国家卫生健康委员会）于 2001 年颁布的《人类辅助生殖技术管理办法》（以下简称《办法》）以及 2003 年修订的《人类辅助生殖技术规范》（以下简称《规范》）。《办法》规定人类辅助生殖技术应当在计划生育政策规定范围内，在不违背伦理原则以及相关法律的基础上应用。由于计划生育政策涉及的权利主体尚存在争议，所以这一规定或许给了单身女性获取生育权一线生机，然而《规范》明令禁止为不能提供夫妻关系证明的单身女性提供人工辅助生殖服务，② 完全将单身女性排除在生育权以外。

笔者并不认可上述《办法》和《规范》为《吉林省人口与计划生育条例》上位法的观点。两项法规是由原卫生部发布的，性质上属于部门规章，而后述条例是由吉林省人大通过实施的，属于地方性法规。根据《立法法》的规定可知，如果由各部委制定的部门规章和由地方人大制定的地方性法规之间出现内容分歧，最终由国务院确定适用何种规范。因此部门规章与地方性法规并无上位法、下位法之分，那么认为《吉林省人口与计划生育条例》作出的规范内容违反上位法的观点就不能成立，同时单身女性是否享有生育权的问题也不能在此基础上进行否定性评价。

### （三）实现单身女性生育权存在的问题

#### 1. 生育权很难实现绝对公平

首先，针对单身女性群体而言，为了使孩子能够生有所养，立法者很可能对生育主体加以限制，③ 比如经济上有固定收入，没有债务负担；文化上受过一定程度的文化教育；家庭内部和谐等。这些条件一旦被立法者采用，那么就意味着有一部分单身女性并不能行使生育权。

其次，如若单身女性成为生育权的所有者，那么被法律遗忘的单身男性是否也能取得权利？试想假如单身男性实现生育自由，他们试图利用医学手段达成生育目的，而就现有的比较成熟的医疗技术来看，由男性直接孕育生命还是

①杨文庄，梁清富，黄燕. 论适龄独身女性生育权[J]. 人口研究，2003（1）.
②朱晓飞. 性别公正的公益法实践——以"单身女性生育权"事件为例[J]. 中华女子学院学报，2018（5）.
③陈祥健. 质疑"单身女性生育权"[J]. 法学杂志，2003（5）.

比较困难的，危险性也比较大，那么他们就可能选择变更性别、代孕等方式，而代孕在我国仍属于非法方式。为了生育孩子而选择非法非人道的方式是否有些过激呢？他们对于生育权的要求是否值得满足呢？如果不予满足，是否又违背了平等原则的要求呢？

由此看来，若要在法律层面认可单身女性生育权并且保障其权利实现，就必须在宏观上全盘考虑，解决权利平等问题。

2. 孩子的人格塑造可能出现问题

孩子本应当在健全的家庭中长大，而大多数单身女性所育子女，从出生伊始亲权就受到侵害，他们的成长缺少父亲的陪伴。另外，单亲子女的知情权也同样被忽视。比如通过技术方式生育的孩子，由于政策要求不能泄漏捐精者的个人信息，所以他们自出生起，对于自己的父亲都是无知的、陌生的。父爱的缺失、社会的质疑，使孩子有可能生活在偏见、歧视的环境下，造成一部分孩子形成不良性格，比如情绪暴躁、性格孤僻、严重缺乏安全感、仇视社会，等等，严重影响孩子的人格塑造。

## 三、单身女性生育权的域外实践

### （一）美国单身女性生育权的实现

早期美国人对待婚姻与我国封建社会比较相近，也要遵从"父母之命"，缔结婚姻更像是一项必须完成的任务，整个社会都没有结婚自由的意识观念，自由恋爱、单身主义、未婚同居更是口诛笔伐的事情。同时，男性在社会中拥有至高无上的权利和地位，而女性除了尽义务外几乎没有可以享受的权利。随着进步主义革命的兴起，性自由逐渐成为青年一代的追求，"垮掉的一代"不仅否定旧制度，冲破旧观念，还做出各种离经叛道的事情，未婚同居、未婚生育、离婚率飙升，美国家庭受到严重冲击，家庭观念逐渐瓦解。[①]

到了 20 世纪 60 年代，女权主义思想在女性群体中大肆蔓延，美国本土的婚姻家庭关系发生重大变革——婚姻革命。这场革命冲击了以往"男尊女卑"式的婚姻家庭模式，越来越多的女性不再通过"结婚——生子"的套路实现生育目的。单身妈妈数量渐增，也越来越被社会接受。斯库特思教授说道："传统婚姻不再

---

①陈奔. 从美国家庭变革看其基本价值观[J]. 厦门大学学报，1996（2）.

是两性关系的唯一形式，转化已经是不可逆转的趋势。"①婚姻观的转化推动了行为的变化，促使未婚同居乃至生育逐渐走向普遍化。美国中央及各州虽然没有专门立法明确单身女性生育合法，但是也没有说明某一群体不具有生育权。那么单身女性实现生育自由合乎法理，这被众多社会人士解释为"法律默许单身女性生育合法"。目前能够找到的可以证明该观点的官方案例即 1942 年"斯金纳诉俄克拉荷马"案，在该案判决中，美最高法院首次强调"生育权是不可任意侵犯的权利"②。

### （二）欧洲地区单身女性生育权的实现

欧洲地区兴起的妇女解放运动与美国婚姻革命几乎发生于同一时期，两者产生的社会影响也异曲同工。女权主义者不再甘愿做婚姻的牺牲者，她们要求摆脱家庭的束缚，要求享有自由生育的权利。传统的婚姻家庭结构在声势浩大的运动中渐渐土崩瓦解。深受自由平等思想影响的欧洲女性，不再将丈夫视为生命所依，相反，她们开始拒绝结婚，逃离家庭生活，反对结婚生子的旧观念，她们追逐性解放，社会上出现大量的未婚同居、未婚生育事件。根据人民网报道，2018 年欧洲地区的非婚生子女比例已达到 43%③，而且这一比例很可能继续攀升。在此情况下，欧洲各国加快动作，出台单身母亲与已婚夫妻同权的法律规定。④这实际上说明，欧洲各国法律普遍承认生育权的权利主体为包括单身女性在内的公民个体，并不局限于法律承认的已婚夫妻及个人。

### （三）日本单身女性生育权的实现

日本法律还未许可未婚女性使用生殖技术实现生育，不过在未婚同居日渐普遍化的现实情况下，加之社会观念的转变，该规定需要调整。⑤日本公益社团法人日本产科妇人科学会曾直接发布允许未婚女性通过试管婴儿技术实现生育的声明。

现如今更多的日本女性不再将婚姻视为生命归宿，更倾向于直接生育孩子。究其原因，除了女性群体权利意识提高、经济独立、社会包容度提升之外，还

①斯库特思. 婚姻人契约程序：国家政策的新模式[J]. 加利福尼亚法学评论，1982（7）.

②廖雅慈. 人工生育及其法律道德问题研究[M]. 北京：中国法制出版社，1995：232.

③人民网. 欧洲非婚生子女问题严重比例高达43%[EB/OL]. （2018-08-13）[2020-02-23]. http://jx. people. com. cn/n2/2018/0813/c186330-31925610. html.

④刘帅. 单身女性生育权问题研究[D]. 南京：南京师范大学，2012.

⑤人民网. 日本将允许未婚男女通过试管婴儿技术生育[EB/OL]. （2014-06-22）[2020-02-23]. http://world. people. com. cn/n/2014/0622/c1002-25183191. html.

存在一个比较直观的原因，即日本政府对于单亲家庭实施的特殊政策。日本的单亲儿童不光可以享受一般的儿童补助，还能够获得地方政府的其他特殊补贴。此外，医疗、公共交通等费用还有减免，有个别县对未婚妈妈给予所得税优惠，为单身母亲提供出租公寓。① 政府专门为单身母亲提供诸多政策优惠，表明日本在官方层面上对于单身生育持支持态度，间接说明日本承认单身女性的生育权主体地位。

## 四、我国单身女性生育权的实现途径

### （一）破除观念障碍

现代社会虽然对未婚怀孕或者未婚生育有所包容，但是深受传统观念影响的公众，仍然有很大一部分反对未婚生育，认为未婚生育是"不光彩的事"。而且一些反对派学者提出，如果给予单身女性生育权，必然对传统的婚姻家庭观念造成不利影响，甚至冲击婚姻制度，这些声音无疑给未婚妈妈带来了很大的压力。如果承认单身女性生育权，或许对于一部分人的婚姻观念会产生影响，比如一些对结婚与否还处于观望状态的未婚女性，可能会为了避免结婚本身的消极问题选择不婚，而利用自己的生育权实现生育目的。然而对于某些学者提出的单身女性实现生育权将冲击婚姻制度的说法，笔者不敢苟同。我国《婚姻法》在总则部分就明确载明公民享有婚姻自由②，可以自主决定结婚或者不结婚。赋予单身女性生育权就会冲击公民结婚自由的说法不免有些荒唐。先不论单身女性获得生育权成为一种社会需要，单从法的价值——自由、正义与秩序之间的关系角度出发，自由与正义是高于秩序的。因此为了实现秩序稳定就牺牲公民自由以及社会正义，这也是不可取的。

思想观念并不是一朝一夕可以改变的，它要在社会潜移默化的影响中形成，要破除延续千年的陈旧思想必然是一项大工程，需要全社会共同努力。应借助国家强制力手段，以法律法规的形式，将生育权主体确定下来，赋予单身女性生育的自由，再进行普法宣传教育，让社会每一个角落都能接受到新的思想认识。社会能够做出积极的回应，正视单身女性享有的权利，为实现权利平等提供助力。此外，公民能够合法利用权力，不借助法律提供的便利而实施违法犯罪行为。

---

① 中国新闻网. 日媒：日本女星未婚生子缘何如此有底气[EB/OL]. （2014-07-15）[2020-02-23]. http://www. chinanews. com/hb/2014-07-15/6386480. shtml.
② 我国《婚姻法》第二条：实行婚姻自由、一夫一妻、男女平等的婚姻制度。

### （二）完善制度保护

基于我国特殊的国情，政策限制是单身女性无法获得生育自由的一大重要原因。人工生殖技术将单身女性拒之门外，生育保险不为单身女性享有，单身母亲还要依据规定缴纳社会抚养费等政策，都展现出对单身女性的不友好，基于权利平等的原则，这些政策或该调整或该废除。

#### 1. 开放人工辅助生殖技术

原卫生部发布的《人类辅助生殖技术规范》明令禁止为未婚女性提供生殖技术服务，要求公民在寻求人类辅助生殖技术服务时提供结婚证明。应当对此项禁止性规定进行修改或者直接另行规定，让单身女性群体也可以享受技术福利。在允许单身女性生育的基础上，可以给予相适应的限制。第一，限制生育方式，允许单身女性享受与已婚夫妻一样的生殖技术服务，相关医疗机构可以为单身女性提供冻卵、人工授精等方式以供选择，但是严禁代孕或者其他有违伦理道德的方式，也可以在法律的层面上予以禁止。第二，完善具体流程，单身女性在向有关部门申请并获批后，才可使用人工生殖技术。有关部门应核实申请者年龄等个人信息。[1]此外，申请者应当在指定医院进行专项体检，体检指标符合要求的女性可以尝试进行人工生殖。

#### 2. 为单身母亲提供生育保险

生育保险是指女性在怀孕、分娩等有关生育活动的过程中，因暂停劳动而得到国家和社会提供的各项物质帮助。[2]女性在生产之后，可以向社会保险部门领取保险金，还可以享受特殊的医疗待遇。但是根据各省市的规定，申请人申请生育保险时必须提交婚姻状况证明，也就意味着只有已婚妇女在生育之后才可以享受国家提供的生育保险。

生育保险作为再分配制度下的保障措施，其实施目标在于推动良性生产，促进社会发展。为了实现这一目标，必须解决单身女性的顾虑，废除提交结婚证明的规定，使单身女性生育后也可以领取生育补贴，让单身女性享受该有的福利待遇。

#### 3. 废除收取单身生育社会抚养费制度

社会抚养费制度是国家为了协调人口与社会、人口与经济、人口与资源、人口与环境之间的关系，由各地方行政机关向未按照规定要求生育子女的公民强制

---

①李冬晓. 论我国单身女性生育权的实现[D]. 广州：广东财经大学，2017.

②潘英. 社会保险概论[M]. 上海：华东师范大学出版社，2009：65.

征收的特殊费用。[1] 社会抚养费实际上是针对未婚生育以及超过国家生育计划数量的公民征收的额外费用，属于行政强制性收费。社会抚养费制度在单身女性生育本就不通畅的道路上雪上加霜，中央和各地政府应该取消收取未婚生育的社会抚养费制度，为未婚女性实现生育自由提供更为平等的生活环境。

### （三）明确立法

#### 1. 明确界定单身女性生育权边界

我国计划生育政策对于生育的限制主要涉及生育主体、生育年龄、生育能力以及生育数量四个方面，实现单身女性生育自由也需要在法律层面加以限制，防止权力的滥用。笔者认为，限制单身女性行使生育权可以着眼于以下几方面：

第一，权利主体限制为上文所述广义上的单身女性：所有未婚女性。权利主体包含所有的非已婚女性，是为了尽可能地保护多数人的利益，实现权利平等和社会公平。

第二，生育年龄限制在法定结婚年龄以上，即 20 周岁以上。大多数学者在定义单身女性时，将其年龄限制在成年以后，意即 18 周岁以后，笔者认为这一年龄并不适合作为生育年龄的最低基础。18 周岁的年轻女性，心理和生理还不够成熟，也没有比较完整、适合的人生规划，并且判断能力不足，很容易受到不良诱惑。法定婚龄的设置是经过人口学家科学计算的，法定婚龄的女性的年龄在成年的基础上增加几岁，各方面条件比较成熟，相比之下作为生育年龄更为合理。

第三，权利主体身体状况适宜。首先，有生育计划的单身女性应当精神状况良好，属于完全民事行为能力人，以保证给予孩子健康的教育和生活感受；其次，权利主体应当身体健康，未患有不适合生育的疾病[2]，比如严重的心脏病、尿毒症、艾滋病等，患有这些疾病的女性如若孕育生命，不仅可能影响孩子的平安出生，而且女性自身生命健康也无法保障。权利利用的高风险结果就违背了赋予其生育权的初衷。

第四，权利主体基本没有经济困难。有网友粗略估计生养孩子需要的花费，包含从母亲怀孕到孩子大学毕业的大部分费用（不包括孩子上各类补习班、辅导

---

[1] 我国《社会抚养费征收管理办法》第一条：为了规范社会抚养费的征收管理，维护计划生育基本国策，保护公民的合法权益，实现人口与经济、社会、资源、环境的协调发展，根据《中华人民共和国人口与计划生育法》，制定本办法。

[2] 肖梅. 单身女性生育权实现的法律困境及破解路径[D]. 福州：福建师范大学，2017.

班），保守估计仍需要 49 万元人民币。所以说生养孩子不仅是一项耗费人力的事，同样需要消耗大量的钱财。单身妈妈要有足以支撑自身以及孩子生活、学习的经济条件，没有经济压力才可以创造出利于孩子健康成长的环境。

第五，权利主体尚存有其他家庭成员。有一部分单身女性是在没有固定生活伴侣的情况下生育的，孩子自出生就没有父亲，因此一旦单身妈妈患严重疾病，或者发生意外死亡，孩子也无法得到父亲的抚养。在此情况下，有其他家庭成员能够继续抚养孩子是十分重要的，一方面，孩子仍然在家人的关爱下成长，有利于孩子各方面的发展和塑造，生活也能得到保障；另一方面，可以减轻社会抚养压力。

第六，限制生育数量。我国实行的计划生育政策主要采取的措施就是限制夫妻生育数量，对未婚女性生育数量加以限制也是理所应当的。目前实行的"二孩政策"，允许一对夫妻生养两个孩子，相应的单身女性一人是否只能生育一个孩子，或者也可以生育两个孩子尚需要讨论。笔者倾向于只生育一个孩子，生育一个孩子不仅教养压力较小，而且可以降低引发舆论的概率，保障公民权利平等。

对单身女性生育进行限制，是在尽可能平等的基础上更好地实现生育目的，既让单身女性有享受权利实现生育愿望的机会，也能保障儿童的权益。另外，通过法律的强制性规定对单身女性生育权的行使设置权限，并不意味着对其后续的人生规划设限，例如不允许单身女性在生育后结婚等，此种限制是对公民权利的极大蔑视，有违法律以及道德要求。但是需要说明，单身女性生育后又结婚的，仍需要遵守法律的规定。

### 2. 将生育权纳入宪法

宪法的根本法地位和基础性功能决定了其他法律不能与其相违背，也正是由于宪法在法律体系中拥有的绝对权力，使得宪法对生育权的规定成为其他部门法的立法基础。《宪法》第四十九条规定："夫妻双方有实行计划生育的义务。"笔者认为该条存在两方面问题，首先，该条只规定了生育义务，而没有说明生育权利，虽然权利和义务具有相对性，但是由于宪法的法律地位，导致其他部门法律对于生育权不够重视，以此造成生育义务大于权利，甚至出现无生育权的论断。为了避免部门法的偏重规定，提高公民的权利意识，对宪法条文加以修改，增加生育权规定是很必要的。其次，该条将计划生育的义务履行者限缩于已婚夫妻，对于其他主体则未作规定，导致部门法在对生育问题进行规定时，也对权利主体进行了限缩。无论从人权角度出发，还是将生育权归于人格权，权利的享有者均应为全体公民，宪法的限缩性规定侵犯了单身群体的生育权，因此修改该项规定具有现实意义。

建议将生育权写入宪法，明确权利主体的范围并破除不合理的限制。单身女性可以与已婚夫妻一样在法定界限内行使生育权，一方面可以为实行国家生育政策提供更有力的法律依据，另一方面也可在宪法层面解决生育权婚姻化的现实情况。

3. 完善相关法律法规中的生育权规定

如若宪法能够按照设想作出修改，那么其他部门法为了与宪法保持一致也需要进行修正。

《民法总则》较为完整地保留了《民法通则》在人格权方面的规定，但尚未涉及生育权问题。人类是社会持续发展的直接推动力量，而生育又是人类得以存续的前提，生育立法是在法律层面上进行指导，直接影响着人们的生育行为，从而影响人口数量的增减。民法作为人与法联系最密切的法律，应当对此问题作出比较详尽的规定，以便直接指导公民行为。

《民法典》在 2020 年 5 月 28 日正式出炉，包括总则、物权、合同、人格权、婚姻家庭、继承权利和附则共计 7 编。其中人格权编所涉权利仍属于此前法律中规定的常规权利，对于生育权还未作出解释或规定。此前的法律中没有相关规定，已然暴露出我国民法发展的严重滞后性，致使司法机关在处理有关生育纠纷时难有有效的法律作为判断依据。比如全国首例"冻卵案"，当事人徐某某因为短时间内没有结婚生子的计划，又担心将来生育时身体条件受限，所以决定冷冻卵子。在经过严密的医学检查之后，医院以其单身状态不符合政策要求为由，拒绝为徐某某提供冻卵服务。2019 年 5 月开始，徐某某前后向多家法院提起诉讼但均被拒绝，直到同年 9 月以一般人格权纠纷提起诉讼才被立案，目前案件仍未审结。①《民法典》的规范内容直接关乎大众生活，应当尽可能实现全面覆盖，解决公民在社会生活中的诸多诉求。在《民法典》正文中加入生育权内容，正视并且满足单身女性的生育需求是顺应时代发展要求的表现。

除了修改法律条文，配套司法解释也要及时更新，保证公众可以准确获取消息，从而保障司法实践稳步进行。有很多学者建议修改《婚姻法》第十六条，笔者认为，《婚姻法》的立法目的在于规范家庭婚姻关系，其权利主体主要为已婚

---

①中国新闻网. 全国首例"冻卵案"开庭当事人：能立案就很不容易了[EB/OL]. （2019-12-23）[2020-02-24]. http：//www. chinanews. com/sh/2019/12-23/9040984. shtml.

夫妻，因此，在该法中只对"夫妻"作出义务规定是合理的，而将婚姻关系之外的单身女性的权利加入《婚姻法》调整范畴之中，操作起来比较牵强。

无论是部门规章还是地方性法规，都必须遵循上位法的规定，不能抛开上位法随意制定、随意实施。

社会各个领域由国务院不同的部门统筹运行，为了规范行为，减少不作为以及无效作为事件的发生，国务院各部委都会出台部门规章作为指导性文件。大多数部门规章都是在上位法的基础上，对于法律规定或者政策要求进行更详细的解释，增强条文的可操作性。在计划生育领域，国家卫健委需要在宪法、民法等法律修改后，及时更改旧规定或者出台新的部门规章，在全国范围内推动单身女性实现生育自由。如今生育已经不受技术限制，"只是为落后于时代的法律制度所限制才没有普及"。

地方性法规在我国现行法律法规体系和司法实践中具有重要地位，各地只有根据地区情况作出具体规定并实施，才能充分落实总体的人口生育政策。地方性法规的地方性特点，决定了它具有较强的实用性，因此在地方性法规中明确生育权主体范围，可以更有效地落实生育政策，实现生育权平等化。

总之，单身女性实现生育自由已经成为社会发展不可逆的趋势，但是这条道路还很漫长，仍有许多阻碍。要想扫除障碍，不仅需要更多的权利主体提高权利意识，并为了实现权利勇敢斗争，更需要国家在法律上予以肯定，解决现实矛盾冲突，促进公民权利与国家制度实现平衡。

# 第三编
## 知识产权法问题研究

# 知识产权搭售许可的法律规制

引言：在知识经济时代，知识产权在推动经济发展和社会进步中，扮演着十分重要的角色，但知识产权滥用问题也越来越突出，知识产权的搭售许可则是其中尤其引人关注的问题之一。知识产权搭售许可限制了购买者的自由选择权，压制了竞争对手的竞争行为，妨碍了公平竞争秩序，制约了经济发展，通过法律对其规制已成必然。因此，搭售许可的法律规制问题无论在理论方面还是在实践方面都具有相当的重要性。

搭售属于一种限制性贸易惯例。在知识产权许可中，搭售也是常见现象。各国对专利许可中搭售的态度也由绝对禁止发展到了弹性处理，即运用合理原则进行分析。当前，我国经济增长迅速，技术贸易包括国内贸易和国际贸易也相应越来越多，因此，搭售许可的法律规制问题无论在理论方面还是在实践方面都具有相当的重要性。

## 一、知识产权搭售许可的表现

搭售无论是在概念构成方面，或者具体适用方面，都是一个相当复杂的问题。一般而言，所谓搭售，就是将两种或两种以上产品捆绑成一种产品进行销售，以致购买者为得到其所想要的产品就必须购买其他产品（即卖方在销售一种商品时，以买方同时购买另一种商品为条件）。此时，我们将买方欲购买的商品谓之搭售商品（tyingproduct），而买方被要求同时买下的商品谓之被搭售商品（tiedproduct）。例如，一个生产复印机的厂商要求顾客在购买复印机时必须购买复印纸就是一个典型的搭售。知识产权许可中的搭售，是指许可人要求被许可人接受一项本不需要的知识产权的许可或者购买、使用本不需要的产品或服务，以作为得到所需知识产权的许可的条件，如果被许可人不接受搭售条件，许可人将不予以许可。

要判断搭售商品与被搭售商品之间是否构成搭售的标准即先决条件是此法律问题之难点，也就是说搭售成立的先决条件是搭售商品与被搭售商品之间必须是性质上相互独立的且是完全不同的商品。①

① 吴晓明. "译者序"与"搭售"[J]. 企业家天地, 2006（11）.

搭售在实践中的表现形式是多种多样的。关于知识产权许可中的搭售在实践中的表现，学界有不同的观点和不同的表述方法。

郭德忠认为知识产权搭售有四种表现形式：内向型搭售（tiein）与外向型搭售（tieout），设备＋售后服务，专利＋商标，方法专利＋材料。王健认为有三种表现形式[①]：显性搭售和隐性搭售，契约式搭售和事实搭售，封闭式搭售与开放式搭售。黄良才认为有五种表现形式[②]：搭售非核心专利，搭售同族专利，搭售无效专利，搭售另一专利，搭售认证服务。吴晓明认为除上述表现形式外，还有一种是著作权许可中的搭售，即译著＋译者序。在出版业中，译著的出版占了很大的一个市场。在译著中，它并不仅仅只包含了原著的翻译正文，它还包括封面封底、版权页、授权翻译页、译者序、原书序、原书后记、译后记等，其中有几项是一本译著所必不可少的，那就是原著正文、封面封底、版权页和授权翻译页。封面和封底是原著正文的包装，是与原著构成一个必不可少的整体之部分，因为在封面上有书名、原著作者和翻译者的信息，当然，有封面肯定就有封底，不可能有头无尾。而版权页是证明此本译著的版权归属的，授权翻译页证明该书的翻译得到了原著者的授权翻译出版许可，否则就是违法的，而另外几项如原书序、原书后记、译者序、译后记等并不是每一本译著都必不可少的，有搭售之嫌疑。

综上，笔者认为：知识产权许可搭售可分为专利权许可搭售、商标权许可搭售和著作权许可搭售三种形式。

## 二、知识产权搭售许可的负面影响

在分析关于知识产权搭售许可的问题上，要看到搭售许可对知识产权创新可能具有的激励作用，它可以增加权利人的收益，促使更多的社会资源如资本、人力投入到知识创造之中，还可以为消费者提供便利和更低的交易成本。[③]同时我们更要认识到搭售许可在限制竞争方面的负面影响：它违反了现代民法交易自由的原则，构成对当事人意思自治的挑战；它有可能压制其他竞争对手，逃避国家管理，妨碍技术创新，损害消费者的利益，破坏正常的市场竞争秩序，对市场竞争机制产生消极影响，因而几乎被所有国家的法律所明文禁止。

①王健. 搭售法律问题研究——兼评美国微软公司的搭售行为[J]. 法学评论，2003（2）.
②黄良才. 专利联盟中的搭售问题分析——以MPEGLA下的H. 264. DVB-T专利池为视角[J]. 电子知识产权，2007（10）.
③李剑. 搭售理论的经济学和法学回顾[J]. 云南大学学报（法学版），2005（2）.

### （一）压制竞争对手，造成市场垄断

搭售策略在一定情况下，能够产生降低竞争对手的利润、迫使竞争对手退出竞争市场、实现双重独占的效果。处于市场支配地位的知识产权人，利用搭卖品即专利、商标、专有技术的专有性，通过搭售行为获取搭卖品市场的优势地位，使市场垄断力在不同产品市场或地域市场得到扩张，从而达到垄断市场的目的。

### （二）剥夺了消费者的选择权

知识产权许可中的捆绑销售，严重损害了消费者的利益，剥夺了用户的选择权。搭售还可能将滞销产品、普通产品与知识产权产品一起出售，使搭卖品的价格高于竞争性价格，从而取得额外的垄断性收益。例如：据美国消费者协会等社会团体的估计，微软通过搭售行为，掠夺了用户 100 亿美元。更为严重的是，微软所采取的抵制 Navigator 的行动，遏制的是这样一种创新活动：该创新显示的潜力是打破应用程序壁垒，使其他公司在英特尔兼容 PC 操作系统市场中能与微软一争高低，这一竞争将有助于消费者的选择，且孕育了一场创新。最终的结果是，一些真正有益于消费者的创新从未出现，只因为这些创新不符合微软的利益要求。

### （三）增加进入障碍

因为搭售将两种产品绑在一起时，使得潜在进入市场的对手必须同时面临进入两种产品市场的竞争，这对市场竞争参与者的资金、技术与管理的要求提高了，也面临来自两个市场的风险，使得市场进入的门槛变高了。

当知识产权人在搭售品市场上具有一定的市场优势时，知识产权人可以通过搭售来维持其在搭售品市场上的优势地位。如知识产权人选择搭售品购买者不易获得的产品作为被搭售品和搭售品一起销售，使得想要进入搭售品市场的竞争对手面临着必须同时进入两个市场的困难，增加了竞争对手进入市场的资金成本和市场风险，这样，知识产权人通过搭售就成功地阻止了潜在进入者的进入。

### （四）促进与竞争者的共谋

当知识产权人的搭售品占有较大的市场份额时，部分生产搭售品的企业将会退出市场，搭售品要么被实施搭售的知识产权人垄断，要么形成了较高的市场集中度。在高度集中的市场里，竞争的企业极易达成共谋，以此达到利润最大化的结果。而且，当搭售企业在市场上形成卡特尔时，搭售行为还可以用来监督卡特尔成员是否遵守了卡特尔协议。

### （五）逃避价格管制

政府的价格管制主要出现在两种情况下：一是发生在特别时期，如战争；二是施加于公用企业或者其他具有法定垄断性质的企业。这些受到政府管制的企业不能超出政府规定的价格上限来定价，逃避价格管制的方法之一就是搭售。通过搭售，在搭售品市场上因管制而无法实现的垄断利润就转移到被搭售品市场，通过提高被搭售品的价格来弥补企业的利润损失。这在中国计划经济时期表现尤为突出。

## 三、国外限制知识产权搭售许可的立法经验

为维护自由竞争，现代各国对滥用知识产权的行为都有所规范。美国、欧盟和日本都建立了反垄断法系统。这些国家既有健全的反垄断法律，也有完备的反不正当竞争法律，就知识产权领域的反垄断问题都作了适用例外的规定。

### （一）美国法律对知识产权搭售的态度

美国是最为重视知识产权保护的大国之一，也是知识产权战略的创始国。在美国法中，有以下几种途径规制搭售：

1. 专利权滥用原则

根据美国《1988 年专利法修正案》，将获得另一项许可或购买分立的产品作为许可专利或销售专利产品的条件不属于专利权滥用，除非专利权人在相关市场有事实上的市场支配力。这就是说，专利权人并不当然地在相关市场上拥有市场支配力，而在该修正案以前，专利权人会因为拥有专利权这种垄断性质的权利而被推定为在相关市场拥有市场支配力，从而一般的利用专利进行搭售都会被判为专利权滥用。

在《1988 年专利法修正案》以后，对专利许可中的搭售行为是否构成专利权滥用需要用"合理原则"[①]进行分析。在 Hodoshv. Block Drug Co. 一案中，专利权人拥有一项通过使用含有特定成分硝酸钾的牙膏而使牙齿脱敏的方法专利，但该特定成分以及含有该成分的牙膏都没有专利权，那在这种情况下若专利权人要求方法专利的被许可人同时购买该特定成分或含有该特定成分的牙膏是否构成搭售呢？该案中被告制造了含有硝酸钾的牙膏并出售，属于原告的竞争者，但在

---

①赫伯特·霍温坎普. 论反垄断法上的合理原则（上）[J]. 兰磊，译. 竞争政策研究，2004（6）.

被告想要获得原告的方法专利许可时却遭到了拒绝，原告反过来告被告侵权，被告则辩称原告构成专利权滥用，法院依据《1988 年专利法修正案》支持了原告的主张。

需要注意的是，如果专利权人进行的是独占许可，而被许可人反过来要求许可人不得与被许可人竞争，许可人一旦接受这种条件也会构成专利权滥用。但是，某些情况下上述限制又是合理的，例如许可方同意在专利处于申请过程中而未授权的期间不进行竞争，或专利授权后不以可能侵犯专利权的方式进行竞争。专利权滥用可阻止专利侵权指控。如果构成专利权滥用，则该专利权不得执行，除非该滥用行为被终止。专利权不得执行就会带来专利权人所要求的侵犯专利权的赔偿请求不被法院支持的后果。

2.《谢尔曼法》第一条、第二条和《克莱顿法》第三条

在 International Salt Co.v. United States 一案中，拥有盐注入设备的专利权人作为出租方要求承租方从出租方同时购买盐，虽然另有条款规定若专利权人对于盐的价格不满意则承租方可以从市场上购买盐，但本合同仍然被判为搭售从而违反了《谢尔曼法》第一条和《克莱顿法》第三条。在 International Business Machines Corp.v.United States 一案中，美国最高法院认为：尽管从字面上看《克莱顿法》第三条只是谴责了独占性交易——即要求买方或承租人不得经营卖方或者出租人的竞争者供应的产品的协议。但一项搭售协议也有同样的效应：通过要求买方或承租人仅从卖方或者出租人处购买特定产品（以获取搭售主体项目），它实际上就阻止了买方或承租人买卖其他人的同类型产品，因此《克莱顿法》第三条也应用于搭售协议。在 Radio Corp. of Am. v. Lord 一案中，许可方的专利是一种电路，要求被许可方同时从许可方购买用于电路的电子管，被判违反《克莱顿法》第三条。[①]

3. 美国 1995 年《知识产权许可反托拉斯指南》

美国 1995 年《知识产权许可反托拉斯指南》（以下简称为《指南》）规定，主管机构可能会对一项搭售安排提出异议，如：（1）出售者对搭售产品具有支配力；（2）该安排对该搭售产品相关市场中的竞争造成负面影响；（3）该安排的效率正当性不能抵消反竞争的效果。主管机构并不假设专利、版权或商业秘密必然给其所有者带来市场支配力。

---

[①]李剑. 搭售理论的经济学和法学回顾[J]. 云南大学学报（法学版），2005（2）.

### （二）欧盟竞争法知识产权搭售的规制

欧盟有许多制止知识产权搭售许可的案例，最轰动的当属微软垄断案。2004 年 3 月 24 日欧盟委员会作出决定，由于微软公司滥用其市场垄断地位，违反了欧盟的公平竞争法，欧盟将对其处以高达 4.97 亿欧元的巨额罚款，并要求微软在 90 天内向计算机生产商提供不带有媒体播放器的视窗操作系统。微软的商业模式，特别是其捆绑式的销售策略，是引发这场纠纷的关键。欧盟委员会在 2000 年开始调查微软公司将 Windows 操作系统和媒体播放器 Windows Media Player（以下简称 WMP）捆绑销售的问题。欧盟委员会认为，媒体播放器是一个独立存在的市场，微软公司将 Windows 操作系统和 WMP 捆绑销售是属于欧共体条约第八十二条所禁止的搭售，并认为"由于搭售行为有排挤竞争者的危险，消费者是否是被强制购买或使用 WMP 已经没有实质意义，因为任凭其他媒体播放器厂商都无法向软件开发商提供像 Windows 一样的、市场普及率如此高的平台"。虽然微软公司就欧盟委员会的处罚决定向欧盟初审法院提起上诉，但 2004 年 12 月 22 日欧盟初审法院作出裁决，微软必须立即执行欧盟先前作出的处罚决定。这意味着微软必须将媒体播放器从 Windows 操作系统中剥离，对于微软来说，这是第一次有一家法院明确告诉微软，该公司在 Windows 中可以捆绑什么、不可以捆绑什么。[①]

在欧盟，搭售是《欧共体条约》第八十二条（d）项所禁止的做法之一。[②] 对于知识产权搭售许可，欧盟委员会于 1996 年发布了《技术转让条例》[③]，该条例第四条特别提出搭售是两项灰色条款[④]之一，即订立协议时，要求被许可人接受某种质量规定，或者接受其他许可，或者接受其他商品或服务，而这些都并非技术上充分利用许可技术，或确保被许可人的产品符合许可人的质量标准所必需的。立法者的出发点是，这些质量条款和搭售条款虽然不能说明其在技术或质量规范上的必要性，但在许多情况下，许可人对被许可人的这种要求有着正当理由。

欧盟 2004 年发布了《关于将条约第八十一条（3）适用于技术转让协议的条例（第 772/2004 号）》（以下简称《772/2004 号条例》），2004 年还同时发布

---

①苏力. 知识在法律中的力量[J]. 法学，2002（12）.

②路德维希·克雷默，张羽. 欧共体：追求环境与贸易的平衡[J]. 环球法律评论，2002（24）.

③郑丙贵，刘盈.《建立欧共体条约》第八十一条适用于海运服务业的指导规则（上）[J]. 集装箱化，2009（6）.

④曹新明. 专利许可协议中的有色条款功能研究[J]. 法商研究，2007（1）.

了《关于对技术转让协议适用欧共体条约第八十一条的指南（2004/C101/02）》（以下简称《指南》）。欧盟2004年的这个《指南》主要采纳了经济分析的方法，其详尽程度超过美国，可操作性非常强。欧盟《指南》不但详细讨论了《772/2004号条例》适用领域内的问题，而且还分析了如何将《772/2004号条例》在其适用领域外类比适用的问题。该《指南》分析了搭售的限制性效果：搭售的主要限制效果是对被搭售产品的竞争供应者的排斥。搭售也通过提高市场进入门槛而允许许可方在搭售产品市场上保持市场支配力，因为它可迫使新的进入者同时进入几家市场。此外，搭售可允许许可方提高使用费，尤其当搭售产品和被搭售产品部分地可替代并且该两种产品不以固定比例使用的时候。搭售阻止被许可方在面临提高了的搭售产品的使用费时转向其他替代性的生产要素。需要注意的是，欧盟与美国的态度一样，在分析搭售时都注重考虑市场支配力的决定性作用。

该《指南》认为搭售有时也可提高效率，这可以是下面这样的情形：被搭售产品对于许可技术的合乎技术要求的应用是必需的，或者被搭售产品对于确保许可的生产遵从许可方和其他被许可方都遵从的质量标准来说是必需的。在这些情形下，搭售通常要么不限制竞争，要么可适用《欧共体条约》第八十一（3）条。如果被许可方使用许可方的商标或品牌，或者有别的方式向消费者表明在包含许可技术的产品和许可方之间具有联系，许可方就有正当的理由保证上述产品的质量要达到这样的程度：它不会破坏许可方技术的价值或许可方作为经营者的声誉。此外，如果消费者知道被许可方（和许可方）基于同样的技术进行生产，除非该技术被所有使用者以符合技术要求的方式利用，否则被许可方就不太可能愿意获得许可。该《指南》认为有时搭售也有促进竞争的效果：如果搭售产品允许被许可方明显更有效率地利用许可技术，那么搭售也可能是促进竞争的。例如，如果许可方许可的是一种特别的方法技术，协议也可约定被许可方从许可方购买一种催化剂，这种催化剂用于许可技术并且比起其他催化剂来说能使该许可技术得到更有效的利用。如果这种情形下的限制适用《欧共体条约》第八十一（1）条，那么即使在最高市场份额以上，《欧共体条约》第八十一（3）条的条件也可能被满足。

## 四、我国对知识产权搭售许可的法律规制措施

尽管我国反垄断法已经出台，但对知识产权滥用问题并未作出明确规定。关于知识产权许可中的搭售问题，只有《反不正当竞争法》（第十二条）、《合同法》

（第三百二十九条和第三百四十三条）和《技术进出口管理条例》（第二十九条）中个别条文作出过规定，且可操作性不强。除此之外，我国没有其他相关规定。这显然不能满足司法实践的要求，因此应当对相关法律进行调整或制定专门的法律法规对其进行规制。

在对知识产权搭售许可进行规制时，我们应当权衡许可搭售的限制对创新的激励效果和对竞争限制的程度，充分考虑与之相关的各方面因素，主要是市场支配力以及对消费者利益的影响等方面。对许可限制可能产生的有益效果，或者带来的消极的经济上的影响作出评估，只有当消极的影响超出有益的效果时，才需要对其进行法律规制。

### （一）知识产权搭售许可的违法要素

搭售成立的先决条件在于搭售商品与被搭售商品之间必须是性质上相互独立的并且是完全不同的商品。在大多数情况下，是不是两个独立商品比较容易判定。然而，商品之间的不同性质并不总是泾渭分明的，在某些情况下很难判断搭售商品与被搭售商品是不是两个独立的商品，因此，创设判断标准是很有必要的。[①]

范健得先生在总结了美国经验后，指出判断两个独立的产品（或服务）的存在有以下参考基准：（1）此两种商品一起销售是否较有效率，成本较低？如果是，这种好处是否大于对交易对象购买自由的限制？（2）相关市场中的买方与卖方是否认为主产品与被搭售产品为独立的二物？（3）两个商品是否须相互搭配方能使用？

笔者认为：在分析搭售是否构成知识产权滥用时，应注意以下情形是否存在。

1. 两种商品是否可分离而不影响产品的性能

根据搭售的定义，搭售品与被搭售品是两个相互独立的产品。当判断两种商品属于同一种产品时，则不构成搭售，如鞋与鞋带之间的关系、某产品与其售后服务之间的关系，一般不认为是相互独立的产品而是一个产品。

在知识产权搭售许可中，有时搭售的产品和服务对许可人顺利实施特许经营权、对维护特许经营网络的统一和声誉、对支持开发技术和保护商业秘密都显得甚为重要。此时，搭售便为维护特许经营权所必需。即许可人在许可合同中设定搭售唯一用于搭售品的物品则不构成滥用专利权。

但是搭售品与被搭售品的可分性只是相对而言，有时两种产品之间存在必需

---

①郑昱. 知识产权搭售许可的反垄断分析[J]. 中山大学学报论丛, 2007（4）.

的联系，如相机与胶卷、电信网络与终端设备在功能上存在必然的联系。所以，为了能够准确判断两种产品是否为相互独立产品，我们可以参考全美检察长协会制定的《垂直交易限制指南》的相关规定：

（1）同类产业间的交易习惯。按照同类产业间的交易习惯，如果两种产品是经常一起销售的，则认为是非独立产品；如果此两种产品曾被个别销售，则为独立产品。

（2）从产品的功能上讲，如果两种产品必须相互搭配才能使用，则为非独立产品；否则为独立产品。

（3）从交易双方对两种产品的认知角度看，双方认为两种产品是独立产品还是非独立产品。

（4）两种产品在一起销售是否降低成本，是否对交易双方都有好处，是否在价格上对双方都有好处；如果这种好处大于对交易对象交易自由的限制，可以成为搭售行为的正当理由。

（5）搭售企业是否对此两种产品分别指定其价格。

2. 搭售许可行为是否显著影响了市场竞争

判断搭售行为是否对市场竞争造成显著的影响，适用"合理原则"，主要考虑下列因素：

（1）市场结构。在不同的市场结构下，搭售对市场竞争的影响是不同的。在完全竞争的市场条件下，当产品的使用比例固定、产品间的关系为互补时，搭售对社会没有不利的影响，应按"合理原则"处理；在垄断性市场结构下，若搭售许可行为明显地阻碍了潜在竞争者进入市场，则按违法处理。

（2）福利分配。如果许可人通过搭售行为使产品的价格降低，并延伸了其优势地位，则该行为违法。

（3）交易数量。许可人在多大程度上可以被认定为影响了搭卖品市场的竞争，需要有一个量化的标准。例如，美国法院原则上以50万美元为标准，但法官会根据具体的案件确定交易金额的数量。

（4）搭售许可是否有正当的理由。如果许可人的行为被认定为搭售行为，但是许可人能够提供证据证明其搭售行为是为了增进效率、保证质量、促进市场准入，而不是为了延伸其优势地位从而获取高额利润，那么许可人可免予指控。①

---

① 许英豪. 论搭售行为的法律规制[J]. 法制与社会，2007（11）.

3. 有无强迫存在

要想构成搭售，要素之一是被许可方必须是被迫的。如果不存在强迫，捆绑是相互谈判的结果，则不存在专利权的滥用。

4. 许可人在进行搭售行为时是否有排除其他竞争者以及限制竞争的目的和企图

在欧盟竞争法上，搭售安排者的主观意图被作为违法构成要件之一。在美国反托拉斯法中，特许权人的主观意图仅作为一个参考因素。对特许经营合同中搭售条款的法律评价，仍以客观分析特许经营制度的特性、搭售对特许经营权的影响以及搭售对市场竞争的影响为基础。[①] 我国可以借鉴以上相关规定。

**（二）知识产权搭售许可的制裁标准**

对于知识产权搭售许可的制裁，美国的做法是：如果搭售安排者在搭售产品市场的占有率大于30%，则决定加以干涉；如果没有超过30%，但明显限制被搭售产品的竞争，则予以干涉；若上述市场占有率已超过30%或已决定加以干涉，司法部仍应进一步分析该事业在搭售产品市场是否具有优势或支配力量，以及究竟是否对被搭售产品市场的竞争产生负面影响。可以参考借鉴以上规定制定我国知识产权搭售许可的制裁标准。

现在各国反垄断法在控制搭售行为时基本上都适用"合理原则"。如美国司法部将"合理原则"的判断依据归纳为两个方面：一是知识产权许可中的有关规定必须是依附于许可协议中合法的主要目的；二是限制范围不得超过为达到这一主要目的所必需的合理范围。满足这两个条件的许可行为被视为是合理的，否则属于违法。[②] 德国《反限制竞争法》第十六条规定，企业间就商品或服务订立的协议，如对一方当事人……责成其购买在实质上或商业习惯上都与所供应商品或服务不相符合的商品或服务，且因此类限制行为的规模，此类商品或服务或其他商品或服务市场上的竞争受到实质性限制，则卡特尔当局可宣布此类协议无效，并禁止实施新的、同类性质的约束行为。《欧共体条约》第八十五条规定，凡以影响成员国之间的贸易，并以阻碍、限制或妨害共同市场内部竞争为目的或具有这种效果的所有企业间的协议、企业联合组织的决议和联合一致的做法，都是与共同市场相抵触的，应该予以禁止，如：订立合同时附加条件，要求商业伙伴接受在实

---

① 曾培芳. 论特许经营中搭售行为的非法性问题[J]. 学海，2001（5）.

② 马宁，杨晖. 商标淡化理论的新转折——评美国Victoria's Secret案[J]. 电子知识产权，2004（2）.

质上及根据商业惯例都与合同标的无关的额外义务。

### （三）知识产权搭售许可的法律责任

如果知识产权许可人被认定为实施了搭售行为，他就应该承担相应的法律责任。纵观世界各国法律，对搭售企业的法律制裁主要有民事制裁、行政制裁和刑事制裁三种形式。

**1. 民事制裁**

民事制裁即依照民法规定对知识产权搭售许可人实施强制措施，主要是赔偿损失。如日本《禁止私人垄断及确保公平交易法》第二十五条规定：有私人垄断或不当的交易方法的事业者，对受害者负有赔偿损失的责任。美国《谢尔曼法》第七条：任何因反托拉斯法所禁止的事项而遭受财产或营业损害的人，均可向法院起诉，不论损害大小，一律给予其损害的三倍赔偿及诉讼费和合理的律师费。

**2. 行政制裁**

行政制裁即依照行政法律规定对知识产权搭售许可人进行处罚。视其情节轻重，由相关机构责令其停止违法行为，宣告实施搭售行为的合同无效，并没收违法所得，还可以对其处以一定数额的罚款。

**3. 刑事制裁**

刑事制裁即依照刑法的规定给知识产权搭售许可人以相应的刑罚制裁。一般只限于罚金，但也有少数国家规定了有期徒刑。如美国的《谢尔曼法》第一条规定：对限制竞争的公司处以不超过 100 万美元的罚金；对个人处以 10 万美元以下的罚金，或三年以下的监禁。①

综上所述，随着经济的发展和知识经济时代的到来，以知识产权为手段的竞争日益激烈，要求我们必须平衡和处理好保护知识产权与维护竞争之间的冲突，做到既充分尊重和保护知识产权，发挥其鼓励创新和激励竞争的作用，又切实防范合法垄断权被滥用，保护社会整体利益以及自由公平竞争秩序。在对知识产权搭售许可进行规制时，我们应当权衡许可搭售的限制对创新的激励效果和对竞争限制的程度，充分考虑与之相关的各方面因素，只有当消极的影响超出有益的效果时，才需要对其进行法律规制，使之回归知识产权法的根本目标上来，让人们真正享受知识产权发展所带来的质高价平的商品和服务，让知识产权为消费者造福而不是从消费者那里攫取超额的垄断利润。

---

① 许英豪. 论搭售行为的法律规制[J]. 法制与社会，2007（11）.

# 论知识产权的适度保护

引言：知识产权是在前人已有基础上的一种创新，这种创新被应用于商业，可以满足人们某些方面的需求。必要的保护是对创新的肯定和鼓励，但如果过度地保护，不仅侵犯了消费者的利益，而且不利于技术创新和经济的发展。因此，如何把握好对知识产权保护的"度"，是当前我们应当解决的一个重要问题，也是关乎经济能否可持续发展的一个重要因素。

## 一、问题的提出

近年来，我国市场上出现了许多打着知识产权保护的幌子进行超高定价、限制竞争等盘剥消费者的行为，**所涉及的商品**从日常消费品到高科技产品（尤其是进口产品），无所不有。这种行为肥了知识产权人，坑了消费者，更使得外商在我国市场上赚得盆满钵溢。

知识产权具有两面性：一方面促进知识经济的发展，另一方面阻碍知识经济的发展和扰乱正常的竞争秩序。与所有科学上的发明一样，知识产权也是在前人已有基础上的一种创新，而且这种创新被应用于商业，可以满足人们某些方面的需求。必要的保护是对创新的肯定和鼓励，但如果过度地保护，不仅侵犯了消费者的利益，而且不利于技术创新和经济的发展。因此，如何把握好对知识产权保护的"度"，是当前我们应当解决的一个重要问题，也是关乎经济能否可持续发展的一个重要因素。

任何权利都要受到限制，不受限制的权利有可能会被滥用，知识产权作为权利的一种亦不例外。知识产权制度是以保护权利为核心的，但是这种保护不是绝对的、无条件的，而应该是在法律的范围内进行，这就是所谓的知识产权保护的"度"。对超出法律范围滥用知识产权的行为进行限制，可以防止知识产权权利人滥用其权利而对他人权利产生不利的影响，体现了平衡个人利益和社会利益的思想。实际上，对知识产权保护"度"的确定的法理基础是权利不得滥用。对知识产权保护"度"的确定是"社会本位"权利观的价值体现，是法律中的一条重要原则，其本质是法律对私权行使的一种限制，体现了法律追求"矫正正义"和

"分配正义"的目标。它要求权利人在不损害他人利益和社会利益的前提下，追求自己的利益，从而在当事人之间的利益关系和当事人与社会之间的利益关系中实现平衡。知识产权的权利限制法律制度是知识产权法律制度中调整私权与公权、私人利益与公共利益之间关系的重要平衡机制。[①]在现实生活中，由于对知识产权的过度保护而导致的知识产权滥用的案件层出不穷，纠纷不断。因此，对知识产权保护"度"的合理界定，不仅能够更好地保护知识产权权利人的合法权利，而且也有利于技术的创新和经济的可持续发展。

在 2007 年"开放创新高峰论坛"上，清华大学法学院知识产权法学研究中心主任王兵教授表示："在开放、协作、全球化和多科学融会贯通这样一种发展趋势下，政府、企业、学界一起来进一步讨论协作创新、开放标准与知识产权的适度保护，有利于帮助人们理顺三者关系和认清发展方向。政府和企业在处理开放标准与知识产权的关系时，要从帮助中国公司创造新价值和更有效地参与全球竞争出发，提倡开放、促进创新和保护竞争。"

IBM 也在会上倡导其"平衡创新"的理念。该理念提倡的是一种适度的知识产权保护，既不要保护过头，也不要保护不足。在开放标准和开放源代码的环境下，要平衡创新，鼓励全球合作，鼓励多方参与，共同解决创新中遇到的难题。IBM 大中华区董事长周伟指出："无论是单独的个人，还是单独的公司，都不能再单纯靠自己的力量应对这些挑战了。他们需要与许多来自不同学科、政府、学术机构以及企业的专家们进行协作。"[②]

## 二、建立知识产权适度保护机制的必要性

1. 知识产权与生俱来的负面作用，导致知识产权人极易出轨

知识产权的保护本身就是一种垄断，但是合理的垄断是法律赋予权利人的一种特殊的权利，因为适度的垄断有利于知识产权的再生产和在经济领域的转化，有利于科技进步和经济发展。但遗憾的是知识产权法律自身缺乏对垄断边界的限制，不管垄断到什么程度，都可能是合法的。这种与生俱来的负面作用，就有可能导致知识产权人无限制使用自己的知识产权，阻碍市场竞争和技术进步。如一个公司靠着知识产权保护，"合理合法"地把所有竞争对手消灭干净，那么它最

---

①彭礼堂，郝珺. 知识产权限制问题的法理探讨[J]. 科技进步与对策，2006（2）.
②赵宏伟. 保护知识产权要适度[N]. 计算机世界报，2007-11-05（A8）.

大的可能是不再有创新的动力了。因此公众不再能享受到由于激烈竞争带来的价格优惠和创新好处，这与社会公共利益也发生冲突。比如浏览器 IE 和网景两家竞争激烈时，技术升级很快，新功能层出不穷。但是现在 IE 一统天下，创新也就快到尽头了。[①]

### 2. 知识产权的过度保护抑制了竞争和创新

对新技术的知识产权过度保护会引起创新的激励与原始发明人和后继发明人之间潜在能力的不平衡。知识产权作为利益机制，不仅涉及国内不同主体之间的利益关系，而且也涉及不同国家之间的利益关系。事实上，各国在选择知识产权保护策略时都是从利益出发的，斗争也是非常激烈的。我们要警惕伴随着全球化而来的知识产权规则的严格化引起的跨国公司垄断知识的危险，同时也要注意防止因过分保护知识产权而给科技进步和经济发展造成障碍的现象发生。

"知识"是全社会的共同财富，赋予其有限的和有条件的"产权"，一是对作出贡献的人的肯定和奖赏，从精神和物质上给予其一种权利；也是为了鼓励更多的人进行发明创造，发现更多的知识，进一步推动科技进步。二是权利人一旦用尽其权利之后，就会被全社会享有，成为共同财富。权利人如果不适当行使权利，任意扩大行使权利的范围，就会将保护绝对化，权利人会像保护其他有形财产一样，将其"锁在深宫人未识"，在日新月异的市场发展中失去价值。相反的在转化过程中过度谨慎，缩小转化的范围，在"画地为牢"的禁锢中使其不能尽可能大地发挥作用，也使得知识与技术在实践过程中检验和发展的机会受到限制。结果是限制了知识作用的发挥，不能对全人类的科技与经济发展起到应有的作用。[②]

实践证明，对知识产权保护一旦过度就会出现非法垄断，妨碍平等竞争。因此，在知识产权法中始终贯穿着"合理使用原则"，合理使用是对知识产权人经济权利的限制。

### 3. 知识产权保护"度"的把握，是平衡各方关系的关键

知识产权的保护"度"，是知识产权法律制度中调整私权与公权、私人利益与公共利益之间关系的重要平衡机制。

知识产权作为一种私权，其独占权是法律创造出来的权利。作为知识产权标的的智力成果，在本质上是一种公共产品，在消费或使用上不具有个人排他性。

---

①王艳. 知识产权的边界：和谐竞争的法治要求[J]. 中共成都市委党校学报，2007（2）.
②马治国. 论知识产权过度保护的危害性及其防范[J]. 西安交通大学学报，1999（9）.

这就决定了知识产权法一方面应当考虑其效用性，给予知识产权权利人可观的独占利益以鼓励创新；另一方面也应考虑其社会公利性，即创新带来的价值必须得到传播以造福于社会。因此，知识产权法的立法宗旨除了保护知识产权权利人本身的利益以外，促进经济和科技的发展以及文化的传播也是知识产权立法的根本目的之一。从世界范围来看，无论是知识产权法产生最早的欧洲，还是作为当今知识产权超级大国的美国，知识产权法律制度的设立都无一例外是为公共利益服务的，同时促进科学文化的发展。正如 TRIPS 协议第七条所指出的，知识产权的保护与权利行使，目的应在于促进技术的革新、技术的转让与技术的传播，以有利于社会及经济福利的方式去促进技术知识的生产者与技术知识的使用者互利，并促进权利与义务的平衡。

任何智力成果都是在前人的智慧和文化遗产的基础上创作完成的，同时又是促进全社会科技、文化发展和提高所必需的。知识产权人不可能也不应当对其智力成果享有绝对的控制权。不加限制地允许知识产权人自由行使其权利不仅不公平，而且会损害社会公众利益。绝对的权利是不存在的。因此，为了有效地平衡各种利益关系，就必须创设某种平衡机制，制约权利人的垄断力量，促进社会公众对智力成果的使用和传播。①

知识产权法的重要任务之一就是要对该领域内各种利益关系进行平衡。对于如何平衡，不同的国家有不同的做法，WIPO 管理下的许多国际公约都规定了知识产权的权利保护和权利限制原则。TRIPS 协议总则在承认知识产权为私权的同时，又提出保护公共秩序、社会公德和公众健康的基本原则，同时其第八条第一款又指出，成员可在其国内法律及条例的制定或修订中，采取必要措施以保护公众的健康和发展，以增加对其社会经济与技术发展至关重要之领域中的公益。

## 三、知识产权保护"度"的确定

知识产权保护的根本目的是要促进科技进步，激发科技人员的创造热情，使知识产权在经济建设中的作用得到最大程度的发挥。过度保护的结果会导致非法垄断、封锁知识产权及影响有关知识技术信息的正常交流和应用，妨碍科技进步，阻碍知识产权经济价值的正常发挥，也不利于经济的可持续发展，必须摒弃。我国在完善知识产权法律制度中应当注意知识产权保护的合理与适度。

---

①李玉香. 知识产权权利限制制度的法律完善[J]. 人民司法，2004（6）.

1. 知识产权保护"度"的确定原则——平衡各方利益关系

知识产权保护的合理与适度，涉及多方面的问题。知识产权法通过授予和保护知识生产者的独占权来鼓励知识的生产，这是其基本的功效和宗旨，也是作为知识产权基本机制的激励机制的表现。但是，这种独占权的授予和保护过度又可能妨碍知识产权的传播和应用。鼓励知识生产和促进知识传播与应用两者之间存在着一定的矛盾，知识产权法律制度的完善应当从兼顾个人利益和社会利益的要求出发，实现这两者之间的平衡。要做到这一点，既要考虑到维持企业间的竞争秩序，而且还要进一步考虑到消费者选择商品的权利，使知识产权的各机制之间保持内在的协调。

因此，知识产权保护的"度"应把握在尽可能使得知识产权所有者、使用者、国家和社会公众之间的利益平衡，既不至于因知识产权人的权利过大而损害使用者、社会公众的利益，影响技术创新和技术进步；也不会因知识产权保护不足而损害知识产权人的利益，导致知识产品生产的原动力不足。注重知识产权人权利与义务的平衡，知识产权人利益与社会公众利益以及在此基础上的公共利益间的平衡，专有权保护与知识产品最终进入公共领域的平衡，公平与效率的平衡，权利行使内容和方式与权利限制的平衡，知识创造与再创造的平衡[①]，建立公平、有序、和谐、稳定的市场秩序，应是知识产权保护的基本理念和精神。

2. 知识产权适度保护标准的确定

判断知识产权保护适度与否的标准应为是否有利于促进创新和公平竞争。因此，知识产权人的权利设置应既符合激励知识创造的需要，又使得知识产权的授予不至于成为社会公众获得知识和信息的障碍。知识产权的保护水平必须与本国的经济、科技和文化发展的水平相一致，保护过度或不足，或者会阻碍经济、科技和文化发展，或者会损害国家的、社会的以及他人的利益。这就要求我们：一方面，要遵循国际规范，建立和完善能够促进和保障技术进步和经济发展客观需要的知识产权法律制度。另一方面，我们的知识产权法律制度在向国际规范靠拢时，也要注意防止因过分保护发达国家的知识产权而给本国的科技进步和经济发展造成严重的障碍。同时，我们还应该积极参与知识产权国际规范的制定与修改，并运用合理与适当的法律对策应对西方跨国公司不适当利用知识产权而对我国进行的市场和技术垄断行为。

---

[①]王艳. 知识产权的边界：和谐竞争的法治要求[J]. 中共成都市委党校学报，2007（2）.

### 3.知识产权适度保护的具体措施

在社会实践中应从以下几个方面来把握对知识产权的保护问题。

（1）立法保护要适度。知识产权法是在知识产权人的垄断利益与社会公众利益以及在此基础之上更广泛的社会公共利益之间的一种利益分配、法律选择和整合。知识产权保护的适度与合理，始终是知识产权法的一个关键性问题。实际上，从整个知识产权制度来看，知识产权法在形式上体现为对权利与义务设置的适度与合理。立法者在进行知识产权立法时，必须考虑两个问题：第一，能够在多大程度上激励创造者，并在多大程度上使公众获得利益；第二，在多大程度上垄断权的授予会危及公众利益。例如，权利的适当保护期限、权利行使的适当方式、权能的适当配置，都是需要着重考虑的。在实质上，知识产权法的制度建构深刻地体现为知识产权人的私人利益与社会公众的利益以及在此基础上更广泛的公共利益之间的平衡，这也是知识产权保护适度和合理原则的要求。根据这一要求，在保障对知识产权充分而有效的保护和随着形势的需要扩大知识产权保护范围的同时，需要协调知识产权法中不同利益主体之间的关系，特别是知识产权人的私人利益和社会公众之间的利益关系，防止知识产权的不正当行使，实现知识产权人权利与义务的平衡。这一点也深刻地体现在知识产权法的目的之中。①

我们可以借鉴欧盟、美国和日本的做法，制定行政法规性质的"指南"和"方针"。与基本法律相比，行政法规的拘束力较弱，但也显得更为灵活，可以及时地进行调整以适应随时可能出现的新情况，弥补法律的滞后性。欧共体委员会自1984年至1996年的短短12年间4次颁布针对知识产权滥用行为的规章，产生了显著的社会效应，值得学习和借鉴。

（2）灵活利用TRIPS协议中的例外条款，充分采用国际公约中允许的权利限制标准。TRIPS协议第七条"目标"规定：知识产权的保护和执法应有助于促进技术革新和技术转让与传播，使技术知识的创造者和使用者互相受益并有助于社会和经济福利的增长及权利和义务的平衡。这就是说，以授予专有权的方式保护发明创造，维护权利人的权利并非知识产权制度的终极目的，鼓励和促进技术创新和维护公共利益才是协定的目的。虽然WTO建立在互惠基础上，但TRIPS协议已被证明是收益不平衡的，发达国家利用其技术能力和专利体系获得了大量利润，而发展中国家却负担了巨额费用。

---

①张歆.知识产权利益平衡机制问题研究[D].湘潭：湘潭大学，2003.

为防止知识产权的滥用，TRIPS 协议第八条第二款规定了如下原则：WTO
成员"① 可在其国内法律及条例的制定或修订中，采取必要措施以保护公众的健
康与发展，以增加对其社会经济与技术发展至关紧要之领域中的公益，只要该措
施与本协议的规定一致；② 可采取适当措施防止权利持有人滥用知识产权，防止
借助国际技术转让中的不合理限制贸易行为或消极影响的行为，只要该措施与本
协议的规定一致"。该条款预示了各成员为公共利益和社会发展而采取措施对知
识产权进行限制的合理性。当然，对知识产权进行限制的程度，以不妨碍本协议
对知识产权保护的规定为限。

事实上，在知识产权保护与本国利益发生冲突的情况下，大多数国家和地区
都会以削弱对知识产权的保护来维护本国利益。立足我国国情，我们不能推行过
强的知识产权保护政策，否则，我国不仅会为使用外国的智力产品付出巨大代价，
而且可能使自己的科技及经济发展受制于发达国家进而威胁到国家安全。但是，
如果我们无视强保护政策在世界上的优势地位，单独奉行削弱知识产权保护的政
策，我国也将面临发达国家的巨大压力，而且会造成我国自己的知识产权得不到
保护，从而丧失国际竞争力。解决这一悖论的出路在于我们可以灵活利用国际条
约中的例外条款，充分采用国际公约中允许的权利限制标准，以保护国家利益。①

（3）科学利用知识产权的合理使用制度。随着知识经济时代的到来，知识
产权作为一种私权利得到世界各国的承认，已实属当然。各国在以法律形式保护
知识产权时无不明确指出：法律一方面要保护知识产权权利人的利益，另一方面
基于知识产品的公有性，要保护社会公众对知识产品的接触和使用，以促进整个
社会科学、文化和艺术的发展。基于此法理，现代国家法律莫不规定在赋予知识
产权人专有权利的同时，对此权利行使的时间、地域、各项权能及适用范围作出
种种限制。基于此，知识产权限制制度在平衡专有权人与社会公众利益的目标下
诞生，而合理使用制度是限制制度体系中最为重要的一种。该制度率先为英美法
系国家确认，继而成为现代各国知识产权法的通例。要增加权利限制制度的功效
性，在司法和行政层面上用尽合理的理由不失为一条可行之路。合理的理由可以
以国内法律为依据，也可以以国际公约为依据。理由的内容是多方面的，可以是
国家安全、公共利益方面的，也可以是教育、科研等非营利性活动以及受损失利

①李玉香. 知识产权权利限制制度的法律完善[J]. 人民司法，2004（6）.

益的补偿等方面的。①

（4）司法上严格限定权利保护范围，防止权利人任意扩张其权利。权利保护范围是一项权利受到法律保护的依据。高科技的发展使得一项权利对相关经济领域的控制范围扩大，就容易导致权利的无限扩张，因此，采用较为严格的标准确定保护范围，以避免垄断力不正当扩张是必要的。

（5）注重利益平衡原则在实践中的正确运用。利益平衡原则是贯穿于知识产权法的一条基本原则，也是确定知识产权保护标准的依据。这一原则要求，知识产权法既要保护知识产权人的合法权益，又要维护公共利益，更要有利于促进科学技术的发展和文化的传播。对于科学技术、经济社会发展较为落后的国家，这一点尤其重要。因此，实践部门在处理知识产权纠纷时，要贯彻利益平衡原则，准确把握保护尺度。②

总之，知识产权保护不能被神圣化和绝对化，必须有一个合理与适度的界限。一个国家的知识产权政策远不是纯粹的保护知识产权所有人利益的问题，而是涉及经济、社会和政治等多个层面的政策问题。因此，无论是基于社会整体利益还是基于民族利益，都有必要强调和加强知识产权的合理保护，防止知识产权的滥用，避免损害他人利益和社会公共利益，使知识产权人的个体利益与社会的整体利益得以合理的平衡与协调。

①彭秀坤. 论知识产权合理使用的范围[J]. 湘潭师范学院学报（社会科学版），2006（1）.
②陈锦川. 从判例看知识产权司法保护的适度[J]. 中国律师，2003（8）.

# 知识产权领域反垄断立法的比较借鉴

引言：随着科技进步对经济增长的贡献不断增大和市场竞争的加剧，尤其是随着经济全球化的趋势日渐明显和知识经济的迅速兴起，知识产权垄断行为在我国日益加剧。我国在继续加强知识产权保护的同时，学习和借鉴国际上的先进立法和先进做法，及时建立适合我国国情的知识产权反垄断法律制度，防止知识产权垄断对经济竞争秩序的影响已成当务之急。

近年来，我国的知识产权法律制度建设虽然取得了举世瞩目的成就，但在经济全球化和知识经济即将到来的新形势下，我国面临着加强和完善知识产权法律制度的紧迫任务，人们的知识产权法律意识也需要进一步提高。当前我国规制与知识产权有关的垄断行为的法律制度尚未真正建立起来，随着市场竞争的加剧，尤其是随着经济全球化的趋势日渐明显和知识经济的迅速兴起，知识产权垄断和滥用行为在我国日益加剧。因此，我国在继续加强知识产权保护的同时，也应对与知识产权有关的垄断或限制竞争行为加以适当的控制。基于此，建立我国与知识产权有关的反垄断法律制度，防止知识产权被滥用而导致的经济竞争秩序紊乱具有重要的现实意义。

## 一、知识产权法与反垄断法关系的演变

长久以来，对知识产权的保护与限制的法律始终徘徊在知识产权法和反垄断法之间，两者关系的发展大约可以分为三个时期。

### （一）知识产权保护法律优先适用时期

在反垄断法颁布的早期，两种法律之间发生的冲突是明显的。当面对竞争法和知识产权法相冲突时，美国等国家的法院一般倾向于通过优先考虑知识产权拥有者的特权来解决争议。这种优先考虑是基于这样一种认识，即知识产权由"私人财产权"构成，这种财产权的拥有者被赋予几近没有约束的特权。知识产权权利人的特权扩张到了许可限制，这在当时很少受到非议，并作为 19 世纪末 20 世纪初所奉行的"契约自由"原则所衍生的一项权利的典型。这在美国早期案例 E.Bementsons 诉 National Harrow Co.（拜门特公司诉联邦耙子公司）的判决中得

到证明。[①]

### （二）知识产权与反垄断法相持阶段

20 世纪 20 至年代 70 年代中期，两个法律既有"冲突"，又相互联系，二者分别适用，进入了相持阶段。知识产权法的目的是保护无形财产权，为发明者和作者提供安全保障；而反垄断法旨在维护一定程度的市场竞争环境，即一定程度的个人自由。反过来看，自由竞争的程度直接影响知识产权试图维护的安全和确定性。而知识产权法赋予发明者或作者以独占的权利，使他们拥有相对于竞争者的重大优势。这种独占权与古典经济学追求的完全竞争状态相矛盾。完全竞争理论假设市场参与者的市场进入不受限制，竞争者在拥有信息和生产能力方面地位相等。

知识产权法与反垄断法均试图从各自的角度协调二者的冲突。知识产权法试图平衡知识产权与竞争的冲突，在赋予发明者和作者以垄断权的同时，试图减少垄断权给自由竞争造成的损害。同理，正如许多学者建议，反垄断法本身面临促进竞争与保护知识产权的冲突。[②]

### （三）知识产权和反垄断法趋于统一时期

20 世纪 70 年代开始的一系列理论研究，从根本上影响了反垄断法与知识产权法水火不相容的关系。以 1995 年美国《知识产权许可的反托拉斯指南》确立的知识产权与反垄断法关系的三个基本原则为代表，促进竞争的反垄断法与推进竞争的专利法开始趋于和谐、统一。美国 1995 年的三个核心原则：一是在反垄断法审查方面，知识产权和其他任何形式的财产权从本质上说是应当相提并论的；二是主管机关不得首先假定知识产权会造成市场垄断，即垄断者不会滥用其由于占有知识产权而获得的市场支配力；三是知识产权许可是生产的各种基本要素得以相互整合起来的途径，有利于提高竞争力。这三个原则有效地改变了传统思考知识产权法律的方式。知识产权法和反垄断法趋于和谐、统一的基础就是它们价值目标的同一，即促进和保护效率。这些法律中"非此即彼"的对立关系消失了，反垄断法和专利法有一个共同的核心的经济目的，即以最低的成本，通过生产消费者所需要的东西来使社会财富最大化。

---

①徐世英课题组，徐世英. 知识产权垄断的保护与限制——从分离到统一[J]. 知识产权法研究，2006（3）.

②林秀芹. 反垄断法与知识产权法的冲突与协调[EB/OL].（2005-11-08）[2020-02-24]. http://220.160.52.136:97/NewsInfo. aspx?Id=12508.

## 二、国外及我国台湾地区知识产权领域反垄断立法的评介及借鉴

### （一）美国知识产权领域的反垄断立法

在涉及知识产权人不正当行使其权利的问题上，美国联邦最高法院在 20 世纪初就提出"专利权滥用"（Patent Misuse）原则。最高法院在 1917 年电影 Motion Picture 案中首次承认"专利权滥用"可以作为侵害专利权诉讼中的抗辩。而在美国参议院 1987 年提出的《知识产权反托拉斯保护法》法案中，专利权滥用原则受到相当大的限制。在著作权方面，为平衡著作权法所给予著作人"垄断"的权利，以及市场中公平竞争的良性存在，美国法院依据反托拉斯法与衡平法的规定，要求著作权人在行使其权利时，不可以破坏市场中的竞争结构。1948 年，美国法院在 M.Witmark&Sonsv. Jensen 案中首次承认"著作权滥用"原则的存在。在此后的近 40 年中，有关著作权滥用原则的适用范围即其适用上是否独立于反托拉斯法，则一直存在争议。[①]

集中反映美国反托拉斯法在这一领域的丰富经验和最新发展动向的是美国司法部和联邦贸易委员会于 1995 年 4 月 6 日联合发布的《知识产权许可的反托拉斯指南》（Antitrust Guidelines for the Licensing of Intellectual Property）（以下简称《指南》）。该《指南》就知识产权许可行为可能引起的反托拉斯法问题，系统地说明了其在执法中将采取的一般态度、分析方法和法律适用原则，并以举例的方式作了详细说明。该《指南》较好地总结了执法部门和判例中在这一领域积累的丰富经验，简明地阐释了两机关对知识产权许可合同方面反托拉斯法违法行为的追究原则，使以往有关认识上的分歧和实践中的不同做法渐趋统一，也为公众判断其许可合同行为是否会触犯反托拉斯法提供了指导。

《指南》集中反映了美国反托拉斯执法机关对知识产权的一般态度，而且这种态度是科学的、合理的，它既指出了知识产权及其法律保护的特殊性，又特别强调在反托拉斯执法方面知识产权与有形财产权的共性，同时对知识产权与企业市场支配力的关系问题，以及知识产权许可行为对经济竞争的双重作用等，都作了比较深入和科学的分析，全面地界定了许可行为可能影响的三个市场领域，明确指出了应当考虑的主要因素，并清晰地阐明了对许可行为所采用的利益和损害权衡比较分析方法，既比较科学，也便于操作和应用。此外，确定反托拉斯法安全区概念，以及明确本身违法原则和合理原则的适用对象与范围，都在一定程度

---

① 王先林. 知识产权与反垄断法[M]. 北京：法律出版社，2001：221.

上增加了法律的确定性，便于当事人依法行事，并可预期某种确定的法律后果。其不足主要在于它的确定性程度比较低。尤其是那些适用合理原则的许可行为，其所产生的利益和损害有时很难定量，而且不同的法官可能会有不同的看法或者更强调某一个方面，这就更增加了判决结果的不确定性，从而也增加了技术交易的法律风险。我国在制定反垄断法时，一定要充分考虑到我国行政执法机关和人民法院的执法经验和执法水平，设立一种恰当的、确定性程度较高的法律机制，避免美国反托拉斯法确定性程度较低的弱点，以方便当事人高效率地行使知识产权，降低法律风险并预防违法。①

### （二）欧盟知识产权领域的反垄断立法

为平衡协调欧盟竞争法②和知识产权法的冲突，欧共体有关机构一直在进行着尝试。在长期的实践中，欧盟竞争法发展确立了关于运用知识产权的三大基本原则：知识产权的所有权中"存在权"与"使用权"相区别的原则；权利耗尽原则；同源原则。近些年来，欧盟竞争法已明显地表现出其规制知识产权行使行为的能力。在1995年的迈吉尔（Magill）案中，欧洲法院确认欧盟委员会有权通过实施强制性的著作权许可来处理滥用拒绝许可的行为。

进入20世纪90年代以来，欧洲发现其在雇用、出口市场的份额、研究开发和创新方面的竞争地位相对于美国和日本来说受到了削弱。为改变欧洲企业在全球贸易中的不利地位，欧洲委员会在1994年的一份文件中指出，欧洲有必要采取措施促进科学技术的研究开发工作，并为企业之间，特别是中小企业之间的技术转让提供便利条件。在此背景下，欧共体委员会于1996年1月31日颁布了关于对若干类型的技术转让协议适用条约第八十一条第三款的第240号规章，一般称为《技术转让规章》（the Technology Transfer Regulation，以下简称《规章》）。它将涉及专利、技术秘密和其他知识产权的技术许可协议统一予以规范，明确规定了《欧共体条约》中的竞争法条文对与知识产权有关的各种技术转让合同条款的禁止、限制和豁免，扩大了原先的"白色清单"的范围，同时缩小了"黑色清单"的范围。这反映了在新技术革命和产业革命的条件下，以及在世界贸易组织

---

① 王源扩. 美国反托拉斯法对知识产权许可的控制[J]. 外国法译评，1998（2）.

② 欧盟竞争法是指1992年各成员国为成立欧洲联盟而签署的《马斯特里赫特条约》（即通常所称的《欧盟条约》）中的竞争法规范，而且包括从1951年起《欧洲煤炭与钢铁共同体条约》《欧洲经济共同体条约》（《罗马条约》）以及以后经过《单一欧洲文件》《欧洲联盟条约》等的修改、补充，并经欧盟有关机构的立法实践与执法实践和欧洲法院的司法判例与解释逐渐发展而形成，仍为欧盟所沿用的有关欧洲煤炭与钢铁共同体、欧洲共同体范围的竞争法的规范体系。

《与贸易有关的知识产权协议》（TRIPS）生效之后，欧盟在平衡竞争法和知识产权法的冲突方面的新动向。这一动向与前述美国司法部和联邦贸易委员会颁布的《指南》也是一致的。

欧盟的《技术转让规章》有许多值得我国借鉴的地方。其一，该规章采取一般禁止与豁免程序相结合、单独豁免和集体豁免相结合的体制，来控制知识产权许可方面和其他方面的反竞争行为，有其明显的优点。这种体制，一是可以在保持一定灵活性的同时增强法律的确定性，使当事人、执法机关和法院能清楚地了解法律许可、禁止和豁免何种行为；二是由此增强了法律的可操作性和可执行性，简化了执法程序，降低了执法成本。其二，该规章将技术许可合同条款分为基本豁免条款、白色条款、黑色条款和灰色条款，这种定性分类、区别对待的处理方式，集中反映了欧共体几十年来在这一领域积累的宝贵经验，思路清晰，定性合理，处理恰当，便于操作，很值得我们借鉴。当然，无论是我国国内法与欧盟的区域法的性质还是两个法域的社会经济背景、发达程度、产业技术水平、结构形态和企业行为模式等方面都有根本差别，因此我国在确定哪些具体许可合同条款应受许可、禁止或豁免时，应当在不违反我国承担的条约义务的前提下，主要从我国的实际情况出发，而不宜照搬该规章的具体规定。其三，规章在执法程序方面的规定也有很多值得借鉴之处。例如，规章针对灰色条款所规定的通知异议程序就很有特色，它既方便了合同当事人，使其有较大的自由活动空间，并有效地预防受到法律的追究；同时又使执法机关得以及时和充分地了解法律得到遵守的情况，并在必要时予以干预，制止违法行为。其四，该规章所贯彻和体现的原则和精神，如反对市场分割、推进共同市场一体化的政策目标，竞争法的要求与合理的商业需要之间的平衡以及生产者、开发者的利益与消费者利益之间的平衡等，尤其值得我们学习和研究。从我国的国情出发，充分考虑各个方面和各个层次上的竞争及其相互关系，把握好各种利益要求之间的平衡，也将是我国反垄断法（包括在知识产权领域实施反垄断法）面临的一项重要任务。①

**（三）日本知识产权领域的反垄断立法**

日本1947年制定并经多次修改的《禁止私人垄断及确保公平交易法》在协调与知识产权法的关系方面，一开始就设有专门的条款。该法第23条规定："本法规定，不适用于被认为是行使著作权法、专利法、实用新型法、外观设计法或

---

① 王源扩. 试析欧共体对知识产权许可的竞争法控制及对我国的借鉴意义[J]. 法学家，1996（6）.

商标法规定的权利的行为。"这就明确将行使知识产权的行为纳入了禁止垄断法的适用除外领域。但是，如果对该条进行反面的或者扩充的理解，那么通常得出的结论则是，有关知识产权的权利人行使权利超出了正当的范围，滥用了权利，不正当地限制了市场竞争，就仍然要受到禁止垄断法的约束。

1999 年 7 月 30 日，日本公正交易委员会又颁布了《专利和技术秘密许可协议中的反垄断法指导方针》（以下简称《新指导方针》），1989 年 2 月 15 日颁布的《关于管制专利和技术秘密许可协议中的不公正交易方法的指导方针》被废止。《新指导方针》根据 20 世纪 90 年代以来日本国内和国际的新情况，对在知识产权领域适用禁止垄断法的问题提出了全面、系统的指导意见。这有利于提高这一领域政策的透明度，便于当事人在经营活动中把握相关的政策法律界限，预防违法行为的产生。

日本的《专利和技术秘密许可协议中的反垄断法指导方针》，无论是从同属大陆法系的传统来看还是从立法的时间、内容的完整程度等方面来看，它都似乎更值得我国直接借鉴。首先，中国与日本都属于大陆法系国家，而且在近代，中国主要是通过引进日本法来接受德国等大陆法的。中国借鉴日本的有关法律制度将更为方便。其次，该指导方针重新制定于 1999 年，一方面它总结了 1989 年制订的指导方针实施 10 年以来的经验教训，另一方面又反映了 20 世纪 90 年代以来日本国内和国际的新情况，尤其是经济全球化和日本国内放松政府管制的新情况，因此它在内容上非常新。再次，该指导方针本身在不少方面就已经明显借鉴了美国和欧盟的前述相关规定。一方面，它在对特定类型限制的必要性与对竞争不利影响的可能性之间进行权衡方面，表现出与美国的合理原则有类似的地方；而另一方面，它在将限制条款分为白色条款、灰色条款和黑色条款三类方面，又明显类似于欧盟的整批豁免或集体豁免制度。因此，这种综合比较、借鉴了其他法域的规定又结合了自己多年的执法经验的最新立法，显然更适合我国借鉴。最后，该指导方针就在知识产权领域适用禁止垄断法的问题提出的指导意见非常全面、系统，既有关于知识产权制度与禁止垄断法之间关系的全面阐述，又分别从禁止垄断法规制的垄断行为的主要类型出发，详细分析了有关知识产权许可条款的合法性问题，在不少方面还结合具体事例加以分析，非常明确具体，集中、完整地体现了该国在一定时期关于在知识产权领域适用反垄断法的基本立场和观点；同时，它将知识产权领域的垄断行为划分为三类性质不同的清单或类别，这便于增强规则的可操作性，有利于提高这一领域政策的透明度，也便于当事人在经营活动中把握相关的政策法律界限，预防违法行为的产生。这种规制的方式也非常值得我国在进行相关立法时借鉴。

### （四）我国台湾地区知识产权领域的反垄断立法

除上述国家外，我国台湾地区知识产权领域的反垄断立法亦有许多值得借鉴之处。近年来，随着科技发展与进步，台湾地区有关涉及知识产权尤其是技术性知识产权方面的垄断行为日益增多，国际性技术交易及技术许可（授权）的纠纷案件亦随之增加。在专利法所赋予专利权人的技术独占权下，专利权人往往在授权谈判时，以优势地位迫使被授权人接受其不公平交易条件。在过去的实务中，对于有关技术授权协议争议的案件，基本上均以个案方式处理。为处理技术授权案件，使公平交易法相关规范更具体化，台湾公平交易委员会参考该会以往相关案例之经验以及台湾地区目前产业发展的现况，并参酌美国、日本及欧盟有关技术授权的相关规定，于 2001 年 1 月 18 日制定了《审理技术授权协议案件处理原则》，以此作为日后各方处理有关技术授权协议案件之参考基准。

该原则阐明了公平交易委员会审理技术授权协议案件之适用范围、基本原则、审查分析步骤及审酌事项，并将技术授权协议内容常见之行为类型分为不违反《公平交易法》、违反《公平交易法》及可能有违反之虞三种，以例示方式加以规范。为避免挂一漏万，在该处理原则中对于非属该原则所例示之行为态样，明示仍得按《公平交易法》的相关规定，依具体个案判断。

《审理技术授权协议案件处理原则》虽然相对于美国、欧盟、日本的相关立法而言，条文比较少，内容比较简单，但是它具备了这方面通常应当涉及的内容，与台湾的《公平交易法》紧密衔接，言简意赅。尤其是，它是在充分参考、借鉴美国、欧盟、日本立法的基础上根据台湾地区的实际需要而制定出来的，具有明显的"后发优势"，有利于吸收各方的长处。所以中国大陆在对有关知识产权领域的垄断行为进行相关立法时，借鉴台湾地区的做法是非常自然和必不可少的。

## 三、关于我国知识产权领域反垄断立法体例的思考

### （一）平衡保护知识产权与维护竞争之间的关系

在借鉴有关国家和地区的立法经验，制定符合我国实际的与知识产权有关的反垄断法规时，应当尽可能全面、具体地阐述知识产权与反垄断法之间既一致又冲突的复杂关系，以立法的形式表明政府主管部门在此问题上的基本方针、政策，其核心是平衡和处理好保护知识产权与维护竞争之间的冲突，做到既充分尊重和

保护知识产权，发挥其鼓励创新和激励竞争的作用，又切实防范合法垄断权被不正当地滥用，使代表社会整体利益的自由公平竞争秩序不致受到破坏；既充分保护市场竞争，又能实事求是地照顾到合理的暂时限制竞争的商业需要，合理平衡知识产权交易的各方当事人之间的利益，以促进我国的科技文化创新和经济竞争并行发展。

### （二）反垄断法对知识产权的适用与豁免

应该阐明，反垄断法所确立的不是针对特定领域、特定行为的特殊性规则，而是确立覆盖整个经济活动领域、针对所有市场行为的一般性规则，是市场经济的基本行为规范。当然，反垄断法也有自己的例外或豁免问题。由于知识产权本身具有垄断性，是一种法定垄断权，因此行使知识产权的行为一般被视为反垄断法的豁免范围。但是，这并不是说知识产权领域的任何行为都可豁免适用反垄断法。一旦行为超出了正当行使权利的界限，构成对知识产权的滥用，并且对市场竞争构成实质性限制时，就应该适用反垄断法。前述美国、欧盟、日本、我国台湾地区等地的有关立法及执法实践充分表明了这一点。

实践表明，对知识产权领域的垄断行为进行规制是反垄断法的一项重要任务。尽管各国对知识产权领域的垄断行为进行法律规制的立法时间先后及执行宽严程度不同，立法模式也有异，但是其共同的目的在于确保本身合法的知识产权不至于被滥用，确保知识产权领域的正常竞争不被非法限制，从而从反垄断法的角度保证有关主体的权利义务的平衡，兼顾对创新的刺激和对竞争的维护，并最终统一于对消费者利益的保护和对经济发展的促进上。因此笔者认为，我国制定的反垄断法律制度应当适用于知识产权领域，即适用于与知识产权有关的垄断或限制竞争行为。可以在反垄断法中设置专门的条款，从正面对与知识产权有关的垄断和限制竞争行为加以明确的规制，以便增加其确定性和可操作性。

当然，在反垄断法中，无论对与知识产权有关的垄断和限制竞争行为加以何种程度的规制，都不可能完全解决适用中的所有问题，尤其是不可能全面、具体地阐述知识产权与反垄断法之间的复杂关系、反垄断法在知识产权领域适用的一般原则和一系列具体问题。这就需要借鉴其他国家及地区在这方面的成功立法经验，由反垄断执法机关根据不同时期的具体情况制定专门的法规加以解决。在我国，由于国务院制定或经国务院批准的行政法规也是法院审理案件适用的法律依据，因此反垄断执法机关制定的这种法规如果经国务院批准从而具有行政法规的性质，就有利于它在行政执法中以及司法活动中的遵照适用，增强其权威性和执行效力。

### （三）对知识产权垄断行为的规制方式

在对知识产权领域的垄断行为进行规制的具体方式上，各地的做法有渐趋同一的倾向。虽然有的在其反垄断法中对知识产权问题没有专门的规定（美国、欧盟），有的在其反垄断法中对知识产权问题作了笼统的规定，而且其本身仅属于除外性质的规定（日本、我国台湾地区），但是各地共同的做法则是由专门执法机关和法院依具体情况将反垄断法的一般规定适用到知识产权领域的具体限制竞争行为中去。尤其是各地专门执法机关制定的为指导执法活动和便于当事人遵守的具体指南，非常集中、完整地体现了各地在一定时期关于在知识产权领域适用反垄断法的基本立场和观点，成为对知识产权领域的垄断行为进行规制的具体规范。在指南的具体规制内容和方式方面，各地也都存在相似的情形。例如，美国的反垄断执法机构所规定的指南中对不同性质的行为分别适用合理原则和本身违法原则，欧盟、日本和我国台湾地区的反垄断执法机构所规定的指南中都将知识产权领域的垄断行为划分为不同性质的清单或类别，便于增强规则的可操作性，也便于当事人对规则的遵守。这些做法均值得借鉴。

# 论商标侵权责任抗辩

引言：随着商标侵权诉讼日益增多，商标权所受到的社会关注也随之增多。与其他权利一样，商标权也有其权利界限。侵害商标权，就要承担侵权责任。但法律在维护商标权人利益的同时，也需要兼顾其他不特定人的利益。商标侵权责任抗辩，即是对商标权行使进行必要的限制。商标侵权责任抗辩可以分为不侵权抗辩、合法来源抗辩和商标权穷竭抗辩等。对商标侵权责任抗辩问题进行探讨，从不同侧面廓清商标侵权的边界，对完善我国商标立法具有十分重要的意义。

我国商标法在经过先后两次的修改之后，仍然没有对商标权合理限制的规定，这一立法缺陷导致的权利冲突比比皆是，在很多方面造成了权利人对商标权的滥用，甚至也时常使判决的法官无可奈何，社会公众的合法权利被侵害而无法寻求到保护成了家常便饭。因此，从平衡权利人的利益与社会公众整体利益的角度来讲，立法保护商标权人利益的同时，也需要兼顾到其他人的合法权益。完全没有限制的商标权显然忽视了其他人的利益，是不合理的。

换句话说，商标权的侵权责任抗辩主要是为了对商标权人依法享有的商标专用权与社会公共利益进行合理的平衡与协调。要调整私人利益与除商标权人以外的不特定的多数人的利益，兼顾私人利益与公共利益，使得私人利益与公共利益在相容共存的基础上达成一种均势状态。[①] 由此可见，只有对商标权侵权责任抗辩的问题进行更深一步的认识和了解，才能推动立法的完善，并在实践中得到更好的运用，从而能够更好地维护正常的市场秩序。

## 一、商标侵权责任抗辩释义

商标侵权行为是指在未经商标注册人许可的情况下，违反法律规定，在同种或者类似商品上使用与注册商标相同或者近似的商标，损害商标权人商标专用权的行为。商标侵权责任即是因商标侵权行为引起的法律责任。

各国关于商标侵权行为的定义一般都未在其商标立法中进行明确的规定，而

---

①金俭. 不动产财产权自由与限制研究[M]. 北京：法律出版社，2007：161.

是大部分采用列举的方式把商标侵权行为——列明。根据《商标法》第五十二条及《商标法实施条例》第五十条的规定，侵犯注册商标专用权的行为主要有以下7种：

（1）未经商标注册人的许可，在同一种商品或者类似商品上使用与其注册商标相同或者近似的商标的；

（2）销售侵犯注册商标专用权的商品的；

（3）伪造、擅自制造他人注册商标标识或者销售伪造、擅自制造的注册商标标识的；

（4）未经商标注册人同意，更换其注册商标并将该更换商标的商品又投入市场的；

（5）给他人的注册商标专用权造成其他损害的；

（6）在同一种或者类似商品上，将与他人注册商标相同或者近似的标志作为商品名称或者商品装潢使用，误导公众的；

（7）故意为侵犯他人注册商标专用权行为提供仓储、运输、邮寄、隐匿等便利条件的。

众所周知，任何权利都是有限制的，权利人行使权利若逾越了边界即构成对权力的滥用，若逾越边界侵入他人权利界限则构成对权利的侵犯。实施上述 7 种行为，即为商标侵权行为，需要承担商标侵权责任。"抗辩"一词起源于罗马法，其作为被告的辩护手段，是法律尤其是裁判法官赋予被告的，据以对抗原告诉讼的权力。[①] 具体来讲，商标的侵权责任抗辩即是对商标权的限制，限制权利人对其注册商标的绝对权利，使被告拥有对抗其权利滥用的手段。

## 二、商标侵权责任抗辩的种类

### （一）合理使用抗辩

商标的合理使用分为叙述性合理使用和指示性合理使用。

在美国的 Playboy Enterprises Inc.v. Wells 案件中，法官表达出了叙述性合理使用的概念："商标所有权人不能阻止他人对其产品特征的正确描述，不能把商标用于一般性描述的权利视为其独占。"[②] 叙述性合理使用一般包括对于通用技

---

①宋文梅. 侵权责任抗辩事由初探[J]. 法制与社会，2009（10）.

②张君明. 论商标合理使用制度[J]. 企业导报，2009（12）.

术名称的正当使用及地名、行业专业术语的正当使用等。国家工商行政管理局商标局《关于保护服务商标若干问题的意见》第七条及国务院颁布的《商标法实施条例》第四十九条有类似规定。

指示性合理使用同样属于正当使用的情形，其主要是为了指明自己商品的基本信息而使用他人的商标。该方法用作竞争者对自身产品或服务的特点用途等进行客观说明。一般情况下应满足以下三个条件：第一，若不使用该商标，则特定商品或服务就无法被准确描述；第二，使用该商标对于特定商品或服务的说明是合理的；第三，使用该商标不会引起消费者混淆、误认。[①]

### （二）商标先用权抗辩

汪泽认为："在注册商标的申请日之前，就已经在该商标注册核定使用的商品或服务或者类似的商品或服务上善意连续地使用与注册商标相同或者近似的商标的，该商标使用人有权继续在原商品或者服务上使用该商标。"[②]

设置商标在先使用抗辩权主要是为了平衡商标注册人与商标在先使用人之间的利益关系。有观点认为，对于在先使用该商标人，根据商标注册主义原则，商标一经核准注册即在全国范围内有效，商标权人有权禁止他人使用其已经注册的商标，即被告的在先使用行为不能构成不侵权抗辩的事由。[③]也有观点认为，对于恶意抢注他人商标的行为，应认定为违法行为，即被告可以以善意在先使用进行有效的抗辩。[④]

### （三）合法来源抗辩

所谓合法来源抗辩，是指虽未经注册商标所有权人同意而使用了其注册商标，但有证据证明使用其注册商标的商品来源渠道合法而进行的抗辩。当今社会市场经济活跃，购买者并不仅限于消费者。从最初的商品生产商到最终的消费者，中间很可能经由多家经销商，因此侵权责任的承担就趋于复杂。如果中间经销商明知上游销售者所售商品是侵犯他人注册商标专用权的商品却仍然购买并加以销售的，理应按照《中华人民共和国商标法》（以下简称《商标法》）第五十二条的规定承担相应的法律责任。但如果中间商是基于长期以来积累的对上游卖家的信任或交易习惯，在不知道上游卖家所售商品是侵权商品并以合理的价格购进而加

---

①张君明. 论商标合理使用制度[J]. 企业导报，2009（12）.

②汪泽. 论商标在先使用权[J]. 中华商标，2003（3）.

③杨红军，李惠. 论商标先用权及我国相关制度之完善[J]. 特区经济，2006（6）.

④陈智伦，韩云浦，严跃. 论与注册商标有关的在先权利[J]. 四川大学学报，2001（2）.

以销售导致自己侵权的，让销售商承担该法律风险，显然有失公平，同时也违背法律精神。

法律设置合法来源抗辩主要是基于保护交易链条的中间商，降低其所承担的法律风险。近年越来越多的案件表明，商标权人不起诉其侵权源头的商品生产者转而直接起诉位于侵权链条末端的销售者，由此设置合法来源抗辩将法律风险向上游转移，符合公平正义的法律原则，并且能够保护市场经济的交易安全，促进其繁荣发展。

### （四）商标权穷竭抗辩

依据权力用尽的地域不同，可将商标权穷竭抗辩分为国内商标权穷竭抗辩和国际商标权穷竭抗辩。这两项都是行为人的抗辩事由，是对商标权的限制，目的都在于促进商品的自由流动。

商标权穷竭又称商标权用尽，是指商标权人将带有某个注册商标的商品投入到市场中流通后，该商品的购买者无须得到权利人的许可而进行的商品转售等行为。

商标权的国际用尽在一定程度上也可称为商标的平行进口。学者吴伟光认为："商标的平行进口是指未经本国商标权人的同意，他人将在国外生产或者销售的、合法标有本国商标权人商标的商品进口到本国的行为。"[①]值得注意的是，商标平行进口的商品并非假冒伪劣产品，而是真品。因此，平行进口在国际上也被称为"灰色市场"（Grey Market），以区别于完全合法的进口贸易（白色市场）和走私、冒牌货贸易（黑色市场）。[②]各国对于商标平行进口基本都是基于其经济政策等，并不是依据商标法理论对其加以判断。

## 三、其他国家及地区商标侵权责任抗辩立法的比较分析

### （一）其他国家及地区有关商标正当使用的立法及借鉴

在英美法系中，美国《兰哈姆商标法》第三十三条明确规定："将并非作为商标，而是对有关当事人在自己的商业上的个人名称的使用，或对于与该当事人有合法利益关系的任何人的个人名称的使用，或对该当事人的商品或服务，或其地理产地有叙述性的名词或图形的使用，作为合理使用；当然这种使用必须是只

---

①吴伟光. 商标平行进口问题法律分析[J]. 环球法律评论，2006（3）.
②谢非. 国际贸易中的商标平行进口法律问题研究[J]. 决策借鉴，2002（1）.

用于叙述该当事人的商品或服务的正当地、诚实地使用。"《欧共体商标条例》第六条规定："商标所有人无权制止第三方在商业中使用自己的名称或者地址、有关品种、质量、数量、价格、原产地等特点的标志，只要上述使用符合工商业实物中的诚实惯例。"

大陆法系以德国和法国为例。其中《德国商标法》第二十三条规定："名称和描述性标志的使用；配件贸易只要不与善良风俗相冲突，商标或商业标志所有人应无权禁止第三方在商业活动中使用：（1）其名称或地址；（2）与该商标或商业标志相同或近似，但与商品或服务特征或属性，尤其是与其种类、质量、用途、价值、地理来源或商品的生产日期或服务提供日有关的标志；（3）必须用该商标或商业标志表示一个产品或服务的用途，尤其是作为附件或配件。"

《日本商标法》第二十六条规定了商标权的效力所不及的范围：（1）以普通的方式用自己的肖像或自己的姓名或著名的雅号、艺名或笔名以及上述名称的略称所表示的商标；（2）以普通的方式用该指定商品或与此类似商品的普通名称、产地、销地、质量、原材料、效能、用途、质量、形状、价格，或生产、加工，或使用方法，或期限表示的商标；（3）该指定商品或与此类似的商品上所惯用的商标。

"合理使用"制度是解决实践中商标权与其他合法的公共权利冲突的一个重要有效途径，同时也是商标权限制的核心内容。但我国目前的商标立法在商标合理使用制度上还十分薄弱，纵观各国的规定，美国"对商标合理使用"的立法和司法实践较为发达，有许多值得借鉴之处。

### （二）其他国家及地区有关商标先用权抗辩的立法及借鉴

关于该商标先用权的规定，两大法系存在明显不同。《英国商标法》第十一条第三款规定，在他人注册或者使用商标之前，在特定地域内商业过程中连续使用未注册商标或者其他标志不构成对注册商标的侵害。由此可以看出英国法对尚未注册的商标的或其他商标的在先权利给予了保护。《美国商标法》第二条规定，在商业中并存合法使用而使之有权使用的商标可以准予并存注册。产生并存注册的必要条件是，在后申请人对其商标的商业使用必须先于在先注册申请人或者注册人在美国专利商标局提出商标申请之日，否则不存在并存注册。在此看来美国法同样对商标使用的"在先权利"进行了保护。

在大陆法系中，《法国商标法》规定"有损于在先权利的标记"不得作为商标注册的标记，该法对在先权利作了如下界定：（1）已在先注册的商标或巴黎公约第六条之二所指的驰名商标；（2）可能在公众心目中引起混淆的公司或商行名称；（3）可能在公众心目中引起混淆、在整个法国境内知名的商号或商店字号；（4）受保护的原产地名称；（5）版权保护的权利；（6）受保护的外观设计和实用新型的权利；（7）第三者的人身权利，尤其是姓氏、笔名和肖像；（8）地方实体的名称、偶像或声誉。我国台湾地区《商标法》第二十三条规定，在他人申请商标注册前，善意使用相同或者近似之商标于同一或类似之商品或服务者，不受他人商标专用权所拘束，但以原使用之商品或服务为限；商标专用权人不得要求其附加适当之区别标示。①《日本商标法》第三十二条规定指出了首先使用的商标的使用权利，即于日本国内在他人申请注册商标之前，不是出于不正当竞争为目的，而在其商标注册申请有关的指定商品或类似商品上使用该商标或类似商标的结果，已使消费者熟知该商标是标志着自己所经营的商品时，在该商标申请注册时，如申请人继续在其商品上使用该商标时，则在该商品上有使用该商标的权利。

由此可见，世界上大多数的发达国家以及我国台湾地区在《商标法》中都规定了商标先用权制度来对商标的在先使用人和商标注册人之间的利益加以平衡。我国可以取其精华、去其糟粕，形成适应我国当代社会发展的商标先用权制度。

**（三）其他国家及地区有关商标权穷竭抗辩的立法及借鉴**

英国《商标法》规定："只要商标所有人或该所有人发出许可证的注册人曾经同意过在某种投放市场的商品上使用他的商标，那么无论带有这种商标的商品怎样分销和转销，该商标所有人和商标持有人都是无权控制的。"由此可见，英国商标法对国内商标权穷竭是持肯定态度的。《欧洲共同体商标条例》第十三条第一款规定："共同体商标所有人无权禁止由其或经其同意，已投放共同体市场标有该商标的商品使用共同体商标。"这表明，该共同体商标享有的商标权已随商品首次售出而在共同体的区域内穷竭。

我国台湾地区《商标法》第二十三条第三款规定："附有商标之商品由商标专用权人或经其同意之人于市场上交易流通者，商标专用权人不得就该商品主张商标专用权。但为防止商品变质、受损或有其他正当事由者，不在此限。"显然，该规定考虑了市场经济的需要，同时也使对于商标权穷竭制度的运用更加灵活。

---

①陆普舜．各国商标法律与实务（修订版）[M]．北京：中国工商出版社，2006：171．

### （四）其他国家及地区有关商标的平行进口抗辩的立法及借鉴

英国的《商标法》第四条第三款甲项规定："只要商标权所有人或者其代理人允许其商标使用在投放市场的商品上，那么当该商品投放市场之后，无论是转销还是分销，该商标权所有人或者其代理人都不能再进行干涉。"由此可见，英国《商标法》认为商标的平行进口是合法行为。

《美国法典》第二十一卷第一百六十四条《正宗商品排外法》规定，任何贴有美国公民或公司所拥有的商标的外国商品进入美国市场均系违法，除非在进口登记时得到美国商标权人的书面同意。由此可看出美国在平行进口方面是持有地域性商标理论的，即认为平行进口是违法的。但也规定经美国商标权人书面同意或进口商与商标权人有关联关系的除外。同时《美国海关条例》中规定："在贴有美国公民或者公司商标的外国商品进入美国时，如果该商标权所有人同美国商标权所有人为同一人，或者说美国商标权所有人同外国商标权使用人两者之间为母子公司关系，即可允许贴有该美国商标的外国商品平行进口。"[①]此处规定又对地域性商标予以否定，即有条件地允许商标平行进口。由此可见，美国只承认国内穷竭，其目的也是为了保护自己国内的工业不受廉价的平行进口的冲击。

德国《商标法》第二十四条规定："当商标权所有人或者其商标许可证人允许将贴有商标的商品投放国内外市场之后，该商品的商标权即已用尽。"但该《商标法》同时这样规定："如果贴有商标的商品在流通过程中出现质量问题或者其典型特征发生改变，该商标权所有人或者其商标许可证持有人有权进行干涉"。

由此可见，对待平行进口的问题，各地对于权力穷竭制度的反对与认同并存。换句话说，赞同平行进口就意味着对商标权的地域穷尽理论持认可的态度，而反对平行进口则意味着否认商标权地域穷尽理论。

## 四、我国商标侵权责任抗辩的法律漏洞

### （一）我国有关商标合理使用抗辩的立法及不足

我国的《商标法》一直以来没有对商标的合理使用制度作出明确的规定，这就不可避免地会在商标的司法审判过程中为执法人员和法官带来理论缺口。原国家行政管理局于 1999 年出台的《关于商标行政执法中若干问题的意见》第九条规定："下列使用与注册商标相同或者近似的文字、图形的行为，不属于商标

---

①王晓君. 中外知识产权领域中的权利穷竭制度比较[J]. 商业时代，2012（16）.

侵权行为：（1）善意地使用自己的名称或者地址；（2）善意地说明商品或者服务的特征或者属性，尤其是说明商品或者服务的质量、用途、地理来源、种类、价值及提供日期。"此规定是我国针对商标合理使用的第一个较为正式的条款。2002 年 9 月 15 日起施行的《商标法实施条例》第四十九条规定：注册商标中含有的本商品的通用名称、图形、型号，或者直接表示商品的质量、主要原料、功能、用途、重量、数量及其他特点，或者含有地名，注册商标专用权人无权禁止他人正当使用。虽然该条例中的规定为司法审判工作在一定程度上提供了相应的理论基础，但该规定中对合理使用所规定的类型范围狭窄，不能够较为全面地涵盖司法实践中出现的问题。北京市高级人民法院于 2006 年 3 月 7 日发布了《关于审理商标民事纠纷案件若干问题的解答》（京高法发〔2006〕68 号），其中第二十六条规定："构成正当使用商标标识的行为应当具备以下要件：（1）使用出于善意；（2）不是作为自己商品的商标使用；（3）使用只是为了说明或者描述自己的商品。"第 27 条规定："下列行为属于正当使用商标标识的行为：（1）使用注册商标中含有的本商品的通用名称、图形、型号的；（2）使用注册商标中直接表示商品的性质、用途、质量、主要原料、种类及其他特征的标志的；（3）在销售商品时，为了说明来源、指示用途等在必要范围内使用他人注册商标标识的；（4）规范使用与他人注册商标相同或者近似的自己的企业名称及其字号的；（5）使用与他人注册商标相同或者近似的自己所在地的地名的；（6）其他属于正当使用商标标识的行为。"由此可见，在司法实践过程中所总结出的条款比法律规定更具有时效性，并能够使执法人员在办案过程中做到有章可循。

就我国现有关于商标正当使用的立法来看，存在下列问题：其一，立法位阶较低，不利于规范商标侵权相关的法律行为。因此亟待上升到法律层面，从而能够更好地调整商标法律关系。其二，适用范围狭窄。我国现行规定中仅有涉及法定合理使用的部分，其他合理使用在现有的规定中仍然找不到依据。同时判断标准缺失导致缺乏可操作性。《商标法实施条例》第四十九条仅简单地指出哪些类型的注册商标可以被正当使用，但何谓正当使用、正当使用有何构成要件、法院应当如何认定，这些都没有相应的规定，势必会给审判带来一定的困难。

**（二）我国有关商标在先使用抗辩的立法及不足**

《商标法》第十三条第一款规定："就相同或者类似商品申请注册的商标是复制、模仿或者翻译他人未在中国注册的驰名商标，容易导致混淆的，不予注册并禁止使用。"该条规定为未注册的驰名商标提供了保护。但由于我国《商标法》采取的是注册原则，而商标的在先使用并不能够产生商标权，即在先商标使用人无权禁止他人在同一种商品或者相类似商品上注册或使用与其在先使用的商标相同或者近似的商标。

《商标法》第十三条第一款的规定，虽然使未注册的驰名商标得到了一定程度的保护，但是未注册的驰名商标只占未注册商标的一小部分，绝大多数未注册的在先使用的商标仍然得不到有效保护。

再比如，《商标法》第三十一条规定："申请商标注册不得损害他人现有的在先权利，也不得以不正当手段抢先注册他人已经使用并有一定影响的商标。"第四十一条第一款规定："已经注册的商标，违反本法第十条、第十一条、第十二条规定的，或者是以欺骗手段或者其他不正当手段取得注册的，由商标局撤销该注册商标；其他单位或者个人可以请求商标评审委员会裁定撤销该注册商标。"如此一来，《商标法》既在三十一条的规定中保护了已经使用并有一定影响的未注册商标，也在第四十一条规定了一定情况下不以影响力为要件保护在先使用的一般注册商标。然而，这两条只是针对商标注册环节的利益冲突问题作出的规定，它并没有规范不申请商标注册而只是在商业中使用商标的情况。[①] 对于以下问题，这两条规范仍无法解决，例如：商标注册申请人在毫不知情的情况下，即不知道也不应知道他人商标的存在，将该"有一定影响的商标"申请注册，商标在先使用人该怎么办？

同时，尽管我国《商标法》中有申请中的异议程序和注册后的争议程序的规定，但由于严格的条件限制，未注册的商标，尤其是未获得一定影响及信誉的商标，在我国现有的商标法律制度框架中还缺乏充分的保护。换句话说也就是在现有的法律框架内，在先使用的未注册商标仅能在有限的法律规定内得到保护。这也反映出《商标法》于在先使用抗辩这一制度方面存在的缺陷。

**（三）我国有关商标合法来源抗辩的立法及不足**

根据《商标法》第五十六条第三款规定："销售不知道是侵犯注册商标专用权的商品，能证明该商品是自己合法取得的并说明提供者的，不承担赔偿责任。"由此我们可得知，该项合法来源抗辩条款要求侵权人的主观心态为不知道，但按照法律一般举证责任的要求，对于否定的事实是无法要求该事实指向者承担举证责任的，要求某人证明不存在的事实，是不合理的。[②]

---

①杜颖. 在先使用的未注册商标保护论纲——兼评商标法第三次修订[J]. 法学家，2009（3）.
②李双利，魏大海. 合法来源条款立法文本新探[J]. 中华商标，2011（5）.

同时，该条款意在保护善意的商品销售者，但是由于商标专用权人很难举证证明销售者主观上知假卖假，而销售者往往能够证明产品的进货渠道，该条款有时也成了那些怠于审查所售商品知识产权状况，甚至是知假卖假的销售者摆脱赔偿责任的避风港。[①]

另外，商标法仅对销售者提供合法来源抗辩的救济，救济的主体仅仅局限在销售者上，使得该合法来源救济对象范围狭小。而根据合法来源条款的立法初衷来看，只要是主体主观不存在过错，并能够提供出合法来源的，均应属于救济的范畴。在当今司法实践中，主观上无过错，并能够提供相关合法来源的例子有很多。例如，服务型企业在提供服务的过程当中使用了侵犯他人注册商标的经营设施，该侵权人能够较为容易地提供出设施的进货渠道并且主观无过错，但在该种情况下，无法将其划入销售者的行列，因此其不能够使用合法来源抗辩。

**（四）我国有关商标权穷竭抗辩的立法及不足**

自从我国入市后，新修订的《商标法》只规定了商标权和商标侵权行为，而对商标权利限制方面的内容并未作出相应的规定，反观专利法和版权法都已在相关法律中作出了规定，这一点不得不说是立法上的漏洞。《商标法修改草案》第八十五条的修改说明指出："关于权利用尽与平行进口问题将专门论证。"这条说明也有回避该争议问题的嫌疑。

在司法实践过程中，随着经济全球化的不断发展，类似关于商标权用尽的案件时有发生，而因我国缺乏相关依据，使一些案件不能很好地解决。不得不说这成为我国经济发展过程中一个日益凸显的问题。

## 五、我国有关商标侵权责任抗辩的法律完善

### （一）我国有关商标合理使用抗辩的制度完善

1. 在《商标法》中增加合理使用制度，提高立法位阶

时至今日，我国现行的《商标法》尚未对商标的合理使用制度作出规定，只是在《商标法实施条例》第四十九条进行了笼统的规定。由于商标的合理使用制度既是商标权限制的首要和核心内容，同时又是平衡商标注册人利益与其他社会公共利益的有效途径，因此有必要在《商标法》中专门规定合理使用制度来提高立法位阶，从而更有效地调整商标法律体系。在以后的相应修订过程中，还应吸

---

①冯臻，徐文．超市经营者在商标审查方面应尽合理注意义务[J]．中华商标，2006（7）．

收现有行政法规的相关规定并总结在司法实践中出现的相关问题。

2. 规定指示性合理使用原则，扩大合理使用的适用范围

我国现有法律仅概括性地规定法定合理使用原则，其适用范围相对狭窄，不够完善。美国在相应合理使用制度方面的相关规定发展较完善，我国可借鉴其经验，在《商标法》中增加指示性合理使用的相关规定，从而弥补我国法定合理使用原则的制度缺陷，扩大合理使用的范围，拓宽法官的法律适用内容。对于该指示性合理使用原则的规定可以参考我国相关学者的研究，例如，未经许可使用他人商标不构成商标侵权，但须满足下述三个条件：（1）被告若不使用商标则不易揭示商标所有人的产品或服务；（2）对商标的使用仅限于揭示商品或服务正常所需的限度内；（3）使用人没有因对该商标的使用而使人以为其得到了商标所有人的支持或认可。[①]

3. 规定商标合理使用的判断标准

明确具体的构成要件，即满足其构成要件条件则可构成商标合理使用。《商标法修改草案》在第八十五条中规定："注册商标中含有的本商品的通用名称、图形、型号，或者直接标识商品的质量、主要原料、功能、用途、重量、数量及其他特点，或者含有地名，注册商标权人无权禁止他人正当使用。为发挥商品或包装的功能所必要的立体形状，立体商标权人无权禁止他人使用。"该规定将"正当使用"更加具体化。还应注意要在采取列举方式规定以外归纳出相关的认定原则，以原则的方式来弥补列举式规定中没有穷尽的内容，使执法者有一个统一的执法标准。针对该问题可从主客观两方面来对侵权人的行为加以判断。[②]主观上应为善意而非出于不正当竞争的需要。客观方面可借鉴国家工商总局1999年颁布的《关于解决商标与企业名称中若干问题的意见》的规定。其中第四条指出："商标中的文字和企业名称中的字号相同或近似，使他人对市场主体及其商品或服务的来源产生混淆（包括混淆的可能性），从而构成不正当竞争的，应当依法予以制止。"由此可见，国家工商总局在处理商标权与企业名称权冲突时的态度是：不造成混淆的即不构成侵权或不正当竞争。

**（二）我国有关商标先用权抗辩的制度完善**

2007年颁布的《中国商标法修正案草稿》在第八十四条的修改说明中指出："在注册商标的申请日之前，已在该商标注册核定使用的商品或服务，或者类似

---

①王莲峰. 商标法[M]. 北京：清华大学出版社，2008：172.

②谢甄珂. 商标案件中的正当使用问题[J]. 中华商标，2006（3）.

商品或服务上善意连续地使用与注册商标相同或者近似的商标的，该商标使用人有权继续在原商品或者服务上使用该商标。但注册商标所有人可以要求商标使用人附加适当的使用标志。"此规定引出了"在先商标继续使用权"。我们认为这种规定是适时产生的，首先，针对我国当前的实际情况，商标先用权有合适的存在环境。虽然我国实行的是注册商标主义原则，但这一原则并不排斥商标先用权的存在。这一点可以借鉴《专利法》上的相关规定。只有专利申请才可以获得专利，但仍然保护未申请专利的在先使用人的使用权。[①] 其次，当前我国商标抢注的问题层出不穷，造成很多不必要的损失。而对于这些问题，如果引入商标先用权制度，则原商标使用人并不会因为他人违背诚实信用原则等恶意行为而丧失对其商标的继续使用权，注册商标人也无权禁止原商标使用人的使用行为。由此可见，对于当前商标不能获得明确法律保护的现状，该条规定确实满足了该种需求。

在关于此问题的立法上，其他国家的相关立法有诸多可借鉴之处。如英国在其现行《商标法》中只保护注册商标专用权，但同时该法第十一条第三款又规定："在适用于特定地区的在先权利所适用的地区内，在商业活动中适用某一注册商标，不构成对该注册商标的侵犯。"再如美国《商标法》中的并存注册制度，该项制度最大限度地保护了在先使用商标人的利益，即不但承认在先使用人可以有条件地继续使用，同时可以有条件地给予并存注册。当然，在先使用人在满足上文所述在先使用成立的条件时，法律应给予保护使其能够有权继续使用该商标，但范围仅限于原来使用的商品或服务，而不得扩大到类似的商品或商标上。

在涉及在先商标使用人的损害赔偿请求方面，我国《商标法修改草案》也给出了相应的规定，第九十六条："故意就在同一种商品或者类似商品上使用与他人在先使用的未注册商标相同或者近似的商标，给商标在先使用人造成损失的，应当承担赔偿责任。"该条规定对于恶意侵犯未注册商标的赔偿责任给出了明确的规定，对在先使用未注册的商标权人的利益给予了切实的保护，是符合发展需要的。

### （三）我国有关商标合法来源抗辩的制度完善

根据《中华人民共和国商标法》第五十六条第三款规定："销售者不知道是侵权注册商标专用权的商品，能够证明该商品是自己合法取得的并说明提供者的，不承担赔偿责任。"但在如何判断销售者主观上是否"知假"的事实上，法律没

---

① 王艳丽. 论商标权的限制[J]. 当代法学，2002（2）.

有明确的规定，造成执法上的不便。对于《中华人民共和国商标法》第五十六条第三款规定中的"不知道"应加以细化，为实践提供充足的理论基础。在此可以借鉴《专利法》中的相关规定，在最高人民法院的《关于审理专利侵权纠纷案件若干问题的规定》（会议讨论稿）中规定《专利法》第六十三条第二款所称的"不知道"，包括"不可能知道"和"应当知道而实际并不知道"。而在《专利法》和《商标法》中对于销售者是否应当承担赔偿责任的问题应当是统一的。①

另外，不应对该条款的使用对象予以限制，即其救济对象不应仅限于销售者，凡是主观上不存在过错的，并能够列明合法来源的，均应属于合法来源救济的范畴。

### （四）我国有关国内商标权穷竭抗辩的制度完善

我国对于这一制度并无法律上的明确规定，对商标的国内用尽的基本原则实质上采取了默认的态度，从《商标法》第五十二条第二款可推知这一原则。该条规定，销售侵犯注册商标专用权的商品的行为属于侵犯注册商标专用权的行为。反推该规定可得出，合理出售未侵犯注册商标专用权的商品的行为不属于侵犯注册商标专用权的行为。②商标权穷竭实际上是协调商品上物权与商标权并存的情况，主要目的在于保护商品在市场上自由流通而不至于因商标权的限制而受到阻碍。

我国目前现行的《商标法》《商标法实施条例》以及最高人民法院的司法解释均无相关商标权权利穷竭的问题。我国大陆立法可借鉴台湾地区的相关规定，即"附有商标之商品由商标专用权人或经其同意之人交与市场上交易流通者，商标专用权人不得就该商品主张商标专用权。但为防止商品变质、受损或有其他正当事由者，不在此限。"该规定很好地适应了市场经济发展的需要并保障了国内商品交易的顺畅流通。试想如果没有权利用尽原则，将使得继续进行的销售行为都被认定为侵权，显然，这一点是和《商标法》的基本理论相违背的。

### （五）我国有关商标平行进口抗辩的制度完善

面对实践中日益增多的商标平行进口，我国该如何应对已是一个亟待解决的问题。首先，商标的平行进口对进口国是利是弊取决于各国的具体经济状况。平行进口主要表现为商品从低价位国家流向高价位国家。我国从总体上来讲属

---

① 任广科. 销售者不承担赔偿责任的条件及证明责任[J]. 中华商标，2008（8）.
② 芮松艳. 商标侵权抗辩的抗辩事由[J]. 中国专利与商标，2011（2）.

于低价位市场，承认平行进口的合法性符合我国的贸易利益。并且从我国的综合贸易发展趋势来讲，中国长时间相对于大多数国家仍是低价位市场，平行进口合法化也将使这种比较优势真正转化为竞争优势。[①] 其次，我国已加入 WTO，必须履行 WTO 成员方的知识产权保护义务，对商标平行进口需要采取符合实际的有效对策。

所以，随着世界经济的发展，绝对禁止平行进口显然是不合理的。我国应当借鉴国内外知识产权保护先进国家的经验，从中探索出一条符合中国社会现状的商标平行进口道路。我们认为美国当前的立法对我国很有借鉴意义，例如其在《商标法》中创设商标进口权，在海关条例中有条件地允许商标平行进口，同时又规定商标平行进口的例外情形，即对商标的平行进口采取"一般肯定，个别否定"的原则。[②] 这样的规定不仅有利于我国消费者以更加合理的价格购买到商品和服务，也能够加强我国的市场竞争，增强市场的活力，同时也能够对商标权人与消费者的利益进行平衡。另外应当加快对《商标法》的修订，完善平行进口方面的相关立法，这不但有利于促进我国进出口贸易的发展，也有利于我国融入世界一体化的法治进程。

①钱晓鸣. 平行进口中商标权的保护探究[J]. 法制与社会，2012（3）.
②姚金海. 我国应对商标平行进口的法律分析[J]. 湖南民族职业技术学院学报，2006（3）.

# 高校知识产权综合服务平台建设研究

引言：高校知识产权综合服务平台是高校建设和运行的，旨在促进高校知识产权的创造、利用、管理和保护，由需求信息、申报筛选、交易转化、评估融资、权利维护等各部分组成的综合服务平台。高校是知识产权创造的主要来源地，但多年来一直存在着虚假繁荣、转化率低、管理缺失、流失严重等问题，影响了创新驱动战略的实施。建设适合高校特点的知识产权综合服务平台，有助于全方位、长久性、高效率解决高校知识产权问题。这一综合平台的基本架构包括信息、转化、融资、维权等模块，同时需要机构建设、资金支持和制度支撑。

近年来，"大众创业、万众创新"的浪潮方兴未艾。高校承担着知识创造重任，是科技创新的重要源头和知识产权战略实施的主要基地，对于实现创新驱动战略具有关键作用。高校知识产权的创造和运用已经取得显著成效，但与推动科技成果转化、建设创新型国家的要求相比还有诸多不尽如人意之处。建设知识产权综合服务平台，全方位解决高校知识产权问题，是关系未来的长久之策。

## 一、高校建设知识产权综合服务平台的现实需要

### （一）我国高校知识产权创造、运用、管理和保护现状

1. 知识产权创造存在泡沫

专利的"工具性价值"被过度放大，高校及其教师进行专利活动的目的更多是为了获取专利的"工具性价值"。中国高校的专利数量虽然不少，但其中存在很多"泡沫"，而且专利市场收益很小。究其原因，主要是高校科研评价指标体系的激励导向存在偏差，很多高校教师热衷于"纸上专利"，或为达到单位绩效考核指标，获得职称晋升及奖金等待遇；或为争取政府的科研项目，完成政府科技计划项目目标；或为获得政府或单位的专利资助。

2. 科技成果转化效率较低

大量的科研成果只用于评职称和年度考核，停留在纸上，根本无法实现其价值。尤其是一些发明创造，在申请到专利权后完全无法实施，成为"沉睡"专利、

"僵尸"专利。专利最大的价值在于应用，这些纸上的专利不仅没有带来社会财富，还需要缴纳专利维护费，浪费了大量社会资源。

3. 管理严重缺位

长期以来，国内高校知识产权管理是一个比较薄弱的环节。许多大学，尤其是工科大学，专任教师有千余人，在校学生数万人，但是知识产权办公室专职员工只有几个人，几乎没有人来审核教师和学生提交的专利是否应该向专利局申报。由于缺少相应的审核过程和标准，导致送到专利局的申请案质量良莠不齐。

很多高校的知识产权管理机构仍然把其职能定位于行政职能而不是服务职能。工作人员不能积极主动联系科研人员、了解科研进展、发掘商业价值。有些高校没有设置专门的、独立的知识产权管理机构，相应职能由科研处、国资处、财务处等各部门分头管理，导致分工混乱、效率低下。有些高校虽然设立了独立的知识产权管理机构，但缺乏同时具备科技、管理和法律背景的专业人员，也缺乏专门的维权费用，以致发生知识产权侵权行为时追责不力，使高等学校和科研人员的无形资产遭受损失。

4. 知识产权流失时有发生

高校知识产权流失有几种情况：一是发表科研成果时没有采取预防措施导致的流失。申请案获得专利授权的一个要件是新颖性，即申请日之前相应产品或方法不属于现有技术。而如果公开发表的文献披露了技术方案的内容，新颖性就不复存在了。二是科研人员不端行为导致的流失。有些科研人员利用学校科研合同管理的模糊性，或者直接违反规章制度，将技术方案据为己有或者非法转让、许可给第三方使用。三是对外合作导致的流失。高校对外合作时，不注意保护知识产权，合作公司、企业获知技术方案内容后，非法披露、转让、许可，致使高校蒙受损失。

**（二）解决高校知识产权问题需要建设综合服务平台**

1. 是实施国家战略的需要

《国家知识产权战略纲要》和《关于深入实施国家知识产权战略加强和改进知识产权管理的若干意见》等政策文件指出，"推动专利、商标、版权等各类知识产权平台的互联互通"，服务于"建设创新型国家，实现全面建设小康社会"的目标。

2. 是全方位解决高校知识产权问题的需要

高校知识产权问题贯穿创造、运用、管理和保护各个阶段，涉及政府、高校、企业、社会服务机构各个主体。高校知识产权综合服务平台考虑到知识产权从产生到运营的各个方面，每一阶段都有针对性措施，互相协调，互相补充，能够实现高校知识产权利益商业化、社会公共利益最大化。

**3. 是长久性解决高校知识产权问题的需要**

可以说，自从我国开始建立知识产权制度，高校知识产权保护不力、转化不畅等问题就已经出现。针对这些问题，人们也采取了一些行之有效的措施。但这些措施大多具有临时性，只能解决特定阶段的问题。而知识产权综合服务平台不局限于眼前问题，着眼于建立长效机制，为长久解决高校知识产权问题提供了有效思路。

**4. 是高效率解决高校知识产权问题的需要**

从国家到地方，从政府到高校，知识产权问题越来越受关注，也制定和实施了不少宏观政策、战略措施。但需要考虑政策和战略实施的效果和成本。高校知识产权综合平台是解决知识产权问题的集成系统，包括了"孵化器""信息台""保护伞"等综合功能，能够实现校内各部门的相互协作，共同服务于科技推动创新、创新驱动发展的最终目标。

## 二、高校知识产权综合服务平台的界定与特征

### （一）界定

高校知识产权综合服务平台是高校建立和运行的，旨在促进高校知识产权创造、利用、管理和保护，由需求信息、申报筛选、交易转化、评估融资、权利维护等各部分组成的综合平台。

### （二）主要特征

**1. 全面性**

高校知识产权综合平台关注知识产权从创造到转化的整个过程，既能帮助师生提高权利意识，又能促进技术研发，还能转化科技成果，可以全面解决高校知识产权面临的各种问题。

**2. 实用性**

高校知识产权综合平台的核心目的在于实施创新驱动发展战略，推动产学研结合，实现科技成果转化。不管是信息提供，还是资金支持，或是机构设置，最终都要有利于高校的科研项目和专利技术等转化为现实生产力。

### 3.灵活性

各高校面临的具体知识产权问题有所不同，管理与保护的机制和条件并不一致。各高校在保持知识产权综合服务平台基本架构的前提下，可以因时制宜、因地制宜，调整具体内容，制定特定措施，实现创新驱动发展的最终目标。

## 三、高校知识产权综合服务平台的基本架构

### （一）需求信息子平台

我国正处在创新驱动战略实施的关键阶段，面临产业结构转型的重要机遇和巨大挑战。很多企业尤其是中小企业求生存、谋发展，有着技术创新的强烈需求。但是企业往往又不知道从哪里获得有效技术，与高校的技术供给不能有效对接。高校设立需求信息子平台，汇集企业技术需求信息，既能为高校现有技术找到应用出口，又能为将来科研提供参考方向。

高校收集需求信息主要有三个渠道：一是通过产学研结合与企业打交道，直接了解企业的技术瓶颈和攻关项目。二是接触行业协会，掌握行业动态和技术需求。行业协会作为企业利益的代表者，对于产业状况有着整体的理解和把握。三是联系政府管理部门，获取相关信息。各级政府作为创新驱动发展战略的推动者，掌握经济数据，制定政策措施，能够提供有效信息。

### （二）申报筛选子平台

高校科研成果产生之后，是否具有市场应用前景和商业价值？应该申请专利还是作为商业秘密保护？这些问题需要专业人员和专业机构的判断。申报筛选子平台能够为高校科研人员提供有效帮助。高校科研人员可以将成果概要、主要特征输入平台，并介绍自己的初步设想。平台管理方对技术内容设置访问权限。高校技术转移和知识产权服务部门凭借密码调取分析有关科研成果，将之分为三类：一是可以直接转化应用的；二是具有应用前景，尚需修改的；三是不能应用于生产的。对于第一类成果，服务部门可以建议科研人员采用最佳的转化方式：申请专利，然后转让专利或者许可专利；采取保密措施，作为技术秘密，寻找合作公司或者自己实施。对于第二类成果，服务部门可以帮助科研人员分析产业动态，建议修改方向，争取达到直接实施的程度。对于第三类成果，由科研人员自行发表，促进科学研究发展。

### （三）交易转化子平台

交易转化子平台用于介绍本校尚未转化的现有成果。基于保护知识产权的考虑，这些公开披露的内容主要是技术概述和应用前景，而非技术细节，供潜在需求方查询搜索。如果有企业感兴趣，再通过平台与高校知识产权服务部门联系，讨论转化途径。

一旦高校和企业就科研成果转化达成一致，还可以通过这一平台进行合同管理。平台提供技术转让、技术许可或者其他应用方式的合同范本。合作双方可以在此基础上商谈修改，敲定具体条款。合同当事人签字后，将文本上传系统，作为双方履约依据。转化过程中的阶段性成果也可以传入系统，以便于追踪实施动态。

### （四）评估融资子平台

高校技术转移的一大难点是价值评估。市场始终处于变化之中，预测一项技术成果的潜在价值往往十分困难。目前资产评估领域尚未找到公认的、可靠的评估标准，不同评估机构对于同一项技术的评估结果常常大相径庭。

这一平台可以与市场公信力较高的两家评估机构合作。对于提交系统的技术成果，由不同机构分别独立估值。设置一个参考指数，如果两家评估机构的估值差额未超过这一指数，取平均值为最终结果；如果超过这一指数，则交由第三方评估机构再次评估，与前两家的估值相比较，选择结果相近的一家，再取平均值作为最终结果。

评估的结果可以作为融资的依据。平台与银行等金融机构合作，提供融资渠道的相关信息，包括：意向机构、融资数额、担保条件、偿还方式、利率期限，等等。

### （五）权利维护子平台

知识产权与其他财产权利相比，侵权成本较低，侵权方式隐蔽，需要强有力的维权措施。这一子平台为高校科研人员提供侵权举报渠道。他们可以将自己或者合作方发现的涉嫌侵权行为的相关信息提交平台，由知识产权管理人员初步判断是否构成侵权。如果判断难度较高，可与知识产权专业律师合作，分析行为性质、损害结果和法律条款。高校知识产权管理部门以此为依据，再来决定是否需要维权，维权方式包括：发律师函警告、向执法部门举报、提起民事诉讼等。

## 四、建设高校知识产权综合服务平台的支撑条件

### （一）机构条件

目前我国高校知识产权管理的机构设置主要有三种。

（1）不同机构分散管理。即高校根据知识产权管理工作的阶段或者知识产权的类型将知识产权管理工作交给不同的部门管理，然后由某个机构统筹协调。

（2）挂靠机构集中管理。即高校在科研机构之下设置知识产权管理机构集中管理本校的知识产权工作。如北京航空航天大学设置的知识产权转移办公室隶属于科学技术研究院，集中管理本校的知识产权工作。

（3）独立机构集中管理。即高校设置知识产权管理机构，直接隶属于学校，具有相对独立性。如浙江大学设置的技术转移中心直接隶属于学校，集中管理本校的知识产权工作。

根据高校科技成果和获取专利的数量、质量情况，决定是否设置技术转移中心。科技成果多、市场前景广的高校设立独立的技术转移中心，统一负责本校科技成果的孵化、管理、转让、许可和保护。其他高校可以借助政府设置的地方技术转移中心，或者与专业知识产权运营公司合作，转化科技成果。

独立的技术转移中心应定位于知识产权服务机构，而非行政管理部门。技术转移中心实行绩效考核制，工作人员的收入采取底薪加业绩的方式，业绩部分由中心的科技成果转化数量和收益来衡量。

### （二）资金条件

科研人员的技术成果转化为现实生产力，既可以转让或者授权给公司企业，也可以自行投资生产。不管是哪种方式，科研人员常常需要相应资金，进一步开发技术的商业应用。政府部门和高等学校可以选择市场前景明朗的先进技术，提供孵化基金。方式灵活多变，比如财政补贴、无息贷款、股权投资等。另外，知识产权维权专业性较强，需要及时调查取证，同样离不开资金支持。建议高校设立维权基金，为遭到侵权而又缺乏经费的重要科技成果提供援助。

### （三）制度条件

1. 保密制度

技术成果是科研人员的劳动创造和智慧结晶，也是高校国有资产的组成部分。技术成果不同于有形资产，关门上锁保护不了。知识产权平台因为涉及科研成果信息的传输和分析，健全的保密制度至关重要。一是设置保密规则。具体内容包

括：保密项目、保密等级、保密范围、保密期限等，并规定相应的奖惩措施。二是培训管理人员。高校所有知识产权管理人员必须接受相应的保密培训并对培训内容定期考核，学会预防和制止窃取知识产权的不法行为。

2. 分配制度

《中华人民共和国科技成果转化法》鼓励科研单位和科研人员将科技成果转化为现实生产力。这从宏观政策层面为成果转化提供了良好条件。高校应当根据立法和政策，因地制宜，设置本单位的分配制度，激励科研人员发挥聪明才智，创造更多更好的科技成果。成果转化收益的分配方式包括：转让金分配、许可费分配、股权分配、直接投资分配等。

# 第四编
## 商主体问题研究

# 《民法总则》实施对商主体的影响

　　引言：《民法总则》实施不论是对民法典的整体制定，还是对社会主义市场经济的发展都具有极其重要的作用。作为受到《民法总则》实施直接影响的商主体，如何理解这些调整变化，如何尽快适应新的法律规定，在市场竞争中占领先机，保证经济秩序的稳定发展，是值得探讨的问题。

　　2017年3月15日，第十二届全国人民代表大会第五次会议通过《中华人民共和国民法总则》。对于《民法总则》的商法意义，学界大多认为，既有其重大贡献的一面，又有其调整不足的一面。①

　　实施中，按照"新法优于旧法""普通法优于特别法"的法律规范适用规则，部分与商主体相关的法律规范依然适用，如《公司法》《合伙企业法》《破产法》等单行法，但作为《民法总则》调整主体范围中的商主体，在若干方面均受到了《民法总则》实施的重大影响。若可以及时掌握影响变化，对于商主体正确适用法条、准确理解法律，以及商主体的正常运营、进一步发展，都具有重要意义。

　　商主体也称为商事法律关系主体、商事主体，是指依照商法的规定具有商事权利能力和商事行为能力，能够以自己的名义独立从事商事行为，在商事法律关系中享有权利和承担义务的个人和组织。②商主体是商事法律关系的当事人，在商法上享有权利并承担义务，具有商事能力和发展性。按照商主体的组织结构形态，学界将商主体分为商法人、商合伙、商个人三类，本文将就《民法总则》的实施对这三类商主体的影响分别展开论述。

## 一、《民法总则》的实施对商法人的影响

　　商法人即依法定程序和条件设立的，从事商行为，参与商事活动，独立享有权利承担义务的组织。在《民法总则》中将法人分为营利法人、非营利法人和创

①蒋大兴. 《民法总则》的商法意义——以法人类型区分及规范构造为中心[J]. 比较法研究，2017（4）.
②赵旭东. 商法学[M]. 北京：高等教育出版社，2015：56.

设性的特别法人。其中，营利法人包括有限责任公司、股份有限公司和其他企业法人等；非营利法人包括事业单位法人、社会团体法人、基金会法人和社会服务机构法人等；特别法人包括机关法人、城镇农村的合作经济组织法人、农村集体经济组织法人、基层群众性自治组织法人等。一共列举出了 11 种法人类型。

《民法总则》与《民法通则》对法人的分类基本一致，《民法通则》中的企业法人对应《民法总则》的营利法人；将"企业"一词换成"营利"，突出了营利法人与非营利法人的区别主要在于"营利性"——关键并不在于其是否具有盈利能力，而是在于其盈利之后是否向所在成员分享利益、是否具有营利目的。[①]在《民法总则》三种法人分类中的营利法人属于商法人。《民法总则》以是否具有营利目的和是否进行利润分配这两个标准，将商法人与其他法人区分开来。

### （一）商法人设立人的责任

《民法通则》第四十一条和《民法总则》第七十七条都对商法人的设立进行了规定，相比于《民法通则》中的各种限定，《民法总则》只用简短一句话作出总括的规定："营利法人经依法登记成立。"如何依法登记，具体的设立要求按照《公司法》的相应规定。但《民法总则》第七十五条[②]对法人设立人的债务承担问题作了规定，此条规定弥补了《民法通则》没有明确对设立人的责任承担规则加以规定的缺漏，将《最高人民法院关于适用〈中华人民共和国公司法〉若干问题的规定（三）》第四条对《公司法》第九十四条的推广（即将《公司法》规定的主体范围从股份有限公司扩充到有限责任公司），直接在总则中加以限制，明确设立人的责任承担规则。

### （二）商法人的社会责任

《民法总则》第八十六条[③]规定营利法人从事经营活动需要承担社会责任，在《民法通则》中并没有关于社会责任的规定，只在《公司法》第五条[④]提到了公司需要承担的社会责任。与《公司法》的规定相比，《民法总则》中对商主体

①付子豪.浅析我国民法总则关于法人之分类[J].北方经贸，2017（8）.
②《民法总则》第七十五条规定："设立人为设立法人从事的民事活动，其法律后果由法人承受；法人未成立的，其法律后果由设立人承受，设立人为二人以上的，享有连带债权，承担连带债务。设立人为设立法人以自己的名义从事民事活动产生的民事责任，第三人有权选择请求法人或者设立人承担。"
③《民法总则》第八十六条规定："营利法人从事经营活动，应当遵守商业道德，维护交易安全，接受政府和社会的监督，承担社会责任。"
④《公司法》第五条规定："公司从事经营活动，必须遵守法律、行政法规，遵守社会公德、商业道德，诚实守信，接受政府和社会公众的监督，承担社会责任。"

所应承担的社会责任的规定主要有了以下变化：

（1）扩大需要承担社会责任的商主体范围。将范围从公司扩展到所有的营利法人。

（2）重点提出了"遵守商业道德""维护交易安全""接受监督"的责任。《民法总则》将营利法人的社会责任明确为这三点，"遵守商业道德"与"接受监督"的要求是原有的，"维护交易安全"是新增的。这其实是商法原则的体现，采用公示主义、强制主义、外观主义、严格责任主义 ① 对"维护交易安全原则"进行具体规定。《民法总则》在这条法律规定中，对民事法律原则没有涉及的商法原则进行了补充。

（3）删掉了对守法性、遵守社会公德的要求。这两点要求与民法原则中的"守法原则""公序良俗原则"相重复，从立法技术角度进行删除，使得条文更加简单明了，易于理解。

虽然营利法人以营利为主要目的，但作为社会的一员，享受着社会的资源，也必然要承担相应的社会责任，受到商法原则的约束。在《民法总则》中特别对社会责任加以规定，表明了立法者对商主体社会责任的重视，将道德义务法律化 ②，也是商主体应主动承担起社会责任的明确信号。

**（三）对商法人出资人、关联关系人权利滥用的限制**

《民法总则》第八十三条 ③ 吸收《公司法》第二十条规定，对出资人的两项权利进行限制。第一款针对出资人损害法人内部利益、大股东损害法人和小股东利益，规定其承担民事责任，第二款针对出资人损害债权人利益，规定其承担连带责任，这一款是关于"法人人格否认"的规定。《民法总则》第八十四条是关于滥用关联关系的规定，与第八十三条第一款相似，变化也是将《公司法》第二十一条规定适用于全部营利法人。

**（四）对商法人法定代表人责任的规制**

在《民法总则》实施以前，我国共有三部法律对法定代表人进行过规定，

---

①赵旭东. 商法学[M]. 北京：高等教育出版社，2015：67.

②谢鸿飞. 营利法人社会责任的法律定性及其实现机制——兼论《民法总则》第86条对公司社会责任的发展[J]. 法治现代化研究，2017（2）.

③《民法总则》第八十三条规定："营利法人的出资人不得滥用出资人权利损害法人或者其他出资人的利益。滥用出资人权利给法人或者其他出资人造成损失的，应当依法承担民事责任。营利法人的出资人不得滥用法人独立地位和出资人有限责任损害法人的债权人利益。滥用法人独立地位和出资人有限责任，逃避债务，严重损害法人的债权人利益的，应当对法人债务承担连带责任。"

分别是《民法通则》第三十八条①、第四十三条②；《公司法》第十三条③；《合同法》第五十条④。

《民法总则》的第六十一条⑤、第六十二条⑥分别规定了法定代表人的定义、民事活动的后果、法人对法定代表人所享有的权利以及善意相对人的权利，不仅将以上三部法律中涉及法定代表人的法律规范加以整合、补充、完善，而且新增了一些规定。变动较大的内容主要体现在后三项。

1. 法定代表人民事活动的后果

首先，法定代表人以法人名义从事的民事活动，法人对其承担后果；其次，法定代表人的越权行为，对善意相对人有效；再次，法定代表人造成他人损害的民事活动后果，如果损害是因执行职务所造成的，则由法人承担责任。这里《民法总则》主要强调了对于法人越权行为的效力承认，对于法人的责任承担，法律规定的较为严格。

2. 法定代表人对法人责任的承担

法人享有对法定代表人的追偿权，在严格规定了法人对法定代表人行为的责任承担后，《民法总则》给予了法人追偿的救济途径。追偿权的行使需满足三个条件：第一，已经完成民事责任的承担；第二，民事责任是由于法定代表人的过错所引起；第三，符合法律或法人章程的规定。《民法总则》给予了法人在公司章程中自由设定的空间，如何更好地规制法定代表人的民事活动，完善法人的追偿制度，维护法人的合法权利，是《民法总则》正式实施后各法人应该思考的内容。

3. 善意相对人权利的保护

善意相对人所对应的是法定代表人的越权行为，除了相对人知道或应当知道

---

①《民法通则》第三十八条规定："依照法律或者法人组织章程规定，代表法人行使职权的负责人，是法人的法定代表人。"

②《民法通则》第四十三条规定："企业法人对它的法定代表人和其他工作人员的经营活动，承担民事责任。"

③《公司法》第十三条规定："公司法定代表人按照公司章程的规定，由董事长、执行董事或者经理担任，并依法登记。公司法定代表人变更，应当办理变更登记。"

④《合同法》第五十条规定："法人或者其他组织的法定代表人、负责人超越权限订立的合同，除相对人知道或者应当知道其超越权限的以外，该代表行为有效。"

⑤《民法总则》第六十一条规定："依照法律或者法人章程的规定，代表法人从事民事活动的负责人，为法人的法定代表人。法定代表人以法人名义从事的民事活动，其法律后果由法人承受。法人章程或者法人权力机构对法定代表人代表权的限制，不得对抗善意相对人。"

⑥《民法总则》第六十二条规定："法定代表人因执行职务造成他人损害的，由法人承担民事责任。法人承担民事责任后，依照法律或者法人章程的规定，可以向有过错的法定代表人追偿。"

法定代表人行为的越权性质外，其他情况下的相对人均为"善意"，与法定代表人签订的合同合法有效，法人与法定代表人之间的权限矛盾并不影响善意相对人权利的获得和行使。这解决了商主体在进行商事合同约定时的后顾之忧，保障了善意相对人的利益不受损，营造出了良好稳定的市场环境。

## 二、《民法总则》的实施对商合伙的影响

简单定义的话，商合伙，是指两个以上的自然人、法人或其他组织在合同基础上成立的、有共同经营关系的商事组织。我国的商合伙具体表现为个人合伙、合伙联营、合伙企业三种主要形式。合伙企业又包括了普通合伙企业和有限合伙企业。但是在《民法总则》中，原本存在于《民法通则》中的个人合伙企业与联营企业双双"失踪"，只提到了合伙企业属于非法人组织的重要类型。但是这并不代表个人合伙与合伙联营企业这两种商主体从此以后不存在了。我国《民法通则》制定于1986年，《合同法》制定于1999年，两法之间存在十几年时间间隔，在还没有《合同法》的历史时期，个人合伙与合伙联营这两种纯合同关系的商事组织，需要由《民法通则》进行规范，故而《民法通则》对其进行了具体的规定。随着我国经济的不断发展成熟，个人合伙与合伙联营这两种组织形式过于松散，与目前我国的经济发展形势已经不相匹配，组织数量也大为下降，将二者从《民法总则》中删去，用《合同法》进行调整的做法是合理的，符合时代要求。

有关商合伙的设立和责任承担均由《合伙企业法》《合同法》进行相应规定，《民法总则》未作重复要求。

## 三、《民法总则》的实施对商个人的影响

商个人，又称"商个体""商自然人""个体商人""个人商号"，是指依法定程序取得商事主体资格的自然人或公民。[①] 即依法定程序和条件设立的独立从事商行为，依法享受权利、承担义务的个人。

### （一）对商个人概念的重新厘定

我国的商个人具体表现为个体工商户、农村承包经营户、个人独资企业和流动商贩四种主要形式。个体工商户制度在我国有非常深厚的社会基础，目前我国存在近6000万户个体工商户，是促进国民经济发展的活跃力量。《民法总

---

① 赵旭东. 商法学[M]. 北京：高等教育出版社，2015：121.

则》第五十四条 ① 首先对个体工商户的概念进行了相应调整，较《民法通则》第二十六条 ② 对个体工商户的定义变得更为简单明了，删掉了对于"法律允许"的着重强调，只需满足三个条件即可成为个体工商户：自然人主体、经营范围是工商业、经过依法登记。

中国有近 2.3 亿农民，《民法总则》中对于农村承包经营户的相应调整将直接牵动广大农民群众的利益。《民法总则》第五十五条 ③ 对于农村承包经营户的定义相较《民法通则》中的定义有一定变化。《民法总则》在定义中凸显了农村承包经营户的家庭承包特征，删掉了"法律允许的范围内""承包合同""商品经营"的限制，减少了重复性的无意义的限定。

《民法通则》没有提及个人独资企业，而《民法总则》正式确认个人独资企业为非法人组织，具有独立的民事主体资格，是非法人组织的重要类型。④ 在《民法总则》第一百零二条规定 ⑤ 中承认了个人独资企业的独立民事主体资格。

流动商贩是指无固定经营场所的在城市中从事简单商品交易的小规模经营者 ⑥，在立法上并没有被确认为独立的商事主体，而是作为一个非法经营者一直受到城市管理者的规制。《民法通则》《民法总则》均没有对其进行相应规定，只在《个体工商户条例》第二十九条提及："无固定经营场所摊贩的管理办法，由省、自治区、直辖市人民政府根据当地实际情况规定。"此规定留下了一定空间，使流动商贩可以合法存在。但是现实中由于城市管理、交通状况、卫生安全等多重因素，流动商贩在各个地区都受到了管控。作为一个长期存在的问题，《民法总则》并没有对其进行解决，流动商贩的商主体地位依然没有得到承认。

### （二）简化商个人设立的程序

个体工商户的设立程序，由"依法核准登记"变为了"依法登记"，业主范围由"公民"变为"自然人"，登记程序简化，业主范围也扩大了。按照《个体

---

① 《民法总则》第五十四条规定："自然人从事工商业经营，经依法登记，为个体工商户。"
② 《民法通则》第二十六条规定："公民在法律允许的范围内，依法经核准登记，从事工商业经营的，为个体工商户。"
③ 《民法总则》第五十五条规定："农村集体经济组织的成员，依法取得农村土地承包经营权，从事家庭承包经营的，为农村承包经营户。"
④ 杨立新.《民法总则》规定的非法人组织的主体地位与规则[J]. 求是学刊，2017（3）.
⑤ 《民法总则》第一百零二条规定："非法人组织是不具有法人资格，但是能够依法以自己的名义从事民事活动的组织。非法人组织包括个人独资企业、合伙企业、不具有法人资格的专业服务机构等。"
⑥ 吕惜. 城市流动商贩的商法规制探讨[J]. 电子科技大学学报（社会科学版），2014（4）.

工商户条例》和国家工商总局《个体工商户名称登记管理办法》，个体工商户在设立时需要经过行政部门核准才可登记，而《民法总则》中的变化或许预示着以后相关设立程序的简化。在《民法总则》实施之前，只有拥有我国国籍的自然人可以拥有设立个体工商户的资格。在实施之后，外国人和无国籍人也可以成为个体工商户的申请人，这主要是解决实践中出现的港澳台居民在大陆申请登记为个体工商户的问题。

在《民法总则》实施前，农村承包经营户的设立必须以承包经营合同为依据，《民法总则》中弱化了承包经营合同的作用，只要满足主体、权利、经营范围的要求，就可以设立农村承包经营户。

个人独资企业的设立依然依照《个人独资企业法》的规定，未发生变化。

### （三）明确商个人债务的承担

1. 个体工商户债务的承担

关于个体工商户的债务承担问题，相较于《民法通则》第二十九条的规定[①]，《民法总则》第五十六条增加了一款规定："无法区分的，以家庭财产承担。"对于个人经营和家庭经营的区分标准，往往从投资资金来源和收益归属两个角度来判断。实践中存在着大量名不副实的个体工商户经营情况，例如以个人名义申请登记，但是由家庭投资或者经营收入由家庭共同享用。按照判断标准，这种情况实质上属于家庭经营。《民法总则》新增条款将这种混杂的、难以区分的情况中的债务问题统一规定为以家庭财产承担，保护了债权人的债权利益实现，但加大了个体工商户的债务承担风险。

个体工商户应格外注意此项变化，明确经营过程中个人财产与家庭财产的界限，注意在投资、经营、收益三环节之中可能存在的问题，将登记变得"名副其实"，减少潜在的债务扩大风险。

2. 农村承包经营户债务的承担

关于农村承包经营户的债务承担问题，《民法总则》在第五十六条第二款新增规定："事实上由农户部分成员经营的，以该部分成员的财产承担。"该条规定避免了只由部分家庭成员实际进行生产经营，但是以整个农户的家庭财产承担债务的情况，在一定程度上减少了农户的债务风险。

---

① 《民法通则》第二十九条规定：个体工商户、农村承包经营户的债务，个人经营的，以个人财产承担；家庭经营的，以家庭财产承担。

## 四、《民法总则》对商主体的总体要求

### （一）遵守绿色原则

在《民法总则》中新增了一个基本原则，即"绿色原则"。在此次民法典编纂中将环境保护的需求纳入其中，成为民事主体进行所有民事活动的基本原则。此原则的设立，被赞为"具有先进时代特色的立法意义"。民法典的编纂是一个时代的任务，应体现一个时代发展所面临的问题。随着人类对生态环境的破坏以及自然资源的过度开发，环境问题成为摆在我国发展列车前的拦路石。党的十八届五中全会将"绿色"确定为"十三五"时期的发展理念，习近平总书记多次强调"绿水青山就是金山银山""形成节约资源、保护环境的生产生活方式"。将"节约资源、保护生态环境"列为《民法总则》规定的基本原则，是把生态文明建设纳入法治化轨道的标志。

民法原则的调整变化同时影响着商法原则的调整。商主体在进行商事活动时，不要忽视商主体作为民事主体所承担的节约资源和保护生态环境的社会责任，不能以破坏环境、浪费资源为代价在市场中追逐利益。

### （二）注重商事习惯

我国商法的法律渊源包括：法律、行政法规、地方性法规、国际条约、立法解释、司法解释、商事自治规则。随着《民法总则》的正式实施，商事习惯也正式成为法源之一。《民法总则》第十条规定，"处理民事纠纷，应当依照法律；法律没有规定的，可以适用习惯，但是不得违背公序良俗"。商事习惯主要包括交易习惯与国际商事惯例等。并非所有的商事习惯都可以被适用，商事习惯要受到法律与公序良俗的限制。商事习惯起到补充法律的积极作用，弥补法律的固化和滞后，是非强制的、可选的。

商主体应注意到商事习惯这个被正式增加的法源，对自身经营主要地区、所处行业的商事习惯进行深入调查、细致整理，做到准确运用、熟练掌握这个新的法律依据，尽量避免违反商事习惯的情形，学会在司法裁判中运用习惯来维护自己的合法权益。

### （三）诉讼时效的延长

《民法总则》第一百八十八条规定了"向人民法院请求保护民事权利的诉讼时效期间为三年"，与《民法通则》对诉讼时效的规定[①]相比延长了一年。这看

---

[①]《民法通则》第一百三十五条规定："向人民法院请求保护民事权利的诉讼时效期间为二年，法律另有规定的除外。"

似只是一年时间的小小改动，实际上对于商主体而言意义重大、不可小视。在现实社会中，各种新型交易方式不断出现，法律关系愈加复杂，为司法带来很大挑战，诉讼时效的延长有利于更好地维护债权人的利益，建设诚信守诺的交易环境。一方面，作为债权人的商主体，有了更长的时间为了债权得以实现去寻求法律救济，增大了通过司法手段保证债权实现的可能性；另一方面，作为债务人一方的商主体，被迫依约履行义务、信守承诺，以维护良好形象。赖账风险的增大，有效打击了"老赖"这种情况的出现。

除此以外，对于诉讼时效，《民法总则》第一百九十七条还规定："诉讼时效的期间、计算方法以及中止、中断的事由由法律规定，当事人约定无效。当事人对诉讼时效利益的预先放弃无效。"所以诉讼时效只可以法定，不可以约定，不可以放弃权利，这可以有效促使商主体依法经营，在商事活动中对诉讼时效加以注意，在必要时运用法律来维护自己的合法权利。

# 试论我国母、子公司民事责任的立法完善

引言：多年来，我国证券市场上母公司钻《公司法》立法的空子，侵占子公司尤其是上市公司的子公司财产的行径层出不穷，不仅损害了子公司的债权人及中小股东的利益，还对中国证券市场制度的完善和健全形成直接挑战。鉴于此，我国公司立法的有关规定应从我国证券市场的实际状况出发，借鉴国外立法经验，对母公司与子公司的民事责任立法进行完善。

## 一、我国母、子公司民事责任立法的缺陷及其影响

《中华人民共和国公司法》（下称《公司法》）第十三条第二款规定："公司可以设立子公司，子公司具有企业法人资格，依法独立承担民事责任。"此条规定对于母、子公司的概念没有作出明确界定，对其相互之间的特殊法律关系也没有作出特别规定，显得过于笼统，不利于操作，也不利于保护外部债权人和子公司内部中小股东的合法权益。

从公司集团的经营角度看，母、子公司的控制与被控制关系是必然的，但是这种控制与被控制关系必须被限定在合法的正常限度内。若母公司滥用对子公司的控制权，对子公司实施过度控制，从中渔利，以致子公司完全丧失独立的法人资格，损害子公司债权人和中小股东的利益，便是不正当的，必须受到法律的制裁。虽然我国公司制度恢复时间不长，但在实践中控股股东滥用公司法人人格、滥用股东有限责任原则，利用子公司进行欺诈，规避合同义务、税收义务和社会义务，侵害中小股东利益的现象屡有发生，这些现象主要表现在以下方面。

### （一）明目张胆地直接挪用子公司的资金

上市公司募集的资金，必须按规定投入到既定的项目中去，但许多上市公司受大股东的控制，挪用募集资金投入他用，数量之巨，到了令人触目惊心的地步。

### （二）暗中进行关联交易

由于"一股独大"股权结构的普遍存在，上市公司与母公司的关联交易问题是中国股票市场一直无法根治的病症。某些控股股东利用其控股地位，在重大关联交易中不顾上市公司及广大中小股东的正当利益，以不合理的高价将其产品或

劣质资产出售或置换给上市公司，换取上市公司的现金或优良资产，或者以不合理的低价从上市公司购买产品或资产，甚至不支付价款，致使上市公司应收账款不断增加、资金被长期占用，直接严重影响上市公司正常生产经营。而有的母公司则干脆将关联交易的一方作为一个中间环节，间接地将上市公司资产转移出来。

### （三）套取信用，过度担保

母公司操纵上市公司，无论采取哪种手法掠财圈钱，都会或多或少地采取利用上市公司信用为其提供巨额担保而从银行获得贷款的手法。在中国股市上，因为受大股东操纵为其担保而使公司陷入经营危机的例子不在少数，如猴王集团除了长期挪用上市公司 10 多亿元的资金外，还冒用 ST 猴王的名义为自己贷款 3.7亿元，又让上市公司为自己另外 3 个亿的贷款提供担保，最终把上市公司掏空，使自己和上市公司一起走到破产的边缘。

### （四）恶意重组，掏空脱身

名为资产置换，借壳上市的母公司和第一大股东往往利用政策空子，大玩"空手道"，套得资金后则脱身。ST 棱光本是一家上市公司，1994 年 4 月，珠海恒通集团股份有限公司协议受让棱光 1200 万股国家股而成为第一大股东。此后 ST棱光被恒通集团占用资金 3.5 亿元，并牵涉担保资金近 5 亿元，逾期贷款高达 2亿元。在遭遇"恶意重组"后，ST 棱光彻底陷入泥淖，多年不能翻身。[①]

母公司占用上市公司资金成为困扰上市公司持续发展的老问题，每年都闻清欠声，年年旧账添新账。母公司常常会滥用对子公司的控制权，对子公司实行不当控制，侵害子公司债权人的利益。限于子公司具有独立法人资格，所以子公司的债权人无法要求母公司对子公司的债务负责。

在中国股市走向开放与完善的过程中，惩治邪恶的大股东，并从制度根源上铲除邪恶股东生存的土壤，提高上市公司的经营质量，已成为当前亟待解决的一个问题。

## 二、国外母、子公司民事责任立法的启示

综观世界其他国家的立法，对母公司与子公司的债务责任关系，一般没有统一的专门法律予以调整。多数情况下，根据法人有限责任原则，让母公司对子公司的债务承担责任并无法律依据。但考虑到母、子公司间经济关系的特殊性，严

---

① 王子恢. 恶东：股市秩序的最大破坏者[N]. 中国经济时报，2003-07-02（2）.

守有限责任原则，就会使母公司的法律责任与它们的经济联系相分离，因此，有些国家的破产法或公司法虽然仍坚持将有限责任原则作为一般原则，但在实践中往往也采取一些例外的做法，使母公司对破产子公司的债务担负一定的责任。表现形式有"揭开公司面纱"原则，多国企业整体责任，严格责任，公司集团法的专门规定等。[①]

从目前的实践来看，让母公司对子公司的债务负直接责任的做法有两种：一是如英美国家以传统的有限责任原则的某些例外原则，例如根据"揭开公司面纱"原则，追究母公司的责任。二是如德国通过专门的公司集团法作出直接规定，以明确母公司对子公司的责任。[②]

传统的有限责任原则的最常见的一种例外是"揭开公司面纱"理论，即"公司法人人格的否认"。公司法人人格的否认，在广义上是指对公司法人人格的彻底剥夺；从狭义上讲，是当公司的独立人格和股东有限责任被公司背后的股东滥用时，就具体法律关系中的特定事实，将公司与其背后的股东视为一体并追究其共同的连带法律责任，以保护公司债权人或其他相关利害关系群体的利益。美国将维护和实现公平、正义的理念作为适用法人人格否认的一般法理依据，并把该法理的适用看作是一种司法规制或事后的救济，而不是一种立法规制或事先的预设。德、日两国在继受公司法人人格否认法理的同时却倾向于尽量限制和缩小该法理的适用范围，强调该法理是以成文法上的诚实信用、禁止权利滥用等一般条款为基本法律依据的，并力图将公司法人人格否认法理的适用类型化。但是，两大法系国家在适用公司法人人格否认时都以公平、正义的法律理念为最基本的遵循原则。[③]

德国采用立法的形式对公司集团的责任关系作出直接规定，这在世界上是独树一帜的。依德国 1965 年《股份公司法》的规定，母公司与子公司依情况不同而各有区别：在母公司与子公司间以控制合同或利润转移合同等相联系的情况下，母公司有义务弥补子公司的年度亏损；母公司对子公司的债务没有直接责任，但子公司的债权人由于子公司不能显示任何净亏损的事实而可以间接地得到保护；对于事实公司集团（母公司与子公司不是通过企业合同相联系，但子公司事实上

---

① 王保树. 商事法论集[M]. 北京：法律出版社，1998：126.

② 范健. 德国商法：传统框架与新规定[M]. 北京：法律出版社，2003：223.

③ 林建伟. 西方公司法人格否认法理及借鉴意义[J]. 四川师范学院学报（哲学社会科学版），1999（5）.

是由母公司管理）来说，允许母公司干涉子公司的事务，但必须对每个个别的和确定的损害予以补偿；对于一体化情况（母公司对子公司全部持股的情况）来说，母公司则须对子公司的全部债务负直接责任。[①]

对于母公司与子公司间的债务责任关系，不管是我国法律坚守有限责任原则，抑或是英美等国采用有限责任原则的例外即"揭开公司面纱"理论，还是德国对公司集团的责任关系作出列举式直接立法规定，都有其可取之处，但它们或者失之偏颇，或者有悖市场经济的主体独立精神，都没有妥善解决母、子公司间的债务责任关系问题。因此，我们应取之所长，弃之所短，兼收并蓄。

应当明确的是，子公司因其经营行为而发生的债务责任关系，一般而言，既可能是违约责任，也可能是侵权责任。鉴于违约与侵权这两种责任本质上的不同，对母公司与子公司之间的债务责任关系问题，也不能一概而论，而应区别分析。因此，应对《公司法》第十三条第二款的规定进行细化，将子公司的债务责任划分为违约与侵权两种情形。

子公司的债务如果是基于合同而产生的，子公司在违约的情形下，就应适用违约责任方面的法律规定，由子公司单独就其违约之债向相对人承担责任。合同相对人只能向子公司主张违约之债权，而无权向该子公司的母公司主张违约责任之权利，这也符合合同自由理念及《公司法》的有限责任原则。

子公司的债务如果是基于子公司的侵权行为而产生的，则应适用侵权责任的法律规定。在侵权责任中，各国立法和实践更多地偏向于公平正义、公序良俗等，更偏重于保护被侵害人的利益和社会公共利益。因此，对于母公司与侵权子公司的债务责任关系，应充分考虑到过错、举证责任倒置、公平、过错推定原则等，并视子公司所享有的自主性的程度以及母公司对子公司侵权所致损害结果施加影响的大小程度来决定让母公司承担部分或全部责任。这又可以分为两个方面：一是如果子公司完全独立自主，并且母公司对于子公司侵权结果的发生并未施加任何影响，则应由子公司独立承担该侵权之债；二是如果侵权结果的发生是全部或部分地归因于母公司对子公司的指挥管理、干涉或其他方面施加的影响，则应由母公司对子公司的侵权之债承担全部或部分清偿责任。总之，应视母公司对子公司侵权责任发生的过错有无及过错大小来确定是否应由母公司来对子公司的侵权行为承担连带责任及承担责任的大小。

---

[①]朱慈蕴. 公司法人格否认法理研究[M]. 北京：法律出版社，1998：265.

随着我国公司制度的广泛建立，母公司滥用对子公司的控制权，对子公司实行不当控制，损害子公司债权人利益的情况不断出现，只在司法上运用民法的基本原则去间接适用公司法人人格否认制度显然是不够的。司法上提供的救济方法有着不确定性，也容易使该制度的适用范围盲目扩大。所以，应该在立法上直接明确公司法人人格否认制度，并使该项制度更加系统化。这样才能给司法提供直接明确的审判规则，也才能使社会大众明确知晓这样一种法律制度，从而为人们进行市场行为提供指导规范。

## 三、我国母、子公司民事责任的立法完善

鉴于我国《公司法》中对母、子公司关系规定的不足，笔者认为，应从以下几个方面对其加以完善。

### （一）明确母、子公司的概念以及它们之间的关系

在我国立法中，2005 年修订的《公司法》对母公司并没有直接作出规定，只对子公司有一简略规定，即第十四条第二款关于"公司可以设立子公司，子公司具有法人资格，依法独立承担民事责任"的内容。因此，应在《公司法》中明确界定母、子公司的概念，并明确母、子公司之间的禁止性行为，如禁止母、子公司相互持股，禁止其相互交易，禁止其相互借贷，禁止其相互担保等，这些限制措施可以防止因公司资本的重复性计算而导致资本信用的虚假扩张，避免损害债权人的利益。

### （二）在立法上完善公司法人人格否认制度

1. 应对公司法人人格否认的适用条件作出规定

根据实际情况制定公司法人人格否认的适用条件，如：（1）具有滥用公司法人人格行为；（2）有损害债权人或其他股东利益的事实，且该损害为民事损害；（3）滥用公司法人人格行为与所发生的损害存在因果关系。三个条件应同时并存，缺一不可。

2. 应对公司法人人格的否认情形作出明确规定

根据实际情况规定公司法人人格的否认情形，在下列情况下母公司应对子公司的债务承担责任：母公司出资不足，母公司和子公司财产混同，不当流动，双方账目不清；母公司抽逃资金或抽逃、转移、隐匿子公司的财产；母公司对子公司之控制权行使违反了受任人之诚信义务；母公司无视子公司独立人格而违反公司法规范性之规定，名为子公司，但实际上完全受控于母公司，没有任何自主经

营权；母公司的安排使子公司本身缺乏盈利前景；母公司不当的利益分配政策剥夺了子公司的净收益；经济一体化（即母、子公司进行同一业务）；董事会成员和高级职员在母、子公司兼职；母公司干预子公司的管理决策等。[①]

### 3.增加公司法人人格逆向否定的适用问题

传统的公司法人人格否认制度仅是通过"揭开公司面纱"从而追究公司"面纱"背后的股东的连带责任或母、子公司场合下的母公司的连带责任，即"顺向否定"。而"逆向否定"公司法人人格是指否认公司法人人格后，由公司替股东承担责任或子公司替母公司承担责任，即"逆向或反向否定"。具体说来，就是在复杂的公司集团或关联企业集团中，只要母公司股东通过向子公司输送利益逃避母公司债务，或者控制股东在兄弟或姐妹公司之间非法输送利益逃避债务，严重损害母公司或公司债权人利益，母公司债权人就可以主张子公司承担连带责任，公司债权人就可以主张姐妹公司各自对对方债务承担连带责任。但是，法院或仲裁机构在逆向否定公司法人人格时，在公司股东有多人的场合要审慎进行。若作为债权人的控股股东（母公司）为逃废债务，可能将大量自有优质资产转移给子公司，导致控股股东（母公司）的债权人求偿落空，但子公司其他中小股东也许并无此等行为。一旦子公司的法人人格被否认，控股股东（母公司）债权人即可追究子公司的债务清偿责任，但不能追究其他中小股东的债务清偿责任，即便追究子公司的债务清偿责任，也应以子公司在该控股股东（母公司）接受的资产的价值为限承担债务清偿责任，否则就侵害了子公司中诚实股东的合法权益。[②]

### （三）明确母公司对子公司的债权人和中小股东承担责任的具体程度

如果大股东是自然人，可以规定公司的人格被否认后大股东必须以个人财产偿还公司的债务并承担无限责任。如果公司的大股东也是公司，母、子公司之间的面纱被揭开后，母公司必须为子公司的债务承担责任。如果母公司的资产还是不够偿还子公司的所有债务，法庭还可进一步审查母公司与其股东之间的关系，决定是否再"揭开第二层面纱"，让母公司的股东以个人财产偿还子公司的债务，以确保债权人利益的实现。

### （四）赋予股东代表提起诉讼权

公司的利益是股东、债权人和职工利益得以实现的根本保障，因此，在公司的财产权益受到侵害时，公司应当及时行使诉权，通过司法救济的途径追回公司

---

[①]邬文辉.破产法中控制企业从属求偿原则初探[J].世界经理人周刊，2004（1）.
[②]朱慈蕴.公司法人格否认制度理论与实践[M].北京：人民法院出版社，2009：212.

的财产损失。但是在某些情形下，公司机关的组成人员本身（如大股东、董事会成员）即是侵害公司利益的行为人，或者虽不是公司利益的直接侵权行为人，但与侵权人朋比为奸（如监事会成员），这就势必造成公司诉权行使之懈怠。特别是在现代公司法中出现的企业所有权与经营权互相分离的情形下，董事会及其他公司经营管理人员的经营权日益膨胀，倘若不及时强化股东对于经营管理人员的监督和制衡，则对股东权益的保护难免流于形式。为保护公司利益免受各种不正当行为的侵害，依法赋予股东代表以诉讼提起权势在必行。英国和美国率先在衡平法上创设了股东代表诉讼制度，后来这一制度被世界上其他许多国家所采用。①鉴于我国证券市场上出现的许多大股东侵犯中小股东利益的情形，我国也有必要引进此项制度，并应对代表诉讼的对象作出明确界定。笔者认为，代表诉讼的对象应包括：大股东、发起人、董事、监事、经理、清算组成员、公司的债务人、侵权的行政机关等。在上述制度得以进一步完善的情况下，笔者相信，对于股东权益的保护情况也会越发乐观起来。

　　母、子公司之民事责任问题，乃是当今世界普遍存在并已引起人们高度重视的重大疑难问题。盖因其牵涉在全球经济领域举足轻重的经济实体——公司集团或跨国公司，一旦决策错误，将影响一国经济的健康发展。在各国法学家、法官的不懈努力下，尽管出于不同的利益考量和司法理念，其解决方案不尽相同，但无疑都基本维护了社会公认的公平、正义。尤其是"揭开公司面纱"原则、深石原则、关联公司理论、事实董事理论，从不同的角度维护了债权人的合法利益，赋予公司法以新的活力。对于上述成熟的判例或立法例，我们应当予以充分吸收消化、发扬光大，并尽快付诸立法行动，以期建立具有中国特色的现代企业制度，为建设社会主义和谐社会尽绵薄之力。②

---

①刘俊海. 股东诸权利如何可行使与保护[M]. 北京：人民法院出版社，1995：176.
②胡立新. 母子公司之民事责任问题研究[D]. 长春：吉林大学，2007.

# 论上市公司诚信治理的法律规制

引言：市场经济的本质是信用经济，缺乏诚信，市场经济的发展就难以为继。证券市场处于我国经济的最前沿，对诚信水平提出了更高要求。但近年来上市公司的信用问题已严重影响了证券市场的健康发展，同时也制约了我国经济的发展。因此，研究我国上市公司诚信缺失的根源所在，探求证券市场诚信治理的必要措施，是我国证券市场的当务之急。

市场经济的本质是信用经济，缺乏诚信，市场经济的发展就难以为继。现阶段，我国经济活动中存在的信用危机，其范围之广、程度之深已到了惊人的地步，严重地影响着市场经济的健康发展，是招商引资、国际合作的重大隐患。证券市场处于我国市场经济的最前沿，对诚信水平提出了更高要求。但近年来上市公司的信用问题已严重影响了证券市场的健康发展，同时也制约了我国经济的发展。从前些年的琼民源、红光实业、大庆联谊，到近年的郑百文、康赛集团、猴王股份、银广夏、麦科特……我国上市公司上演的闹剧一幕接一幕。从假造报表骗取上市资格，到随意变更募集资金投向；从虚增收入和利润，到披露虚假信息；从虚假重组，到掏空上市公司……上演了一幕幕"乌鸡变凤凰""凤凰变乌鸡"的闹剧。①虚假之风的肆虐不仅使市场公信力摇摇欲坠，更使年轻的中国证券市场遭遇严峻挑战。因此，加强诚信建设已成证券市场的迫切需要。

## 一、上市公司的诚信危机及其危害

公司，尤其是股份制公司，其设立的基础之一就是诚信，甚至可以说，没有诚信，也就没有真正意义上的公司。"诚信是最好的竞争手段""无信不立"。②但是我国市场经济虽然已经发展了近十年，可人们对信用是市场经济的基础和生命线这样一个观念的认识依然非常淡薄。关于信用丧失的例子，在目前中国可谓

---

① 华生. 中国股市的最大国情[N]. 中国证券报, 2001-09-29.
② 胡基. 证券法之虚假陈述制度研究[M]//梁慧星. 民商法论丛（第12卷）. 北京：法律出版社, 1999: 646.

俯拾皆是：假冒伪劣充斥市场、合同不履行、经理人缺乏诚信、各种故意性的经济诈骗，以及相当普遍的相互拖欠现象，等等。其严重程度触目惊心，已经给国家、企业及社会公众造成了严重损失。

近年来，随着证券监管部门加大监管执法力度，证券市场上一些违法违规案件和造假典型被相继揭露出来。这些违法违规行为长期以来被隐藏和掩盖，造成了证券市场一定程度的表面繁荣和"泡沫"，对中小投资者的利益造成了损害，对投资者的市场信心也是一种打击。我国证券市场已面临信用危机。

在我国的证券市场上，各种形式的造假屡禁不止如琼民源、东方锅炉、ST红光、大庆联谊、郑百文、银广夏……他们虚增利润，有目的地编造上市公司前三年的报表，涂改缓交税款的批准书，隐瞒重大事项，漏记利润支出和债务，提前确认收入，伪造银行对账单等，各种形式的财务造假已经到了触目惊心的地步。证监会查明银广夏虚构利润7.45亿元，而PT东海在1993年到1997年的5年时间里，虚增利润达到2.28亿元。蓝田股份1995年申报发行A股时，虚增公司无形资产1100万元；伪造公司及下属企业三个银行账户，1995年12月份银行对账单虚增银行存款2770万元；在股票发行申报材料中，将公司股票公开发行前的总股本由8370万股改为6696万股。[①]

更令人惊讶的是被称为"经济警察"的会计师事务所的失信与造假。郑百文实际上是一家根本不具备上市资格的公司,经过企业的包装和中介机构的"审计"，居然变成了一家10年间销售收入增长45倍、利润增长36倍、上市当年实现销售收入41亿元的名牌企业。[②]银广夏的惊天造假也是由中天勤会计师事务所操作的。作为监管部门之一的行业自律组织中国注册会计师协会，在2002年上半年行业检查中，已经有100多家事务所、400多名注册会计师因种种失信与造假行为受到了不同程度的处理。据深圳市注册会计师协会的一项调查，1997年在深圳登记造册的各类公司达1.2万余家，仅有5900余家是经过法定会计师事务所验资的。也就是说，有6000余家公司注册资金存在问题。审计署驻深圳特派办在对工行深圳福田支行1998年度资产负债损益审计中进行贷款户延伸调查时发现，深圳三家社会中介机构接受了企业的好处，为一公司出具假验资报告，将该公司的实收资本由1000万元验证为1亿元。几年来工商银行福田支行根据这

---

①林文俏. 制度缺陷动摇股市基石[N]. 南方日报, 2001-08-10.
②薛莉. 假典型巨额亏空的背后[N]. 上海证券报, 2000-11-08.

些虚假验资证明贷款给该公司。从 1991 年至今，该公司在福田支行贷款额已达 13190 万元，使国家银行的资产承受了很大风险。[①]

在证券市场的产生和发展过程中，由于利益的驱使，不可避免地会出现违法违规现象，这已为世界各国证券市场早期发展的实践所证明。我国证券市场由于还在发展中，市场规则也不完善，因此，违法违规现象更加严重。证券市场上违法违规现象的长期滋生和蔓延，造成了市场秩序的混乱和信用的严重缺失。证券市场信用的缺失不仅导致交易的萎缩，即市场筹集资金、优化资源配置功能的萎缩和丧失，还会产生和积聚巨大的金融风险，对整个国民经济产生非常不利的影响。目前，我国证券市场已具有相当的规模，证券市场已成为我国国民经济的重要组成部分，在国民经济中发挥着十分重要的作用；再者，我国已经加入 WTO，我国经济将进一步融入全球经济体系之中，在这种情况下，证券市场交易秩序的失范和信用的缺失不仅对我国证券市场的稳定和健康发展构成了很大的威胁，而且，其所聚积的金融风险对整个国民经济的稳定和发展也构成了威胁。

## 二、上市公司诚信危机的社会根源

我国证券市场信用缺失是一个不争的事实。造成这种状况，有市场不成熟的原因，有经济转型时期体制上的原因，也有制度建设滞后、市场不健全的原因，还有行业、企业缺乏自律的原因。具体说来，有以下几个方面的原因。

### （一）体制转轨因素

当前中国经济是由计划经济脱胎而出的，信用基础十分薄弱。在计划经济体制下，各种稀缺经济资源由政府直接通过行政命令在所属的各单位之间配置，信用只是一种微不足道的辅助手段，而且这种手段只能由作为政府出纳机关的国家银行掌握，企业之间的商业信用被严格禁止。随着市场经济的发展，我国信用制度和信用管理体系的基础建设已经远远落后，因而信用关系混乱、欺诈、赖账等失信行为广泛发生。经济转型时期我国证券市场秩序的失范和信用的缺失有其必然性，但是，在我国证券市场已有相当规模的今天，如果任其进一步蔓延，不仅严重影响证券市场的稳定和发展，严重损害广大投资者的利益，而且会对国民经济的可持续发展带来很大隐患。

---

①屠光绍. 市场监管：架构与前景[M]. 上海：上海人民出版社，2000：56.

### （二）流通股与非流通股的分裂

中国股市的最大特点就是人尽皆知的流通股与非流通股的分裂，中国有三分之二的股权不流通。这是中国股市独有的特色，也是中国股市与世界其他股市的主要区别。由于这个分裂和不流通，造成了中国股市一系列的特殊现象，也是造成人们普遍关注的股市道德风险泛滥的根源。

三分之二的股票不流通，上市公司控制在非流通股股东的手里，意味着控股股东们不能从公司股价的上升中得到任何好处，也不会因股价的下跌遭受任何损失。即控股股东是与广大中小投资者流通股股东不同的利益集团。在这种情况下，他们很容易为自己的特殊利益而廉价出卖流通股股东的利益。这种制度安排和利益格局决定了控股股东不会也没有心要为流通股股东的利益着想。这正是我们今天看到太多造假骗局和谎言的真正原因。

### （三）国有股一股独大

在中国证券市场上，大股东挪用募集资金已经成为比较普遍的现象。国有股"一股独大"已经成为"内部人控制的温床"。

我国的上市公司绝大多数是由计划经济体制下的大中型国有企业经公司化改制而上市的，国有股居绝对或相对控股地位。在这些国有控股公司中，由于国有股"一股独大"，国有股权代表人缺位，导致公司治理结构存在许多弊端，集中体现在以下三个方面：第一，控股股东行为不规范。控股股东与上市公司长期在人员、资产、财务方面"三不分"，将上市公司当作"提款机"，通过不正当的关联交易等手段损害中小股东利益。第二，对于上市公司的经营者缺乏有效的监督，经营者通过一系列手段侵占所有者权益，"内部人控制"问题相当严重。第三，上市公司经营者缺乏长期激励机制，导致经营者行为短期化，上市公司缺乏诚信，违法违规现象严重。国有控股公司治理结构的这些弊端，是我国证券市场秩序失范、信用缺失的主要根源。

### （四）股票发行的额度审批制

自有资金的不足是许多中国企业面临的困难。开辟资金来源的途径大略有两条：一是举债；二是发行股票。在许多国内企业的眼里，发行股票恐怕是最为经济实惠的办法：股票不用像贷款或债券一样还本付息。这种看法当然是片面的，并对股市的发展有害，因为证券市场除融资功能外，还有优化资源组合等其他功能。

并不是任何一个企业都可以发行股票，股票发行人必须具备法定资格。国外证券发行审核的方式主要有两种：以美国证券法为代表的注册制和以欧洲各国公司法为代表的核准制。虽然前者实行公开管理原则，后者推行的是实质管理原则，但基本上都属于标准审核制。而我国股票发行采取的是额度审批制，这在一定方面助长了前面所述的片面看法。在我国，资金缺乏使得在一定时期内要保证有限的资金用在刀刃上，并且政府认为有必要通过审批来保证优秀的企业进入证券市场，从而保护并不成熟的投资者的利益。但由于没有相应的法律监督机制来保障，目前上市公司的经营状况已经违背了该政策的初衷。额度的稀缺性使得企业认为争取到额度便可以大量筹集到无本的资金，因此，一些企业千方百计采取各种手段进行包装，骗取股票发行人资格募集资金。春都股份就是颇具代表性的一例。春都在上市之前，由于贪大求全，四处出击，已经背上了不少债务，尽快上市募集资金成为春都集团解决债务危机的首选办法。春都集团作为独家发起人匆匆把春都 A 股份推上市，然后迫不及待地把募集的资金抽走 1.8 亿元左右。之后，春都集团及其关联企业陆续占用春都股份 3.3 亿元的资金，大概占上市募集资金的 80％。被大量"抽血"的春都股份终于在 2000 年开始跌入亏损行列。[①]类似的还有济南轻骑、三九药业、猴王、东海、粤金曼、吉发股份、大庆联谊棱光、幸福股份等。

### （五）证券违法行为猖獗

#### 1. 违反信息披露的原则和要求

在公众持股的上市公司中，由于股权高度分散，导致公司"所有权与控制权的分离"。这种两权分离使得分散在外的中小股东与公司的经营者在有关公司经营及财务状况等方面存在严重的信息不对称。信息的不对称产生"道德风险"——公司的经营者有可能以牺牲公司的利益为代价追求其自身的利益，中小股东的权益面临被侵害的危险。如信息披露不准确、不完整；信息披露不及时，等到该信息在市场上已成为半公开化时才披露，对那些未能及时获得信息的投资者而言是不公平的。更有甚者，故意延迟披露有关信息，为一些内部人员进行内幕交易创造条件，这在上市公司中是一个经常出现的问题。信息披露不真实，甚至瞒天造假。有些上市公司故意发布虚假信息，欺骗投资者，操纵市场牟取暴利。例如，"琼民源"虚构利润 5.4 亿元，虚增资本公积金 6.57 亿元，导致其股价在 5 个月时间里上涨了 4 倍；银广夏虚构利润 7.45 亿元，编造了中国股市"第一大绩优股"

---

①赵承. 接续：春都、双汇兴衰变局[N]. 城市早报，2001-09-20（2）.

的神话①；ST 黎明则是一路造假，骗取了证券市场的"入场券"。在造假方面，这些公司瞒天过海，登峰造极，其行径之恶劣，实在是令人发指。这些欺骗广大投资者的恶性案件严重地打击了投资者的信心，引发了证券市场的信用危机。

### 2. 操纵市场，损害他人利益

操纵行为扭曲了证券市场价格，扰乱了证券市场正常发挥其资源配置的功能，损害了投资者利益，危害了证券市场的稳定和发展，破坏了市场竞争机制，对证券市场危害很大。

操纵行为在我国证券市场上时有发生，严重地扰乱了市场秩序，损害了中小投资者的权益。这方面的典型是亿安科技。亿安科技的董事长利用其控制的几家投资顾问公司疯狂炒作该公司股票，令成千上万的投资者血本无归。随着监管部门加强监管、加大查处和打击力度，操纵行为得到有效遏制。然而，操纵行为仍然存在，只是更加隐蔽。

### 3. 利用内幕交易，牟取不正当收益

在证券市场上，关于价格的信息应该是公开的，投资者在信息的占有上应该是平等的，只有这样才能充分发挥证券市场优化资源配置的作用，保护投资者的利益。内幕交易违背了市场公平、公正、公开的原则，它使少数人利用其特殊地位谋取不正当收益，损害其他投资者的利益，不利于证券市场的有效运行。因此，各国立法基本上都对内幕交易实施严厉的制裁，违反法律的规定、从事内幕交易不仅要受到行政、民事处罚，还要受到严厉的刑事制裁。我国在 1997 年以前对内幕交易只规定行政处罚。1997 年修订的新刑法增添了内幕交易罪，对内幕交易施以刑事制裁。一般认为，我国证券市场上内幕交易的情况比较严重，内部人利用内幕消息牟取暴利，由于信息不对称，许多普通投资者不得不忙于四处打听"内幕消息"。内幕交易是我国证券市场发展面临的一个严重问题，迫切需要肃清。

除了上述三种主要的违法违规行为之外，我国证券市场上还存在着其他许多不规范行为，例如：许多上市公司编造项目增发"圈钱"，一些公司随意改变募集资金用途，一些公司的控股股东长期占用上市公司的资金，控股股东与上市公司之间存在大量的不规范关联交易，证券公司向客户透支、挪用客户保证金，证券公司和会计师事务所等中介机构参与协助上市公司造假，等等。这些不规范行为严重地损害了广大投资者的利益，扰乱了市场秩序，破坏了市场公信力。

---

①凌华薇，王烁. 银广夏陷阱[J]. 财经，2001（4）.

### （六）缺乏保护小股东利益的法律

根据《中华人民共和国刑法》（以下简称《刑法》）第一百六十一条的规定：公司向股东和社会公众提供虚假的或者隐瞒重要事实的财务会计报告，严重损害股东或者其他人利益的，对其直接负责的主管人员和其他责任人员处 3 年以下有期徒刑或者拘役，并处或单处 2 万元以上 20 万元以下的罚款。也就是说在我国，公司造假责任人员受到的最高处罚是 3 年有期徒刑。这一惩罚与成熟市场国家相比要轻得多，不足以震慑犯罪。在美国，让证券违法者最为胆颤的不是刑事诉讼和行政处罚，而是股民们提起的民事诉讼。因为违法者即便被判刑，也往往可以通过假释、保释等方法很快获得自由，可他们一旦染上民事官司，面临的则可能是倾家荡产的命运。美国当局对小股民的民事诉讼持保护和支持的态度，法院除了要求违法者向股东进行损害赔偿外，还判以巨额精神赔偿费。违法者的下场常常是破产兼身败名裂。所以，小股民的民事诉讼成为美国证券监管的强大力量，是对证券违法者最具威慑力的一项措施。美国在程序法方面，赋予了小股东两项重要的诉讼权利，即股东集体诉讼和股东代表诉讼。这种诉讼影响广泛，索赔数额巨大，诉讼的结果适用于全体股东，具有很强的威慑力。[①]

然而，我国《中华人民共和国证券法》（以下简称《证券法》）中对包括内幕交易、操纵市场等在内的众多证券欺诈行为都没有规定任何民事赔偿责任，使中国违法者少了美国违法者那样对自己破产命运的后顾之忧。我国法律也没有赋予小股东以集体诉讼和代表诉讼的权利。《中华人民共和国民事诉讼法》第五十四、五十五条虽然规定了代表人诉讼制度，但规定代表人诉讼的判决只对进行了权利登记的受害人有效，这就使得诉讼的标的额和可计算的赔偿额大大减少，削弱了诉讼的威慑力。

### （七）政府的过度干预

用经济学的术语讲，政府干预下的证券市场存在严重的道德风险。上市公司增发圈钱、券商不顾风险承接过多的委托理财资金、控制性股东转移资产，等等——资本市场成为毁灭财富而不是创造财富的场所，皆因为市场各方将政府的干预政策视为对冲投资风险的隐性担保。

抛开国有股减持不论，加强监管的目的是挤出股市的泡沫，其出发点是对的，但在挤泡沫的过程中暴露了很多历史遗留问题，造成投资者对上市公司、对市场

---

[①]顾肖荣，夏晓龙，顾华，等. 美国最高院证券欺诈判例三则[J]. 政治与法律，1998（4）.

本身价值的信心危机；而在整个市场的稳定受到威胁的情况下，监管层从"不干预"到被迫匆匆救市，在一定程度上失去了政策的信誉。这个循环本身就是一个悖论：最初政策的出发点是要剥掉"包装"，去掉"泡沫"，重树市场的信誉。但投资者在信息不对称的情况下，"连水带孩子一块泼掉"，开始怀疑所有市场信息的真实性，出现信任危机。在信心不足的情况下，大众预期的股市价值中枢开始向下调整，抛售之下，价格的下跌又证实了投资者的预期，形成一个自我实现的下跌机制。政府的救市行为打破了盘旋下跌的恶性循环，但也失去了建立新的规则和信誉的机会。市场参与各方再一次发现无法对政府政策形成一个稳定的预期：无论怎样信誓旦旦，政策总是可以朝令夕改，相信市场不如相信政府，最不济还可以以市场逼政府就范（而且可以宣称是市场的胜利），事实也正是如此。

### （八）证券市场法制建设滞后

我国内地新兴的证券市场起步虽晚，但是发展很快。证券市场的迅猛发展，有力地促进了我国的国有企业改革以及市场经济体制的建立。但是，同时应该看到，我国证券市场的法制建设长期远远落后于市场的发展。可以说，我们是在尚未充分制定游戏规则的情况下，便开始了游戏：规范一级市场的《中华人民共和国公司法》（以下简称《公司法》）于1993年年底才颁布，而证券市场的根本大法《证券法》更是直到1998年才颁布。在此之前，证券市场仅由政府的行政条例和部门规章进行规制。即使是在《公司法》和《证券法》中，许多方面也是粗线条的，存在着缺陷和不足。

除了法律不完善的问题之外，更加突出的问题是有法不依、执法不严。由于担心严格执法、大力查处违规上市公司等会导致投资者遭受损失，不利于市场的短期稳定和发展，因此长期以来证券市场执法和监管有失宽松，证券市场在一定程度上是有法不依、执法不严的，结果是因一些人违法乱纪而没有受到应有的惩罚，便有一些人仿而效之，法律法规在一定程度上形同虚设，违规现象大量存在，恶性事件一再发生。

### （九）缺乏企业和行业自律

成熟证券市场的规制首先是基于上市公司、券商及中介机构的自律，在自由竞争的时代，企业行业自律在规范市场秩序方面发挥了良好的作用。只是在市场规模逐渐扩大、自律不足以规范市场的情况下，才出现了政府对证券市场的介入和执行监管职能。与成熟国家证券市场的发展不同，我国的证券市场是在政府的推动下建立和发展起来的，证券行业自律机制先天不足。证券公司、上市公司缺乏自律，在法律法规不健全的情况下，它们钻法律的空子便不足为奇。

证券公司、上市公司缺乏自律的根本原因在于产权制度的缺陷。我国的证券公司和上市公司绝大多数是国有或国有控股企业，由于国有产权不明晰，代表人缺位，对公司经营者缺乏有效的监督和激励机制，导致公司经营者对公司的长期利益及声誉缺乏关心，行为短期化，结果必然是经营者及公司行为缺乏自律，"道德风险"加大。

应该指出的是，我国证券市场信用的缺失不是孤立的，它是我国经济活动当中经济秩序失范、经济信用缺失状况在证券市场的蔓延和集中表现。市场经济秩序的混乱和经济信用的缺失，严重地阻碍了经济的健康发展，已成为我国国民经济的新"瓶颈"。

## 三、上市公司诚信治理的法律规制

转轨时期我国证券市场秩序的失范和信用的缺失有其历史必然性。但是，由于这一问题的严重性，在我国证券市场已具有相当规模的今天，如果任由其存在和进一步蔓延，不仅影响证券市场的稳定和发展，损害广大投资者的利益，而且会为国民经济的安全和可持续发展带来隐患。因此，规范证券市场秩序、重建证券市场信用，已经成为当前一项重大而紧迫的任务。在目前和今后一段时期，应着重做好以下几个方面的工作。

### （一）规范政府行为，减少行政干预

在我国证券市场上，政府既是规则的制定者和裁判，同时也是参与者。因此，规范政府行为便显得尤为重要。一方面，政府由于代表全民行使国有资产的管理权，是市场参与者。为维护所有者权益，政府有必要通过大股东的控股地位参与上市公司的重大决策。问题是政府部门作为国有控股股东代表的行为要规范，要严格遵守《公司法》等有关法律法规。另一方面，在证券市场上，政府又是规则的制定者和裁判，用行政手段调控和干预市场活动，这是完全必要的。但是政府的行政干预要适度，该管的事情要管好，不该管的事情要坚决放开，让市场机制发挥作用。总的原则是，要充分发挥市场机制在资源配置中的基础性作用，减少行政干预。在这一方面，已经取得了很大的成绩。例如，根据《证券法》的规定，已经废止了股票发行审批制，开始实施股票发行核准制。核准制改变了由政府部门预先制定计划额度、选择和推荐企业、审批企业股票发行的行政本位，确立了主承销商推荐企业，证监会进行合规性初审，发行审核委员会独立审核表决的规

范化市场原则。核准制消除了政府部门特别是地方政府对股票发行上市的"包办"，从源头上制止了企业在地方政府的纵容下弄虚作假、包装上市，确保了上市公司的质量。股票发行核准制是我国股票发行监管制度的一项重大改革。然而，在证券市场上规范政府行为、减少行政干预，还有许多工作要做。

### （二）加强法制建设，完善法规，严格执法

市场经济是法治经济。市场参与者权利的法律化能大大降低交易的风险，从而扩大交易者之间的信任与合作。

在立法上，存在《刑法》和《证券法》相关规定的不配套性。1997年，我国颁布了新《刑法》，那时的证券市场较之今日，在市场环境、证券交易规则、投资者结构等方面存在较大差别。因此，虽然《证券法》中规定有"构成犯罪的，依法追究刑事责任"的规范，但在《刑法》中却找不到相应的条款，例如《证券法》第176条在《刑法》中就没有相应规定。投资者利益的保护在法律上除了民事赔偿外，刑事处罚也是很重要的一环。刑事处罚能够对证券市场中的行为主体产生震慑作用，从而有利于证券市场的健康发展。因此要建立完善的投资者权益保护机制，必须把刑罚手段和民事赔偿手段有机结合起来，要在立法上实现《刑法》和《证券法》的配套，使每种证券违规欺诈行为都能得到相应的刑罚处罚。

要完善法律法规，以保护所有投资者特别是中小投资者的利益为核心，适时修改《公司法》，对大股东的权利，如表决权等加以必要的限制；应尽快制定《证券法》的实施细则，明确对于内幕交易、操纵市场、证券欺诈等违法行为的民事赔偿责任，增加违法行为的成本。加强对内幕交易、操纵市场、虚假陈述等违法行为的处罚力度，尤其是经济处罚力度，使他们得不偿失。如推行民事责任，允许利益被侵害的投资者向违法行为人提起民事赔偿诉讼，这可以大大增加违法行为人的违法成本，有效地遏制违法行为。在加强法制建设方面，除了完善法律法规之外，更要严格执法，切实改变长期以来证券市场"有法不依，执法不严"的状况。

### （三）改善上市公司治理结构

我国证券市场违法违规现象大量存在的主要根源是上市公司的治理结构存在重大缺陷。改善上市公司治理的根本出路在于产权制度的改革——消除国有股"一股独大"的现象，优化上市公司股权结构，为从根本上改善我国上市公司治理状况奠定产权基础。然而，产权制度的改革是一个缓慢的渐进式过程。因此，必须在探求国有股减持的最佳途径的同时，积极探索改进我国上市公司

治理的其他有效途径。

近年来，监管部门十分重视上市公司治理问题。中国证监会先后公布了《中国上市公司治理准则（征求意见稿）》（以下简称《治理准则》）和《关于在上市公司建立独立董事制度的指导意见》。《治理准则》在我国《公司法》所确立的公司治理结构的基本框架之内，尽量弥补《公司法》的缺陷和不足，为我国上市公司治理提供了必要的规范。《治理准则》的核心是切实保护中小投资者的利益。为此，《治理准则》采取了以下几点措施：第一，强调平等对待所有股东，保护所有股东的合法权益。第二，强化信息披露制度。第三，建立独立董事制度，保护中小股东利益。第四，规范控股股东行为。第五，强化对于公司董事违反义务的责任追究，建立和完善证券民事赔偿制度。《治理准则》的实施，是我国上市公司和证券市场的一件大事，它可以有力地规范上市公司行为，促进我国证券市场的规范发展

### （四）加强对上市公司信息披露的监管，重树市场信誉

为了充分保护广大投资者的利益，必须要求上市公司的经营者及时地向公众披露公司的有关信息。因此，可以说，强制性信息披露制度是上市公司治理的基本原则，也是证券市场监管制度的基石，是投资者利益和证券市场效率的根本保障。

明确有关各方职责与信息披露十分必要。事实证明，信息与证券市场具有内在的关联性。不公平的信息必然会导致市场投机，甚至会给市场带来灾难，美国证券市场 1929—1933 年出现的大"危机"，其重要原因之一就是信息公开与信息利用的不公平。纵观世界证券市场的历史，我们不难发现，证券市场的发展无不伴随着信息披露制度的规范和完善。因此，必须以法律手段保证信息公开的全面性、真实性与有效性，使市场投资者公平利用信息。明确有关各方职责是实现以法治市的必要前提。

### （五）建立民事赔偿制度

我国证券市场至今还没有一起向遭受损失的投资者作出民事赔偿的案例。现行《中华人民共和国注册会计师法》及《证券法》对赔偿责任有一些概念性的说法，但没有具体的量化指标。笔者认为，启动民事赔偿机制首先要建立"信赖假定制度"，其次要完善代表人诉讼制度。同时还可借鉴美国《私有债券诉讼改革法令》的做法，根据被告错误程度承担相应比例的赔偿责任。如财务会计报告虚假程度每增加 10％，则增罚造假者承担相同比例的赔偿责任，同时增判相同比例的有

期徒刑，以此让应承担法律责任者确实受到应有的处罚，提高他们的违规成本。"行政处罚＋刑事责任＋民事赔偿"三管齐下才能呼唤出高质量的审计服务。

对违反诚信原则的上市公司和中介机构，证监会在受理其报送的材料时，要考虑其诚信记录，以增加其违反诚信的成本，股东受侵害可请求赔偿；证监会对那些违反诚信而且违法违规的单位和个人将加大治理力度，情节严重的，予以行政处罚并公开曝光，触犯刑律的，将依法移交司法部门进行处理。

### （六）完善自律机制

对投资者利益的保护，除了政府的监督和管理，市场的自律性更为重要。如果市场不能营造一种"公平"的运行气氛，高级管理层们继续贪婪，审计师们继续放水，证券市场只能出现更多的丑闻，投资者的利益也将继续受到损害。如果最终投资者决定继续对市场不信任，那么有再多的新法规也是枉然。因此，为了增加投资者的信心，就需要在证券市场中完善自律机制，在证券市场中建立诚信机制。

# 论股权的性质

引言：对于股权性质的定性可在逻辑上统一股东众多具体权利，继而在实践中引导各相关法律主体明确权利义务之归属。至今，学界提出了所有权说、债权说、社员权说、新债权说等主要学说。事实上，在纷繁复杂的市场环境下，以一种权利学说统领所有类型公司的所有股东权利并不科学。相反，对于股权性质只能从不同角度出发进行认定。

建立现代企业制度，是发展社会化大生产和市场经济的必然要求，而建立现代企业制度的核心，是实行公司制度。在公司制度中，存在着股东和公司这两种密切联系又相对独立的利益主体。股东是公司存在的基础，是公司的缔造者，没有股东，公司就成了无源之水、无本之木。而公司一旦成立，在股东和公司之间，不仅财产相互分离，而且人格也彼此独立。公司的股东一旦把自己的投资交给公司，就丧失了对该财产的所有权，而取得了股权。现代公司财产制度是股权与公司财产权相结合的制度。那么，股权和公司财产权到底是什么性质的权利？西方学者对这一问题的探究并不十分热心和重视，究其原因：一是大家对这一问题的实质已达成共识，没有煞费苦心探究的必要；二是西方企业产权自始清晰，并按一套行之有效的公司规则有条不紊地运行着，没有必要对产权性质节外生枝。我国情况则不同，我国传统企业的产权自始即非市场经济的产权制度，我们研究股权和公司财产权的性质旨在为公有制与现代公司制度架设一座桥梁，公司产权的定性不仅攸关现行的"两权分离"观念的转变，而且关系到如何在市场经济条件下构建我国企业的现代产权制度。所以，研究股权和公司财产权的性质对构建我国现代企业制度具有举足轻重的意义。

我国学术界对公司产权的性质历来仁者见仁，智者见智，众说纷纭，迄今仍无定论。本文仅就股权的法律性质进行探讨。

## 一、关于股权性质的几种学说及评析

### （一）所有权说

持所有权说观点的人认为股权具有所有权的性质，股权是股东对公司财产享有的所有权。这种学说有两种看法：一是双层所有权，认为股东把其财产按信托的方式交给公司，公司变成受托人，公司按受托人的地位来运用其财产。其中股东作为委托人和受益人对其财产享有实际所有权，公司作为受托人享有名义上或法律上的所有权；二是双重所有权，认为股东对公司享有所有权，公司对其财产享有所有权，股东不能对公司财产享有所有权。股权就是股东对公司的所有权。

所有权说存在严重不足。因为所有权是物权中最完整、最充分的权利，被称为完全物权。法国《民法典》第五百四十四条规定："所有权为对物完全按个人意愿使用及处分的权利。但法律及规定所禁止的使用不在此限。"德国《民法典》第九百零三条规定："物之所有人在不违反法律或第三人权利之范围内，得自由处分其物，并得排除他人对物之一切干涉。"我国《民法通则》第七十一条对所有权的定义为："财产所有权是指所有人依法对自己的财产享有占有、使用、收益和处分的权利。"也就是说，所有权人无须借助他人的行为即可行使其所有权。而股东对公司财产的支配只能通过公司管理机构的行为才能实现，股东是不能直接支配公司的财产的。这与所有权人直接支配其所有物是完全不同的。所有权论者往往把股东对股票或股份的所有权与对公司财产的所有权等同，或者认为股票或股份就是公司本身，拥有股票或股份就是拥有公司财产所有权。这种观点把股份与股权混淆起来。实际上，股权绝非股份的内容，故对股份拥有所有权也绝不意味着对公司拥有所有权。

产生这种观点的原因有两个：一是混淆了股份和股权的内容；二是混淆了股东出资与公司财产的关系。这种理论对公司独立从事生产经营活动极为不利。

### （二）债权说

持债券说观点的人认为，股东之所以认缴出资持有股份，只是为了获取利益分配，特别在 20 世纪以后的西方，股东对公司已完全丧失了控制权，股东在公司的权利仅仅是获得收益，双方仅仅是债的关系。在这种学说看来，股权本质上是以请求利益分配为目的的债权或附条件的债权。[①]

债权说只注意到了股权在某些方面的请求权特征，忽视了股东对公司经营管

①郭锋. 股份制企业所有权问题的探讨[J]. 中国法学，1988（3）.

理的参与和制约作用，难免失之偏颇。世界各国公司法都赋予公司股东参与公司经营管理活动的权利，如出席股东会会议权、表决权等，而债权人是不能直接支配债务人的行为的。

### （三）社员权说

持社员权说观点的人主张股权是股东基于其营利性社团的社员身份而享有的权利，属社员权的一种。19世纪后半叶，德国学者 Renaud 率先主张股份有限公司是以股东为社员的社员法人，股东权就是股东认缴公司资本的一部分而取得的相当于此份额的社员权，是一种既非物权又非债权的特殊权利，并将股权确认为"单一的权利"。这一学说成为大陆法系股权性质的通说。我国学者也有人坚持这一主张。梁慧星在《民法总论》一书中写道："我国民法学界关于股权性质曾发生争论。有谓股权之本质为所有权者，有谓股权之本质为债权者。而两种见解均非正确。股权系综合性权利，既有非财产性质的表决权，亦有财产权性质的获得股息和公司解散时取回剩余财产的权利，性质上属于社员权。"[①]

社员权说主张股权为社员权的基本理由是：股权为股东基于公司社团的社员资格而享有的身份权。这一学说的出现为股权性质的研究开辟了新的视野，使人们得以从社团法人与成员的关系角度分析阐述股权，进一步确立和巩固了公司的法人地位和特征。但是，社员权说忽视了股权和社员权形成的基础和差异。社员权是基于社员资格而享有的权利，它首先是一种身份权，是一种专属的权利，而股权是基于股东的投资行为而产生的一种权利。传统《公司法》强调公司的人合属性，即必须至少有二人以上组成。公司股东与其他社团法人的社员一样，股权按社员权解释，将股权作为根据股东资格而享有的权利，与其他社团的社员权无异。但随着公司制度的进一步发展，尽管公司仍以股东为基础，但已具有强烈的资本性，公司或法人只要出资就可以换取股权，就可以成为股东。因此，股权不是基于股东身份而产生的，而是与股东同时产生的，是同一出资法律关系的两个要素。

股权的资本性与流转性把公司的股权与其他社团法人的社员权区别开来，公益社团的社员地位一律平等，社员权基于社员身份并按人头享有，而且社员权的取得需首先通过入社取得社员资格，并不能随意转让，因而社员权无资本性和流转性。社股通常只准退股而不得让与。社员的地位与出资额是无关联的，表决权

---

① 丁南．论第三人侵害引致的民事责任——兼评《王利毅、张丽霞诉上海银河宾馆赔偿纠纷案》[J]．当代法学，2002（4）．

实行一人一票制，盈余按交易额分配。社员权无资本性。

**（四）股东地位说**

股东地位说否认股权是一种具体的权利，主张股权是股东因拥有股份或出资而在公司取得的成为各种权利基础的法律地位，以此法律地位为基础所确认的权利是股权的内容。①

股东地位说是日本学者提出来的，有些日本学者认为股权中的共益权和自益权因有性质上的差异而难以结合成一个本质的、不可分割的整体性权利，遂避开"社员权"的名称而代之以"社员地位"称呼股权。股东地位说与社员权说并无实质性区别，其实质内容与社员权无异。

**（五）集合体说**

持集合体说观点的人认为：公司是由股东组成的企业法人，股东按自己认缴的出资或持有的股份享有一定的权利和承担一定的义务，股权是股东基于其资格而享有的多数权利与义务的集合体，而不是单一的权利。

集合体说将股东的权利和义务抽象概括为股权，混淆了法律关于权利和义务的逻辑界定，未免过于笼统。

那么，股权到底是一种什么性质的权利呢？我们有必要研究一下股权的内容和特征。

## 二、股权的内容和特征

关于股权，在不同的国家和地区，由于受文化传统、法制背景和语言习惯的影响，其立法规定也不尽相同，有的国家的公司法对股权进行了严格的法律界定，有的国家虽未明文规定股权的含义，但却列举了股权的具体内容。我国《公司法》第四条、第三十三条、第三十四条、第三十九条、第四十二条、第七十一条、第七十二条、第七十四条、第九十七条、第一百条、第一百零二条、第一百零三条、第一百零五条、第一百三十七条、第一百三十八条、第一百四十二条、第一百五十一条、第一百五十二条、第一百六十六条、第一百八十二条等条款对股东的权利作了具体的规定。概括地说，股权是股东因出资而取得的，依法律规定或公司章程规定的规则和程序参加公司事务，并在公司财产中享有财产利益，且具有转让性的权利。

---

①马强. 合同法新问题判解研究[M]. 北京：人民法院出版社，2005：247.

股权的具体内容很多，总的说来主要是自益权和共益权两大类。自益权，是股东为了自身利益而享有的权利。包括：红利分配权、优先认股权、剩余财产分配权，出资转让权等。共益权是股东享有的参与公司经营管理的权利。股东享有此权利既是为了自身利益，也是为了整个公司的利益。包括：表决权、请求召开临时股东会会议权、账簿查阅权、建议或质询权等。

股权同其他权利相比，具有以下法律特征。

### （一）股权的享有者只能是公司的股东

股东是指向公司投资的单位和个人，可以是自然人，也可以是法人。换言之：谁投资，谁持有股份，谁就是股东，谁就享有股权。只有在公司中才能称为股东，在合伙中合伙人也同样出资，但不能叫股东。股东的出资转让了，也就失去了股东身份，从而就失去了股权。

### （二）股权是股东因出资而取得的权利

股权可以是原始取得的，即单位或个人把自己所有的财产投入公司就获得了股权；也可以是继受取得的，即通过受让行为而取得，用自己所有的财产换取别人已拥有的股权。但不论以何种方式取得都得是股东的直接投资行为。故股权是由股东的直接投资行为产生的，间接投资行为只能产生债权而不能产生股权。

### （三）股权是公司所有权的伴生物

正是有了股东的股权才有了公司所有权，前者转让为后者，后者根植于前者，因此，不能把股东的股权与公司所有权割裂开来。公司法中时刻强调两个主体——股东和公司、两种权利——股权和所有权、两种责任——股东以其出资额为限对公司承担责任，公司以其全部资产对公司的债务承担责任。[①]

### （四）股权的内容具有综合性

股权既包括财产权，如分配红利权、剩余财产分配权、优先认股权等；也包括非财产权，如表决权、账簿查阅权、建议或质询权等。故股权并非单一的民事权利。

### （五）股权是股东实现其自身利益的工具

国外学者对此也曾有直言不讳的论述。英国学者认为：公司就是多人为实现全体成员的经济利益的共同目的而结成的团体，团体的目的是在保证股东对公司的控制和营利的情况下，使个人责任与公司责任分离开来以限制个人责任，使公

---

①张沁. 2003年中国公司法理论研究综述[J]. 公司法律评论，2004（1）.

司取得据以开展业务的法人资格，或使众多的投资者能够将其财产托付给专家型的经营人员经营，以谋求较好的利益。美国也有人在研究法人人格的各种理论之后得出结论：公司与其说是一个物，不如说是一种工具，股东就是利用公司这种外壳、工具和载体，以降低交易成本和追求利益最大化，并以此达到独资企业和合伙企业所无法达到的效用。① 因此公司的经营活动应以股东的利益为终极关怀目标。

### （六）股权具有可转让性

股权的大小与股东拥有的出资额或股份数成正比。出资越多，其股权越大，出资越少，则股权越小。如我国《公司法》规定："股东会会议由股东按出资比例行使表决权"（第四十一条）；"股东会的首次会议由出资最多的股东召集和主持，依照本法规定行使职权"（第四十二条）；"股东出席股东大会所持每一股份有一表决权"（第一百零六条）。股权能为股东带来利益，是有价值的，因而股权可以依法转让。股权的转让是通过出资或股份的转让实现的。

## 三、股权的性质

从股权的内容和特征可以看出：所有权说、债权说、股东地位说、集合体说等均不能反映股权的本质，而股权也不同于社团法人及合作社中的社员权。笔者认为，探究股权的性质不应仅从原有法律所规定的传统权利中去寻找，而应从公司这种现代企业制度关于股东财产与公司财产相互分离、股东人格与公司人格彼此独立、股东与公司之间产权分化的实际情况和发展需要为出发点去探寻。股权是收益权，是股东选择管理者的权利，是自成一体的独立权利类型。主要表现在以下五个方面。

### （一）股权是股东用自己的财产所有权换取的一种民事权利

股东取得股权的前提是向公司投资（出资），即把自己所有的财产投向公司，由公司统一支配。股东投向公司的财产和股东所有的其他财产相分离，股东把投资财产的占有、使用、处分权让与公司，从而取得了其投资的部分收益权和参与公司经营活动的权利。

### （二）股权是财产性权利和非财产权利的有机结合

股权包括自益权和共益权，自益权均为财产性权利，共益权是股东参与公司

---

① 程宝山. 经济法理论的新思考[J]. 郑州大学学报（哲学社会科学版），2003（5）.

经营活动的权利，是非财产权利，而行使共益权的目的是自益权的实现。两种权利相互依存，不可分割，失去了自益权，共益权的存在就无必要，而无共益权，自益权的实现就失去了保障。

### （三）股权是个体性权利与团体性权利的统一

笔者在股权的特征中提到，股权是股东实现其自身利益的工具，公司不过是为股东谋利做嫁衣。然而，股东在为自己谋利的同时，不得不考虑公司的利益，因为公司经营的好坏直接影响到股东收益的高低，公司的生存和股东的利益休戚相关。所以，股权本身既具有团体色彩，又具有个体色彩。股权中的共益权就具有团体性，而自益权则具有个体性。公司本身既为个体化和社会化的契合体，就必须以股东的经济利益为追求目标，不能追求脱离股东利益的目标；而公司一旦成立后，又成为相对独立的企业法人，不能任由股东随心操纵。这种双重取向调和既能保护股东利益又能限制股东为所欲为的股权，把股权塑造成一种寓个体性权利于团体性权利之中的一种特殊权利。

### （四）股权是请求权和支配权的统一

请求权是权利人要求他人为特定行为或不为特定行为的权利。支配权是指权利人能够直接支配其财产的权利。股权是请求权，享有股权的股东可以向公司请求分配红利和剩余财产，可以请求公司召开临时股东大会。债权是典型的请求权，债权人可以请求债务人为特定的行为。在这一点上二者有相似之处。但请求权只是股权的部分内容，而非股权的全部内容。所以，依股权的请求性而认定股权是债权失之片面，不能成立。股权又具有支配权的性质。享有股权的股东可以参与公司的经营活动，通过行使表决权的方式来支配公司的重大事务。所有权是典型的支配权，但股权的支配性显然不如所有权的支配性充分、完整。享有股权的股东是不得直接支配公司财产的，而只能按照法定程序，通过行使股权来左右公司的重大事务。因此，股权也绝不是所有权。

### （五）股权的内容因享有者的身份不同而有所区别

股权的内容因享有者的身份不同而有所区别，这是我国股权的一大特色，也是股权同所有权、债权、社员权等的根本区别所在。我国公司中有国家股、法人股、外资股、发起人股、内部职工股、个人股等，因这些股的拥有者（即股东）的身份不同，其股权的内容也略有差别，主要表现在股权转让的限制方面。我国《公司法》第七十一条、第一百四十一条、第一百四十二条对此都作了具体规定。

## 四、结语

　　世界上任何事物都是发展变化的，那么民事主体所享有的民事权利类型也不是一成不变的，它随着经济的发展而不断发展变化。某些旧的民事权利随着社会的进步被淘汰，如古代身份权中的夫权、亲权、家长权等；新的民事权利随着经济的发展不断出现，如股权等，这是历史发展的必然规律。这些新的权利类型，既不同于传统意义上的物权、债权、社员权，又兼具了物权、债权、社员权的某些特征，可又无法把它们归属于传统民法中的某种权利。它们各有自己的特色，是一种新型的、独立存在的民事权利，我们没有必要把它们与传统的民事权利牵强在一起，客观地承认它们的独立存在就是了。

# 析股市欺诈与制度缺陷

引言：由于我国证券市场的制度缺陷，导致各种证券违法违规事件屡屡发生，而股市欺诈已经成为目前困扰我国证券市场有序发展的一个毒瘤，它严重侵犯了股东的利益，影响了我国证券市场的信誉。因此，完善我国证券制度已成为规范证券市场的当务之急。

新世纪伊始，蹒跚前行了十多年的中国证券市场似乎开始显出疲惫。之前一直包装得很好的各种谋划、骗局和谎言开始显山露水：先是中科系股市操纵案资金链条断裂，从窝里斗发展到自己跳出来辩白；再是创造了中国股市首家百元天价的亿安科技原形毕露，主谋者畏罪潜逃。随着管理层的认识深化和对金融风险的高度警觉，市场规范和监管的力度不断加大，各种违法违规事件浮上水面。大股东掏空上市公司的案例频繁曝光，许多昔日的明星和标兵企业纷纷落马，一些一直颇受尊重的知名企业家也难脱干系。上市公司明星银广夏成为造假的典型。至此，中国证券市场的公信力，实在不能不让所有的参与者和观察者们打上一个大大的问号。[①]

当然，股份公司造假绝不是中国特有的现象。几百年前，股份公司刚刚出现，就有以欺诈留名于世的南海公司泡沫案。所以，现代经济学的鼻祖亚当·斯密对股份公司这种管理他人钱财的组织形式从一开始就表示怀疑。他列举的三四百年前发生在英国的股份公司欺诈案，我们今天看来就如在眼前。因为他们只是变换了人名、地名和公司名，天天发生在我们身边。即使在今天高度发达的市场经济国家也绝不罕见。因此，正如人们常说的，证券市场的规范，不是靠运动能解决的，而是需要长期不懈的制度建设。

## 一、中国证券市场中的制度缺陷

### （一）流通股与非流通股的分裂

中国股市的最大国情就是人尽皆知的流通股与非流通股的分裂。中国有三分

---

①华生. 流通股和非流通股分裂——中国股市的最大国情[J]. 经济月刊，2001（11）.

之二的股权不流通，这是中国股市独有的特色，也是中国股市与世界其他股市的主要区别。由于这个分裂和不流通，造成了中国股市一系列的特殊现象，也是造成人们普遍关注的股市道德风险泛滥的根源。

三分之二的股票不流通，上市公司控制在非流通股股东的手里，意味着控股股东们不能从公司股价的上升中得到任何好处，也不会因股价的下跌遭受任何损失。即控股股东与广大中小投资者——流通股股东是不同的利益集团。在这种情况下，控股股东很容易为自己的特殊利益而廉价出卖流通股股东的利益。这种制度安排和利益格局决定了控股股东不会也没有必要为流通股股东的利益着想。这正是我们今天看到太多造假、骗局和谎言的真正原因。

流通股股东与非流通股股东在利益上的显著差异乃至对立，使得本来严肃法纪的重拳出击也往往变了味道。非流通股控股股东的违法乱纪、肆意妄为已经深深地侵害了中小股东的利益，但使用规范股市中的各种违规处罚措施以至下市摘牌的处理办法，却像是在受害者的伤口上撒了盐，受伤害最大的还是无辜的流通股股东。

### （二）国有股"一股独大"

在中国证券市场上，存在着大股东挪用募集资金的现象。国有股"一股独大"已经成为"内部人控制的温床"。据统计，截至 2001 年 4 月底，全国 1124 家上市公司中，第一大股东持股份额占公司总股本超过 50% 的有 890 家。第一大股东为国家持股的公司，占全部公司总数的 65%。这样的董事会或股东大会，少数人很可能以国有股股东的身份，作出有利于个人或小集团私利的决策。而流通股股东"股微言轻"，既不能通过"举手投票"直接影响公司决策，也不能通过资本市场达到间接管理的目的。就拿春都股份来说，春都集团所持股份高达 62.5%。春都股份上市后，春都集团的董事长就是春都股份公司的董事长。春都股份公司董事会的 5 个董事中来自春都集团的就占了 3 个，处于绝对的控制地位。[①]正如双汇股份公司董事长万隆所说："双汇虽然有 2.5 万名股东，但我代表国有股不举手，2 万多名股东全部举手也没用。"（注：双汇的国有股比例达 71%）而在美国，拥有 3% 的股份就是大股东。上市公司很难被个别人所操纵，想要占用募集资金基本上是不可能的。

---

①周天勇，张弥. 金融风险及其防范[J]. 审计与理财，2005（5）.

### （三）股票发行的额度审批制

自有资金的不足是许多中国企业面临的困难。开辟资金来源的途径大致有两条：一是举债；二是发行股票。在许多国内企业的眼里，发行股票恐怕是最为经济实惠的办法：股票不用像贷款或债券一样还本付息。这种看法当然是片面的，并对股市的发展有危害，因为证券市场除融资功能外，还有优化资源组合等其他功能。[①]

并不是任何一个企业都可以发行股票，股票发行人必须具备法定资格。国外证券发行审核的方式主要有两种：以美国证券法为代表的注册制和以欧洲各国公司法为代表的核准制。虽然前者实行公开管理原则，后者推行的是实质管理原则，但基本上都属于标准审核制。而中国股票发行采取的是额度审批制，这在一定方面实际助长了前面所述的片面看法。在中国，资金缺乏使得在一定时期内要保证有限的资金用在刀刃上，并且政府认为有必要通过审批来保证优秀的企业进入证券市场，从而保护并不成熟的投资者的利益。但由于没有相应的法律监督机制来保障，目前上市公司的经营状况已经违背了该政策的初衷。额度的稀缺性使得企业认为争取到额度便可以大量筹集到资金，因此，一些企业千方百计采取各种手段进行包装，骗取股票发行人资格，从而募集资金。春都股份就是颇具代表性的一例。春都在上市之前，由于贪大求全，四处出击，已经背上了不少债务，尽快上市募集资金成为春都集团解决债务危机的首选办法。春都集团作为独家发起人匆匆把春都A股推上市，然后迫不及待地把募集的资金抽走1.8亿元左右。之后，春都集团及其关联企业陆续占用春都股份3.3亿元的资金，占上市募集资金的80%。被大量"抽血"的春都股份终于在2000年开始跌入亏损行列。[②]类似的还有济南轻骑、三九药业、猴王、东海、粤金曼、吉发股份、大庆联谊、棱光、幸福股份等。

### （四）新股发行缺乏规范

各国为保护股东的利益，大多对新股发行作了限制，如发行时间、业绩表现、以往股份发行情况、股东的优先认购权、同次发行条件均等，还有信息披露、新股定价等规定。《中华人民共和国公司法》中未对股东新股优先权加以明确规定，股东在公司中享有的比例利益可能受到损害。由于未具体规定新股的定价办法，

---

①林后春.金融风险及其防范[M].北京：中国发展出版社，2000：158.

②郎咸平.科幻：中国高新技术企业发展战略评判[M].北京：东方出版社，2006：126.

许多公司为确保新股被募足，往往以较低的价格发行新股，稀释了原有股份，给原有股东带来了很大损失。此外，对于新股发行不足的法律后果以及新股发行停止请求权和无效诉讼权等，法律均无明文规定。在法律规定粗略的情况下，股东的合法权益难以得到充分有效的保障，这使得不少上市公司视发行新股为圈钱游戏，完全谈不上考虑股东的真正利益和公司的长远利益。

### （五）缺乏保护小股东利益的法律

根据《中华人民共和国刑法》第一百六十一条的规定，公司向股东和社会公众提供虚假的或者隐瞒重要事实的财务会计报告，严重损害股东或者其他人利益的，对其直接负责的主管人员和其他责任人员处 3 年以下有期徒刑或者拘役，并处或单处 2 万元以上 20 万元以下的罚金。也就是说，在我国，公司造假责任人员受到的最高处罚是 3 年有期徒刑。这一惩罚与成熟市场国家相比要轻得多，不足以震慑犯罪。在美国，让证券违法者最为胆战的不是刑事诉讼和行政处罚，而是股民们提起的民事诉讼。因为违法者即便被判刑，也往往可以通过假释、保释等方法很快获得自由，可他们一旦染上民事官司，面临的则可能是倾家荡产的命运。美国当局对小股民的民事诉讼持保护和支持的态度，法院除了要求违法者向股东进行损害赔偿外，还课以巨额精神赔偿费。违法者的下场常常是破产兼身败名裂。所以，小股民的民事诉讼成为美国证券监管的强大力量，是对证券违法者最具威慑力的一项措施。美国在程序法方面，赋予了小股东两项重要的诉讼权利：股东集体诉讼和股东代表诉讼。这种诉讼影响广泛，索赔数额巨大，诉讼结果适用于全体股东，具有很强的威慑力。①

然而，《中华人民共和国证券法》中对包括内幕交易、操纵市场等在内的众多证券欺诈行为都没有规定任何民事赔偿责任，使中国违法者少了美国违法者那样对自己破产命运的后顾之忧。我国法律也没有赋予小股东以集体诉讼和代表诉讼的权利。我国《民事诉讼法》第五十四、五十五条虽然规定了代表人诉讼制度，但规定代表人诉讼的判决只对进行了权利登记的受害人有效，这就使得诉讼的标的额和可计算的赔偿额大大减少，削弱了诉讼的威慑力。

## 二、中国证券市场规范制度的完善

邓小平曾经说过，制度不好，好人也会办坏事。制度好了，坏人也难做坏事。

---

① 顾肖荣，夏晓龙，顾华，等. 美国最高院证券欺诈判例三则[J]. 政治与法律，1998（4）.

制度至关重要，好的制度清晰而精妙，既简洁又高效，使人逐渐趋于公平与公正。中国股市应当矫正制度缺陷，建立一套适合中国证券市场特点的公平、公正的股市治理机制。

### （一）解决股权结构分裂问题

规范中国股市的治本之道是解决股权结构的分裂问题，逐步取消非流通股，让流通股股东自己当家做主、自己掌握自己的命运。这正是世界上规范股份公司治理结构的整个制度基础。

### （二）解决股权过于集中问题，实行产权制度改革

实行产权制度改革，减少国家持股比例，改变国有股"一股独大"的状况，分散股权，使国有股公众化，使股份公司成为真正的股份公司，增加透明度，让千千万万的股东来监督股份公司。

### （三）取消股票发行的额度审批制，实行标准审核制

严格发行股票的条件，敞开发行股票的大门，所有符合发行股票条件的企业均可发行股票。

### （四）对证券市场应当科学定位

欧美发达国家的证券市场的功能是十分清楚的：资源配置和筹集资金，以资源配置为主。它们的产生是民间自发的，一切源于自然，设立市场的初衷是保护投资者的利益，促进投资，发挥资源配置功能。如美国证券立法就体现了这一理念，在对证券活动进行规范时，重点放在保护投资者方面而不是证券发行人方面，因为投资者是拿出自己的收入来供证券发行人运用，而他们大部分对证券业务又没有专业知识和专门技巧。[1]中国证券市场则是"先天不足，后天失调"。它是改革开放的产物，是改革的象征和"试验田"。后来被赋予生存权是因为人们惊奇地发现它还有筹集资金的功能，能为国有企业改革服务。日后得到重视并被精心维护，也是因为它的筹资功能。而促进投资和保护投资不是它的初衷。其结果是证券市场被认为是一头"大奶牛"，各色人等都来此"挤奶"。

### （五）加强监管

加强证券市场监管是有效防范市场风险、保护中小投资者利益的关键。证券市场的健康发展，需要一个独立的监管机构对市场进行统一管理，这是各国证券市场的发展一再证明了的重要经验。证券市场中存在着多个利益主体：筹资者与

---

[1]马跃. 美国证券市场[M]. 北京：法律出版社，1989：10.

投资者、上市公司与股东、证券经营机构与客户等均有各自不同的利益，存在着各种矛盾和冲突，需要通过监管机构的管理，规范市场中不同主体的行为，维护市场正常秩序。中国证券市场发展时间短，法制不完善，市场参与者不成熟，证券监管的重要性也更加突出。

从国外证券市场的发展经验来看，美国在1929年股灾发生后，采取的重要措施就是成立证券交易委员会，对证券发行、证券交易所、证券经营机构和其他中介机构进行集中统一监管，对各类证券机构和从业人员的违法行为进行处罚，并有权对违反证券法规的公司和人员提起刑事诉讼。[1] 各国在推动证券市场发展的同时，都不同程度地加强了其监管机构的职权，树立起监管机构的权威。中国正处于新旧体制转换时期，中国证券市场中不仅有各国普遍存在的问题，还存在一些特殊现象和特殊问题，迫切需要建立一整套集中统一的监管体制，教育和引导市场主体依法办事，逐步提高其法律意识，实现市场的规范化。只有这样才能切实保护广大投资者的利益。

### （六）完善有关监事和监事会的立法，强化监事的责任

监事应当遵守法律法规和公司的章程，忠实履行职务，维护公司的利益。监事因怠于行使监察职责，如提交虚假报告、明知董事有违法行为而不予检举等行为使公司受到损害的，应向公司赔偿损失；如股东对监事提起诉讼，经终局判决确定所诉属实，该监事应对股东因此诉讼所受的损害负赔偿责任。[2]

### （七）建立中小股东诉讼制度

尽快制定证券欺诈的民事责任法律制度，尽快建立有利于小股东进行民事索赔的诉讼制度，已成为规范证券市场、保护中小股东利益的当务之急。

首先，完善我国的证券民事赔偿责任制度。应规定违法者在承担刑事责任和行政责任的同时，还要承担因其违法行为给其他股东造成损害的民事赔偿责任，赔偿数额应是所有股东遭受的损失总额再加上惩罚性的赔偿额。只有这样才有可能对违法者产生致命的打击，有效地抑制违法行为的发生。

其次，赋予小股东集体诉讼的权利。股东按照一般民事诉讼程序以个人名义进行诉讼，从效率和成本上来看都不太划算，因为单个股东遭受的损害往往不是很严重，所能获得的赔偿也比较有限，却必须花费很多的精力，经历漫长的诉讼

---

① 路平. 表见代理若干问题研究[J]. 安徽大学学报（哲学社会科学版），1998（3）.

② 夏德仁，张洪武，程智军. 货币政策传导的"信贷渠道"述评[J]. 金融研究，2003（5）.

过程。因此，很多小股东在权利遭到侵害时宁可吃点亏，也不愿卷进诉讼中去。可是，集腋成裘，众多股东遭到的损害加起来就是一个巨大的数目，这种巨额少量的案件最适合进行集体诉讼。股东集体诉讼是部分股东为全体股东的利益进行的民事求偿诉讼，诉讼效果及于全体受害的股东，包括没有参加诉讼的股东。这样，既可以充分保护所有小股东的利益，又有相当的震撼作用。

再次，赋予小股东以股东代表诉讼的权利，即当公司权利受到损害而应该代表公司行使诉讼的公司机关拒绝或怠于行使诉讼权利时，公司股东可以代表公司进行诉讼。目前，由于我国法律没有规定此项制度，小股东只能任人宰割，只能眼睁睁看着自己的股权不断贬值而欲告无门。赋予小股东以股东代表诉讼的权利，既能充分保护小股东的利益，又能加强对公司的民间监管，防范公司风险的发生。

# 论我国证券市场监督管理法律制度的完善

引言：证券市场作为我国资本市场中的重要组成部分，自建立以来，在近30年间获得了飞速发展，取得了举世瞩目的成绩，在实现我国市场经济持续、健康、快速发展方面发挥着重要作用。但由于证券市场监督管理法律制度的滞后等原因，导致证券市场监管不力，出现了诸多混乱现象，阻碍了证券市场的健康发展。因此，完善我国证券市场的监督管理法律制度、加强对证券市场的监督管理，是证券市场走向规范和健康发展的根本所在。

我国证券市场自建立以来，在近30年间获得了飞速发展，取得了举世瞩目的成绩：据中国证监会2009年8月25日发布的统计数据显示，截至2009年7月底，我国股票投资者开户数近1.33亿户，基金投资账户超过1.78亿户，而上市公司共有1628家，沪深股市总市值达23.57万亿元，流通市值11.67万亿元，市值位列全球第三位。证券市场作为我国资本市场中的重要组成部分，在实现我国市场经济持续、健康、快速发展方面发挥着重要作用。但由于监管、上市公司、中介机构等方面的原因，阻碍了中国证券市场的健康发展，证券市场监管正陷入困境之中。因此，完善我国证券市场监管法律制度，加强对证券市场的监管，维护投资者合法权益已经成为当务之急。

## 一、我国证券市场监管制度存在的问题

### （一）监管者存在的问题

1. 证监会的作用问题

《中华人民共和国证券法》（以下简称《证券法》）第一百七十八条规定："国务院证券监督管理机构依法对证券市场实行监督管理，维护证券市场秩序，保障其合法运行。"从现行体制看，证监会名义上是证券监督管理机关，证监会的监管范围看似很大，无所不及、无所不能。从上市公司的审批、上市规模的大小、上市公司的数量、上市公司的价格、公司独立董事培训及认可标准，到证券中介机构准入、信息披露的方式及地点、信息披露之内容，以及证券交易所管理

人员的任免，等等，凡是与证券市场有关的事情无不是在其管制范围内。而实际上，证监会只是国务院组成部门中的附属机构，其监督管理的权力和效力无法充分发挥。

2. 证券业协会自律性监管的独立性问题

《证券法》第一百七十四条规定："证券业协会是证券业的自律组织，是社会团体法人。证券公司应加入证券业协会。证券业协会的权力机构为全体会员组成的会员大会。"同时规定了证券业协会的职责，如拟定自律性管理制度、组织会员业务培训和业务交流、处分违法违规会员及调解业内各种纠纷，等等。这样简简单单的四个条文，并未明确规定证券业协会的独立的监管权力，致使这些规定不仅形同虚设，并且实施起来效果也不好。无论中国证券业协会还是地方证券业协会，大都属于官办机构，带有一定的行政色彩，机构负责人多是由政府机构负责人兼任，证券业协会的自律规章如一些管理规则、上市规则、处罚规则等都是由证监会制定的，缺乏应有的独立性，没有实质的监督管理的权力，不是真正意义上的自律组织，通常被看作准政府机构。这与我国《证券法》的证券业的自律组织是通过其会员的自我约束、相互监督来补充证监会对证券市场的监督管理的初衷是相冲突的，从而表明我国《证券法》还没有放手让证券业协会进行自律监管，也不相信证券业协会能够进行自律监管。在我国现行监管体制中，证券业协会的自律监管作用依然没有得到重视，证券市场自律管理缺乏应有的法律地位。

3. 监管主体的自我监督约束问题

强调证券监管机构的独立性，主要是考虑到证券市场的高风险、突发性、波及范围广等特点，而过于分散的监管权限往往会导致责任的相互推诿和监管效率的低下，最终使抵御风险的能力降低。而从辩证的角度分析，权力又必须受到约束，绝对的权力则意味着腐败。从经济学的角度分析，监管者也是经济人，他们与被监管者同样需要自律性。监管机构希望加大自己的权力而减少自己的责任，监管机构的人员受到薪金、工作条件、声誉权力以及行政工作之便利的影响，不管是制定规章还是执行监管，他们都有以公谋私的可能，甚至成为某些特殊利益集团的工具，而偏离自身的职责，牺牲公众的利益。[①]从法学理论的角度分析，公共权力不是与生俱来的，它是从人民权利中分离出来的，交由公共管理机构享有行使权，用来为人服务。同时，由于它是由人民赋予的，因此要接受人民的监

---

①陈岱松. 对证券监管的法律监督应加强[J]. 法学，2005（5）.

督。但权力则意味着潜在的腐败，它的行使有可能偏离人民服务的目标，被掌权者当作谋取私利的工具。因此，在证券市场的监管活动中，由于监管权的存在，监管者有可能以权谋私，做出损害投资者合法权益的行为，所以必须加强对监管主体的监督约束。

### （二）被监管者存在的问题

#### 1. 上市公司股权结构和治理机制的问题

由于我国上市公司上市前多由国有企业改制而来，股权过分集中于国有股股东，存在"一股独大"现象，这种国有股股权比例过高的情况导致政府不敢过于放手让市场自主调节，而用行政权力过多地干预证券市场的运行，形成所谓的"政策市"。由此出现了"证券的发行制度演变为国有企业的融资制度，同时证券市场的每一次大的波动均与政府政策有关，我国证券市场的功能被强烈扭曲"[1]的现象。证监会的监管活动也往往为各级政府部门所左右。总之，由于股权结构的不合理，使政府或出于政治大局考虑而不敢放手，最终造成证监会对证券市场的监管出现问题。

#### 2. 证券市场中介机构的治理问题

同上市公司一样，我国的证券市场中介机构的股权结构、治理机制等也有上述的问题。证券公司、投资公司、基金公司等证券市场的中介机构随着证券市场的发展虽然也成长起来，但在我国证券市场发展尚不成熟、法制尚待健全、相关发展经验不足的境况下，这些机构的日常管理、规章制度、行为规范等也都存在很多缺陷。有些机构为了牟取私利，违背职业道德，为企业做假账，提供虚假证明；有的甚至迎合上市公司的违法或无理要求，为其虚假包装上市大开方便之门。目前很多上市公司与中介机构在上市、配股、资产重组、关联交易等多个环节联手勾结，出具虚假审计报告，或以能力有限为由对财务数据的真实性作出有倾向性错误的审计结论，误导了投资者，扰乱了证券市场的交易规则和秩序，对我国证券市场监督管理造成冲击。

#### 3. 投资者的问题

我国证券市场的投资者特别是中小投资者离理性、成熟的要求还有极大的距离。这表现在他们缺乏有关投资的知识和经验，缺乏正确判断企业管理的好坏、企业盈利能力的高低、政府政策效果的优劣的能力，在各种市场传闻面前不知所

---

[1]田涛，郑超胜. 证券监管的"掠夺之手"[J]. 中外企业家，2008（12）.

措甚至盲信盲从，缺乏独立思考和决策的能力。他们没有树立正确的风险观念，在市场价格上涨时盲目乐观，在市场价格下跌时又盲目悲观，不断的追涨杀跌，既加剧了市场的风险，又助长了大户或证券公司操纵市场的行为，从而加大了我国证券市场监督管理的难度。

### （三）监管手段存在的问题

#### 1. 证券监管的法律手段存在的问题

我国证券法制建设从 20 世纪 80 年代发展至今，证券法律体系日渐完善，已初步形成了以《证券法》《公司法》为主，包括行政法规、部门规章、自律规则四个层次的法律体系，尤其是《证券法》的颁布实施，使得我国证券法律制度的框架最终形成。但是从总体上看，我国证券法律制度仍存一些漏洞和不足：首先，证券市场是由上市公司、证券经营机构、投资者及其他市场参与者组成的，通过证券交易所的有效组织，围绕上市、发行、交易等环节运行。在这一系列环节中，与之相配套的法律法规应当是一应俱全，但我国目前除《证券法》之外，与之相配套的相关法律如《证券交易法》《证券信托法》《证券信誉评价法》等几乎空白。其次，一方面，由于我国不具备统一完整的证券法律体系，导致我国在面临一些证券市场违法违规行为时无计可施；另一方面，我国现有的证券市场法律法规过于抽象，缺乏具体的操作措施，导致在监管中无法做到"有章可循"。再者，我国现行的证券法律制度中三大法律责任的配制严重失衡，过分强调行政责任和刑事责任，而忽视了民事责任，导致投资者的损失在事实上得不到补偿。以 2005 年新修订的《证券法》为例，该法规涉及法律责任的条款有 48 条，其中有 42 条直接规定了行政责任，而涉及民事责任的条款只有 4 条。

#### 2. 证券监管的行政手段存在的问题

在我国经济发展的历程中，计划经济体制的发展模式曾长久地站在我国经济发展的舞台上，这种政府干预为主的思想在经济发展中已根深蒂固，监管者法律意识淡薄，最终导致政府不敢也不想过多放手于证券市场。因此在我国证券市场的监管中，市场的自我调节作用被弱化。

#### 3. 证券监管的经济手段存在的问题

对于证券监管的经济手段，无论是在我国的法律规定还是在实际的操作过程中均有体现，只不过这种经济的监管手段过于偏重惩罚措施的监督管理作用而忽视了经济奖励的监督管理作用。我国证券监管主要表现为惩罚经济制裁，而对于 3 年保持较好的稳定发展成绩的上市公司，却忽视了用经济奖励手段鼓励其守法守规行为。

## 二、完善我国证券市场监管法律制度

### （一）监管者的法律完善

#### 1. 证监会地位的法律完善

我国《证券法》首先应重塑中国证监会的权威形象，用法律规定增强其独立性，明确界定中国证监会独立的监督管理权。政府应将维护证券市场发展的任务从证监会的工作目标中剥离出去，将证监会独立出来，作为一个独立的行政执法委员会。① 同时我国《证券法》应明确界定证监会在现行法律框架内实施监管权力的独立范围，并对地方政府对证监会的不合理的干预行为在法律上作出相应规制。这样，一方面利于树立中国证监会的法律权威，增强其监管的独立性，另一方面也利于监管主体之间合理分工和协调，提高监管效率。

#### 2. 证券业自律组织监管权的法律完善

《证券法》对证券业自律组织的简简单单的几条规定并未确立其在证券市场监管中的辅助地位，我国应学习英美等发达国家的监管体制，对证券业自律组织重视起来。应制定一部与《证券法》相配套的《证券业自律组织法》，其中明确界定证券业自律组织在证券市场中的监管权范围，确定其辅助监管的地位以及独立的监管权力②；在法律上规定政府和证监会对证券业自律组织的有限干预，并严格规定干预的程序；在法律上完善证券业自律组织的各项人事任免、自律规则等，使其摆脱政府对其监管权的干预，提高证券业自律组织的管理水平，真正走上规范化发展的道路，以利于我国证券业市场自我调节作用的发挥以及与国际证券市场的接轨。

#### 3. 监管者自我监管的法律完善

对证券市场中的监管者必须加强监督约束：我国相关法律要严格规定监管的程序，使其法制化，要求监管者依法行政；通过法律法规，我们可以从正面角度利用监管者经济人的一面，一方面改变我国证监会及其分支机构从事证券监管的管理者的终身雇佣制，建立监管机构同管理者的劳动用工解聘制度，采取惩罚和激励机制。另一方面落实量化定额的激励相容的考核制度，同时在法律上明确建

①袁旭峰. 中国证券市场监管的现状及政策建议[J]. 改革与战略，2003（Z1）.
②李文胜. 法律视野中的证券市场监管[J]. 求索，2007（7）.

立公开听证制度的相关内容，使相关利益主体参与其中，对监管者形成约束，增加监管的透明度。还可以通过法律开辟非政府的证券监管机构对监管者业绩的评价机制，来作为监管机构人事考核的重要依据。

### （二）被监管者的法律完善

#### 1. 上市公司治理的法律完善

面对我国上市公司的股权结构、治理机制出现的问题，我们应当以完善上市公司的权力制衡为中心的法人治理结构为目标，一方面在产权明晰的基础上减少国有股的股份数额，改变国有股"一股独大"的不合理的股权结构；另一方面制定和完善能够使独立董事发挥作用的法律环境，并在其内部建立一种控制权、指挥权与监督权的合理制衡的机制，把充分发挥董事会在公司治理结构中的积极作用作为改革和完善我国公司治理结构的突破口和主攻方向。

#### 2. 中介机构治理的法律完善

我国证券市场中的中介机构同上市公司一样，在面对我国经济发展的历史和国情时也有股权结构、治理机制的问题。除此之外，在其日常管理、规章制度、行为规范、经济信用等方面也存在很多缺陷。我们应当以优化中介机构的股权结构、完善中介机构的法人治理结构为根本目标，一方面在法律上提高违法者成本，加大对违法违规的中介机构及相关人员的处罚力度：不仅要追究法人责任，还要追究直接责任人、相关责任人的经济乃至刑事责任。另一方面在法律上加大对中介机构信用的管理规定，使中介机构建立起严格的信用担保制度。

#### 3. 有关投资者投资的法律完善

我国相关法律应确立培育理性投资者的制度：首先在法律上确立问责机制，将培育理性投资的工作纳入日常管理中，投资者投资出问题，谁应对此负责，法律应有明确答案。其次，实施长期的风险教育战略，向投资者进行"股市有风险，投资需谨慎"的思想灌输。另外，还要建立股价波动与经济波动的分析体系，引导投资者理性预期。投资者对未来经济的预期是决定股价波动的重要因素，投资者应以过去的经济信念为条件对未来经济作出预期，从而确定自己的投资策略。

### （三）监管手段的法律完善

#### 1. 证券监管法律法规体系的完善

我国证券监管的法律法规体系虽然已经日渐完善，形成了以《证券法》和《公司法》为中心的包括法律、行政法规、部门规章、自律规则四个层次的法律法规体系，但我国证券监管法律法规体系无论从总体上还是细节部分都存在诸多漏洞和不足。面对21世纪的法治世界，证券监管法律法规对证券监管的作用不言而喻，我们仍需加强对证券监管法律法规体系的重视与完善。要加快出台《证券法》的实施细则，以便细化法律条款，增强法律的可操作性，并填补一些《证券法》无法监管的空白；制定与《证券法》相配套的监管证券的上市、发行、交易等环节的相关法律法规，如《证券交易法》《证券信托法》《证券信誉评价法》等；进一步完善法律责任制度，使其在我国证券市场中发挥基础作用，弥补投资者所遭受的损害，保护投资者利益。

### 2. 证券监管行政手段的法律完善

政府对证券市场的过度干预，与市场经济发展的基本原理是相违背的，不利于证券市场的健康、快速发展。因此要完善我国证券市场的监管手段，正确处理好证券监管同市场机制的关系，深化市场经济的观念，减少政府对市场的干涉。尽量以市场化的监管方式和经济、法律手段代替过去的政府指令和政策干预，在法律上明确界定行政干预的范围和程序等内容，使政府严格依法监管，并从法律上体现证券监管从"官本位"向"市场本位"转化的思想。

### 3. 证券监管其他手段的法律完善

证券监管除了法律手段和行政手段外，还有经济手段、舆论手段等。对于经济手段前面也有所提及，证券监管中的每个主体都是经济人，我们利用其正面的作用，可以发挥经济手段不可替代的潜能，如对于监管机构的管理者建立违法违规的惩罚机制和监管效率的考核奖励机制等，促进监管者依法监管，提高监管效率。在法律上对新闻媒体进行授权，除了原则性规定外，更应注重一些实施细则，从而便于舆论监督的操作和法律保护，使舆论监督制度化、法规化、程序化，保障其充分发挥作用。

## 三、结论

证券市场的监管是证券市场存在和发展的基石。证券市场的发展过程是一个从不规范到规范、从不完善到完善、从不成熟到成熟的过程。"没有规矩不成方圆。"从某种意义上讲，一个成熟的证券市场是以是否具备一个良好的监管运行模式和实施卓有成效的监管过程为首要标志的。要保证我国证券市场长期、稳定、健康发展，必须建立和完善适应我国证券市场特点的、完善的市场监管法律法规体系。

# 证券市场内幕交易法律监管的比较和借鉴

引言：当今社会，证券交易市场已在市场经济中占据举足轻重的地位，证券交易给企业带来丰厚的利润，刺激和活跃经济的发展。但是在证券交易的过程中，出现了一些内幕交易行为，极大损害了普通交易者的利益。各国纷纷制定一系列法律法规来规范证券市场交易。由于国情和经济发展不协调等多方面原因，我国关于证券内幕交易规制的相关法律法规还存有诸多不足，没达到符合预期的立法、执法和司法愿望。本文尝试从证券内幕交易的含义、内幕交易监管的必要性、各国实行内幕交易监管行为的执法状况、我国内幕交易监管的执法情况以及改进措施等诸多方面展开论述，希望借此能为我国证券交易制度的完善和发展提供一定借鉴。

证券市场是我国社会主义经济市场的重要组成部分，随着社会经济的快速发展，我国社会主义现代化建设不断推进，人们的物质生活水平不断提高，人民群众对证券市场的参与程度也越来越高，但是由于我国的社会主义市场经济仍处于初级阶段，很多措施还没有得到完善，很多经验也还未积累成型，导致出现了一系列的证券内幕交易行为，专家认为此种行为是中国目前所有违法犯罪行为中暗数最大的一种。[①] 出现这种情况的一个很重要的原因就是对证券内幕交易行为的处罚力度太弱，惩罚的措施太少。各种证券内幕交易行为和操纵证券市场的事件日益频繁，证券市场监控和风险防范成为我国的一大社会问题，由此引起的纠纷和诉讼与日俱增。众所周知，内幕交易属于证券欺诈行为，它是证券交易内幕信息的知情人和非法获取内幕信息的人利用内幕信息从事证券交易活动的一种行为。因为其本身存在着违法性，世界各国法律法规对证券内幕交易行为纷纷作出了限制和禁止规定。然而，基于各国国情不同，在对此行为进行规制的过程中存在问题的解决方法和具体规定迥然的状况。随着各国联系的增强和贸易往来的发展，在证券交易方面的交流也促使各国完善法律监管制度，吸取外国方法制度的精华，祛除本国制度之糟粕，从而使证券交易顺利进行。中国在证券市场的相关

①杨亮. 内幕交易论[M]. 北京：北京大学出版社，2001：47.

立法规范方面仍旧有许多不足，这就需要加强对外国优秀制度的学习，使证券市场更加健康、有序的发展。

## 一、内幕交易认定的国际比较

内幕交易的认定是世界各国的证券监管机构研究和定义的永久性知识点。由于对自然界万物的认识遵循一个由浅显到深刻的过程规律，各国监管机构对内幕交易的认定也是不断深化不断演进的。伴随着证券市场的不断发展和成熟，资产注入、上市、并购重组等现象的大量存在，对证券内幕交易行为的认定给出更加细致、准确的定义和标准势在必行。事实上，世界各国也是这样做的。在这个认定过程中，主要从三个方面来解析内幕交易。

### （一）对内幕信息的认定

1. 各国关于内幕信息的含义

内幕信息必须是处于未公开状态下的信息，对于什么是未公开，世界各国有两种不同理解：一种认为，未公开即是指公司未将信息载体交付或寄送大众传播媒介或者法定公开媒体发布；另一种意见则认为，只有在市场对信息公开作出反应后经过合理时间证明市场已经消化这些信息后，才允许事先掌握内幕信息的人从事证券交易。[①]英国采用了概括方法来规定内幕消息，相关立法中指出所谓内幕信息是指对证券价格有敏感性的确定且准确的信息，该信息与某特定证券或某特定证券发行人有关，其公开可能会给该证券的价格或者价值造成重大的影响。[②]美国证券法规定，所谓的内幕信息就是对投资者的投资判断有重大影响的非公开事实资料。欧盟国家认为，内幕信息是指非公开的，涉及一名或一些可转让证券的发行人或设计一种或一些可转让证券的，具有准确性的信息。

2. 我国关于内幕信息的含义

我国证券法采取了综合式立法模式来界定内幕信息的含义及范围。一方面，《中华人民共和国证券法》（以下简称《证券法》）第七十五条规定："证券交易活动中，涉及公司的经营、财务或对该公司证券的市场价格有重大影响的尚未公开的信息，为内幕信息。"另一方面，我国《证券法》第六十七条第二款和第七十五条第二款详细列举了证券内幕信息的范畴。此种立法模式虽然有一定的可

---

①张春萍，卢世荣. 内幕交易行为中内幕信息的界定[EB/OL].（2003-08-27）. https://www. chinacourt. org/article/detail/2003/08/id/78093. shtml.

②宋筱琦. 英国证券内幕交易的规制及其对中国的借鉴[D]. 上海：华东政法大学，2005.

操作性和补充性，但是毫无疑问，也具有一定的缺陷。那就是我国证券法对于内幕信息范围的规定与别国相比有明显的狭隘性和不确定性。例如，对于何为"重大影响"并未给出详细解释。这就需要以修正案或者司法解释的方法来弥补缺陷。

### （二）对内幕人的认定

内幕人在证券交易中的作用至关重要，内幕人员持有内幕信息，担负着对内幕信息的保密工作，各国在对内幕人员的确定范围和职责方面各自作出了不同的规定。

1. 各国关于内幕人的认定

美国法律规定内幕人包括传统内幕人如董事、监事、高级管理人员；控制人；雇员；配偶、家庭中的直系亲属、家庭信托人；购买自己股票的发行人等五类人和推定内幕人，如因信赖关系（除信义关系外）而负有保密义务和戒绝义务的人员。[①] 欧盟《反内幕交易指令》将内幕人区分为直接内部人和间接内部人两种。依该指令第 2（1）规定，直接内部人包括发行人，如行政管理部门、董事会、监事会的组成人员。该指令第四条规定，间接内部人是指对自己拥有内幕信息有全面了解，并且该内幕信息是直接或间接来源于直接内部人的人员。

2. 我国关于内幕人的认定

我国《证券法》将内幕人称为内幕信息的知情人，包括发行人如董事、监事、高级管理人员；持有公司 5% 以上股份的股东及其董事、监事、高级管理人员，公司实际控制人和董事、监事、高级管理人员；发行人控股的公司及其董事、监事、高级管理人员；由于所任职务可以获取内幕信息的人员；证券监督管理机构工作人员以及由于法定职责对证券发行交易进行管理的其他人员；保荐人、承销的证券公司、证券交易所、证券登记结算机构、证券服务机构的有关人员。与上述国家和地区相比，我国大陆立法呈现出立法思路不清晰、逻辑混乱、相互矛盾等缺陷，而且实际上的内幕人员范围也小于他国，譬如并没有将与内幕人员关系亲密的亲属等列入。

### （三）对内幕交易行为的认定

内幕交易行为表现形式多种多样，在不同的市场体制下也表现出了不同的形式，产生的后果也大相径庭。由于各国认识形态的差异和证券市场特征的不同，在内幕交易行为的认定上也存在着一定的差异。

---

① 司继彬，王乔. 内幕交易之内幕人之比较研究[J]. 大众科学：科学研究与实践，2008（3）.

1. 各国对内幕交易行为的认定

美国判定内幕交易的标准很简单，即交易人掌握了非公开的实质信息并据此交易，显然交易本身不是问题。[①] 欧盟《反内幕交易指令》规定，内幕人员须对事实有全面了解，即具有主观上的明知。根据内幕人的不同类别，欧共体还规定了内幕行为的两大种类：第一，只适用于第一内幕人的禁止行为，主要包括第一内幕人向他人泄露内幕信息的行为和第一内幕人依据内幕信息建议他人买卖相关证券的行为；第二，适用于第一内幕人和第二内幕人的禁止行为，主要包括：利用其掌握到的内幕信息直接或者间接为他人、自己买卖与该信息有关的证券。[②] 欧盟"反内幕交易公约"第一章第一条对内幕交易作了定义："证券发行公司的董事会主席或成员、管理和监督机构、有授权的代理人及公司雇员、故意利用尚未公开、可能对证券市场有重要影响、认为可以保障其本人或第三人特权的信息，在有组织的证券市场进行的'非常操作'。"[③]

2. 我国对内幕交易行为的认定

我国《证券法》第七十一条第三款规定，内幕交易行为给投资者造成损失的，行为人应当承担赔偿责任。由此可以看出，各国对内幕交易行为的主客观认定并不是很明确细致，相比起来，我国的归责原则较倾向于主观故意构成，即内幕交易要构成主观故意，不包括过失。由于内幕交易行为方式往往是"黑箱"操作，判定其进行违法行为时的心理状态有很大困难，使法官的自由裁量权得到大力发挥，很难真正公平地判断行为性质，也给内幕交易以"钻空子"的可乘之机。

## 二、各国实施内幕交易监控和稽查的执法状况

### （一）实施内幕交易监控和稽查的必要性

证券内幕交易作为一种特殊类型的侵权行为有其自身的一些特点，这些特点决定了内幕交易侵权的监管和处罚必须依照其自身的特殊性进行。现有的监管机制和损害赔偿理论缺乏对此特殊性的考虑，自身理论也存在着不足。加上市场调节的一系列缺陷等局限性，阻碍了受害人利益及时、完全、有效的救济，同时不能防范某些恶意内幕交易行为的发生。因此实施内幕交易监控和稽查具有现实的

---

①王颖. 美国人如何认定内幕交易[N]. 中国经营报, 2008-03-24.

②葛亚莉. 试论证券市场的内幕交易认定[D]. 北京: 对外经济贸易大学, 2010.

③Bhatacharya Uptall World Price of Trading[D]. Blooming ton: Indiana University, 2000.

必要性。

### 1. 从市场经济的角度看其必要性

我国处于社会主义市场经济的初级阶段，这个阶段是对各种立法、执法、司法模式进行探索的过程，也是将社会主义市场经济发扬光大的过程。证券市场作为社会主义市场经济的重要组成部分，其直接体现着中国特色社会主义市场经济的优越性和先进性。正是有证券市场的存在，才避免了一系列的金融风险，保护了银行体系，扩大了融资比重，维护了市场经济的稳定。但是由于市场经济存在着自发性、滞后性和盲目性等缺陷，如果政府的宏观调控稍有不到位，就会产生许多危害市场经济的不和谐因素，甚至是违法行为的出现。受历史上计划经济的影响，目前内幕交易行为的大量存在，和计划经济的残留、市场经济的缺陷、政府宏观调控力度不适等因素都有一定的关系。政府过多干预经济，夸大了证券的"政策性"，使得一些上市公司的管理者滥用权力，进行暗箱操作。为了保证市场经济整体上健康有序，就必须大力度控制和监管证券市场，保障证券交易活动的公平合法。解决这一问题的根源就在于杜绝证券内幕交易行为，加大对证券内幕交易行为的监管和稽查。

### 2. 从社会主义法制的角度看其必要性

随着社会主义法制在发展中不断更新和完善，目前我国已经建立起了以宪法为核心，囊括了众多法律法规的社会主义立法体制。"有法可依""有法必依""执法必严""违法必究"是社会主义法制的基本原则。我国《证券法》作为众多法律法规中的一部，近年来先后制定颁布了多种法律法规及规范性文件。并将内幕交易罪、诱骗投资者买卖证券罪、编造并传播虚假证券信息罪纳入了刑法调整的范畴。加强对证券内幕交易行为的监管，是社会主义法制基本原则的要求，体现了社会主义法制的权威性。另外，由于我国《证券法》起步较晚，尽管有了一系列的立法条文来规定，但其具体实施内容和方法还存在着不明确、缺乏操作性等缺陷。加上执法过程中对量刑情节的判断不够精确、打击力度不够等原因，使得这些缺陷很难得到有效、迅速地整顿。所以，从我国社会主义立法体制来看，加强证券内幕交易的监控和稽查具有必要性。

### 3. 从道德的角度看其必要性

从道德的角度来看，公平正义是衡量一个国家和社会文明进步的最好标准，是我国社会主义的本质要求，是构建社会主义和谐社会的重要内容。加强内幕交易的监管和防控可以更好地保护弱势群体，彰显社会正义。现代法治不仅追求形式公平，而且更注重实质公平。公平的证券市场，首先应当是一个信息充分畅通的市场，是一个投资大众在获取信息上机会均等的市场。如果允许少数人利用其特殊地位或机会获取内幕信息从而先行对市场作出反应，就等于是剥夺了其他投资者平等竞争的机会。①加强对证券交易市场的监控和稽查不仅可以有效震慑市场内幕交易行为，而且可以对受害的弱势群体进行保护，从而维护社会的长远利益和整体正义。内幕交易行为从法律的层面来看是违法犯罪行为，应该得到法律的制裁；从道德角度来评价，它又是内幕人道德沦丧的表现，应该得到社会舆论的谴责。只有法律整治和道德规范双管齐下，大力对内幕交易行为进行防范，才能形成良好、积极向上的社会风气。

**（二）各国对于内幕交易行为监控的执法状况**

由于内幕交易给证券市场和经济发展带来了巨大的损害，在此过程中内幕人通过自身持有的内幕信息，进行不透明交易，损害了社会公平，污染了证券交易环境，世界各国在颁布相关法律法规来禁止内幕交易行为的同时，还各自制定了许多适合本国国情的具体措施来应对。这些具体措施包括信息披露制度、实施内幕交易监控和稽查等。

1. 美国对于内幕交易行为监管的执法情况

在打击内幕交易的过程中，关键不在立法，而在法律的执行效率和对内幕交易行为的打击惩罚力度。Bhattacharya & Daouk（2002）在一篇有关内幕交易的经典论文中，全面考察了截至 1998 年世界上 103 个国家证券市场的内幕交易立法和执法情况，发现虽然美国早在 1934 年就制定了禁止内幕交易的法律，但从世界范围来看，对内幕交易的立法和执法一直到 20 世纪 90 年代才普遍出现。而且，截至 1998 年，尽管在 103 个国家中已经有 87 个国家制定了有关的内幕交易的法律，但法律得到真正执行，也就是说，有内幕交易行为被提起诉讼的国家只有 38 个。在 1990 年以前，这两个数据分别是 34 和 9。②进入 21 世纪以来，金融市场的发展使各国不得不重视起对内幕交易的监控和稽查，以美国为代表的发达国家对内幕交易行为处以行政、刑事、民事处罚，公法私法并用，表达了其严厉打击内幕交易行为的信心。

美国明确规定了禁止短线内幕交易制度和政府诉讼、救济制度。不仅将禁止

---

①赖培聪. 浅析我国证券市场内幕交易的法律控制[J]. 辽宁行政学院学报，2006（7）.
②朱伟骅. 公司治理与内幕交易监管效率研究[J]. 经济学，2008（1）.

的范围具体化，还由政府出面，由证监会每年对内幕交易行为人、内幕信息泄露者和接受者提起大量的诉讼，这就彰显了其实施打击内幕交易行为措施的严格性和权威性。我国禁止短线交易与禁止内幕交易的主体并不吻合，二者存在着交叉混淆的弊端，并且对短线交易归入权的行使缺乏一定的法律保障。另外，政府监管存在明显的错位问题，该管的没管好，不该管的却过多插手，导致畸形。

2. 英国对于内幕交易行为监管的执法情况

英国在应对内幕交易行为上的规制方法也值得我们关注和借鉴。其作为一个判例法传统浓厚的国家，用极其成熟的成文法规定了详细指令，并得到欧盟成员国家的一致认可。2000 年英国成立了世界上最强有力的金融监管机构——金融服务监管局。《2000 年金融服务和市场法》将内幕交易行为列为市场失当行为，投资者可以以内幕交易者违反了相关的禁止性规定为由提出赔偿请求。在性质上属于民间团体的金融服务监管局，实际上却不具有自律性，它的理事长及其理事均由财政部直接任命，在涉及内部管理的环节也具有强烈的政治色彩，例如，金融服务监管局具有准侦察权，在任何的调查阶段中均享有询问权、责令提交资料权和搜查权等。另外，英国实施了证券内幕交易调查处罚相分离的原则。具体来说，调查证券内幕交易行为案件的是金融服务监管局内部的执行机构，该执行机构通过一系列的调查，将自己的处罚建议提交到决议委员会。

对涉及被调查人的部分，金融服务监管局如果发现了被调查人可能实施了对证券市场的违法行为后，该机构或者是内阁大臣可以通过一系列的方式，对此可能存在的不当行为进行相关的信息收集。金融服务监管局也可以采取书面通知的方法命令被调查者在规定的期限内提交指定的信息文件来进行鉴定。在必要的情况下，也可以要求与被调查人相关的人来进行证明。这种义务属于强制性义务，不得违反。在初步调查以后，如果金融监管机构认为确实存在某些市场违法行为，它可以将具体的案件交给内部的执行机构来调查。作为内部执行机构的部门，享有以下权利：（1）收回对某公司的授权；（2）委派金融服务监管局认可的人员和公司；（3）对市场不当行为作出职权范围内的处罚决定；（4）请求法庭发布强制令和赔偿令；（5）对犯罪进行起诉。[①]

3. 我国对于内幕交易行为监管的执法情况

我国的证监会是监督证券市场交易的宏观管理的主管执行机构，所有的证券

---

[①]井涛. 英国规制内幕交易的新发展[J]. 环球法律评论，2007（1）.

交易行为都通过证监会来进行监管。中国证监会是经过政府的授权,具有履行法定监管职责的法定监管部门。中国证监会的职责之一就是加强对证券业的监管,提高信息披露质量,防范金融风险,防止证券内幕交易现象等。投资者信心、市场与法律的测度方法,以及投资者交易策略等因素都会影响到内幕交易监管的有效性。[①]证监会下设有研究中心、信息中心、行政中心和稽查总队等机构,分工明确,相互作用,共同为证监会的工作而付出努力。另外,证监会还设有办公厅、发行监管部、创业板发行监管部、非上市公众公司监管部、市场监管部、机构监管部、风险处置办公室、基金监管部、期货监管一部、期货监管二部、稽查局、法律部、行政处罚委员会办公室、会计部、国际合作部、人事教育部、派出机构工作协调部、监察局等内幕职责机构。

深圳市证券交易所发布的《中国证监会 2010 年证券行政处罚分析报告》中显示,我国证券执法水平有了显著提高,证监会在这一过程中发挥了巨大的作用。专项分析也显示,我国证监会的执法水平和效率不低于资本主义国家。但是近年来,有关证券侵权的行为屡见不鲜,尤其是内幕交易行为时有发生。目前,我国上海、深圳等很多地区都建立了"证券监控预警系统",这在一定程度上对证券内幕交易的行为起到了遏制作用。但是由于内幕交易案件逐年增多、作案手段千奇百怪、形式多样,取证难,认证难,给证监会在监督和执法的过程中造成了一定的困难。加之我国的法律法规还没有得到全面的覆盖和健全,所以,从长远来看,遏制证券内幕交易行为任重而道远,打击证券内幕交易行为的环境也是不容乐观。近年来,短线交易制度作为规范内幕交易的重要预防措施被各国广泛采纳。[②]

## 三、我国加强证券市场内幕交易监管的改进措施

内幕交易对证券市场公平原则的损害、引发的道德危机和对信赖基础的破坏等危害绝不容我们小觑。从我国这种证券市场起步晚、发展慢、问题多的现状来看,加强内幕交易监管的力度,制定切实可行的方针政策迫在眉睫。有必要通过以下几个方面来加强监管,实施具体改进措施和建设完备制度。

### (一)加强预防监督,扼杀内幕交易行为于摇篮

俗话说,"防患于未然"。预防,在任何事物进行活动过程中都占据着重要

---

①姜华东. 证券市场内幕交易监管的有效性分析[J]. 上海金融, 2009(8).
②郎伟芳. 短线交易归入权制度研究[J]. 现代商贸工业, 2011(6).

地位。因此，我们必须将预防作为防范内幕交易行为的重要环节来抓。

1. 完善我国的信息披露制度

信息披露制度是证券市场有效合理运行的基石和核心，关系着证券市场能否健康发展。信息披露的公正、透明、及时、准确和完整，对减少市场投机，防止市场操纵，保护投资者权益至关重要。[①]必须对我国现行信息披露制度进行完善。首先，我国应该将国家政策、法规制定中列为重要信息的纳入要求披露的内容之中；其次，将政府及其各部门对特定上市公司的管理活动和政策纳入披露之列；再次，将公司外部对某上市公司的证券价格有重大影响的信息列入"重大事件"的范畴。只有将这些该得到披露的信息完整地暴露于阳光之下，那些偷摸的内幕交易勾当才无法存活。

2. 完善我国的群众监督制度

我国是社会主义国家，我们为了群众的利益而奋斗。人民群众创造了生产力，群众的力量是无穷的，他们是掌握实践的佼佼者。自上而下的管制并不能代替群众的意见，只有建立完善的群众监督制度，让群众有话说，有渠道发表意见和揭露不法交易行为，才能集合更多的智慧和真理。证券市场内幕交易案件的线索往往来源于两个方面：一是新闻媒体的报道和群众的举报；二是证券交易所上报的异常交易情况。[②]要通过建立信访制度、举报制度、新闻舆论监督等具体措施，将证券内幕交易行为曝光。这样也可以从侧面提高群众参与治理国家的权利和能力，有效发挥群众的积极性。

3. 完善我国的行政监管制度

我国的行政执法机构首先应该是行政机构。在真正的执法过程中，经常出现各部门之间相互推卸责任的情况，这样就导致了出现事故后的无人负责状态，给执法带来了很大的不便。国务院和证监会应当各司其职、各谋其位，避免职能混淆、交叉和真空。另外，在性质上，作为一个事业单位，只有经过法律的特别规定或授权，证监会才能履行行政执法职能。但证监会作为证券业监管的主要机构，应当极大发挥其作用，处理好具体的业务事项。

**（二）完善司法制度、赔偿制度和归责原则**

建立切实可行的担责原则和赔偿方法是解决内幕交易的根本方法。我国的追

---

①陆正飞，汤立斌，卢英武. 我国证券市场信息披露存在的主要问题及原因分析[J]. 财经论丛，2002（1）.

②孙丽媛. 浅析证券市场内幕交易法律监管的完善[J]. 经济与法，2010（2）.

责仅限于行政责任，在民事责任和刑事责任的追究上呈现部分空白。这就削弱了对内幕交易的惩罚力度，故应当借鉴英美发达国家的经验，从行政、刑事、民事各个方面制定具体的赔偿措施和承担责任的方法。在民事方面，适当开放证券法中的私人直接诉讼，并对民事责任承担的条件、民事责任承担的形式、损失的计算及计算方法以及赔偿的具体范围和幅度、归责原则[①]和因果关系（美国证券诉讼中采用"市场欺诈理论"对因果关系的存在以法律特有的推定方式来加以认定）[②]等方面作出规定。在刑事方面，大力追究证券内幕交易犯罪行为的责任，从重处罚，彰显我国刑法的威慑力。到目前为止，我国还未出现有关内幕交易的司法判例。这就说明司法手段并未得到有效的执行和贯彻。证券的监管活动应当积极有效地利用司法手段，对违反法律、危害市场的内幕交易行为给予毫不留情的法律制裁，只有这样才能真正落实法律法规的规定，打击内幕交易行为。

### （三）加强执法力度，对内幕交易行为绝不姑息

我国证券市场具有一定的散漫和混乱性，这就要求在加强制度建设的同时必须重视执法力度，这是打击内幕交易行为、规范证券市场的关键所在，也是重中之重。我国虽在建立制度上有所改进，但是在实际操作过程中仍存在着诸多弊端和问题，其中一个关键因素便是调查取证困难。针对这一现象，我们必须极大发挥证监会查处内幕交易过程中的稽查和执法权力。另外，借鉴国际经验，采取"举证责任在辩方"的制度，减轻证券执法取证难度。同时，对执法过程中的工作人员也严格要求，加强培训，对违法犯罪行为严厉打击，决不允许纵容枉法的现象存在。

我国虽然制定了一系列的法律法规来禁止内幕交易，但是长期来看，有些人对法律的设置熟视无睹，仍旧猖獗。其中的缘由主要是执法机关打击此种违法犯罪行为的意愿并不强烈。因为执法难度大，导致执法机关丧失了主动行使职责的信心，只好"睁一只眼闭一只眼"，采取放任态度。为了提高执法机关的执法水平，应当进一步强化证监会内部的稽查队伍，对执法人员进行严格的专业、实践锻炼，培养他们认真执法的态度，增强其执法能力。

只有加大执法力度才能有效震慑内幕交易行为，否则再多的法律条文规定也只能是一副"空皮囊"，得不到有效发挥。

---

①何佳，何基报. 规范信息披露制度，打击内部交易行为[N]. 中国证券报，2002-03-06（4）.
②彭燕飞. 我国证券市场内幕交易法律规制研究[D]. 北京：北京物资学院，2003.

### （四）建立改善证券市场基础设施，完善交易制度

我国处于社会主义经济建设的初期，许多市场制度尚未完善，由于市场调解的滞后性等缺陷，必须通过政府调控来改善证券市场环境，完善交易制度。

"经济基础决定上层建筑。"美国相对来说能够更为有效地查处内幕交易行为，是因为美国具有完善的市场基础设施。美国具有严格的账户管理体制，利用虚假账户进行交易困难重重。而在我国，证券交易过程中普遍存在着利用虚假信息开户交易的现象，这就使我国的实名制形同虚设。因此，必须改善证券市场的基础设施，让此类虚假账户、虚假信息无法生存。

另外，还必须完善我国的证券交易制度。在建立完善信息披露制度的同时，有必要建立信息知情人员的定期报告制度，加强信息的流通保密性，预防内幕知情人运用自身职务之便对内幕交易和股价进行操纵。

### （五）完善证券交易立法，使法律条文灵活可用

对于证券内幕交易行为承担的民事责任，我国《证券法》仅在第七十三条中作了原则性规定，缺乏可操作性。[①]所以我国应当加强和完善对这一方面的立法，使民事侵权行为有详细的法可依。主要从三个方面来入手：一，完善对内幕交易行为侵权的民事赔偿制度。目的是让公民在权利受到侵害后可以请求侵害者进行民事赔偿。二，建立诉讼制度。在这一方面可以参照国际经验建立集体诉讼制度或者股东派生诉讼制度，有效地限制大股东内幕人的权利，保护绝大部分股东的利益。三，采取"辩方承担举证责任"的举证责任制度。减轻诉方的举证责任，使诉讼更加公平。

另外，在内幕交易的违法阻却事由方面，我国的《证券法》尚是空白，在实践中也没有出现相关抗辩案例。《办法》中取消了禁止任何单位、个人以获取利益或减少损失为目的，利用内幕信息进行证券发行、交易活动的规定，似乎显得过于简单和死板，不利于证券市场其他合法证券交易活动的开展和进行。所以，在保留现行规定的同时，还应当增加无获取利益或避免损失的特别阻却违法事由，对内幕信息已经部分公开的也应将其归为内幕交易的违法阻却事由，这样便细化了证券交易的市场规则和法律规定，使得证券交易和法律条文更加灵活可用。

除了上述措施以外，还可以通过完善我国的程序规范，将实体和程序相结合；适当扩大内幕人员的范围；规范上市公司治理结构等措施共同使用，多管齐下，

---

①谢春晖. 内幕交易民事责任制度研究[J]. 商品与质量，2012（6）.

齐头并进；从立法监管和司法监管不同程度上加强对证券市场的控制和调解。

证券市场作为经济发展过程中一个重要的组成部分，经过十多年的发展，在我国的实体经济运行过程中发挥了重要的作用，成为必不可少的一环。但是由于我国市场经济条件不足、制度不完善、透明度不高等原因，逐渐暴露出了许多问题。证券市场在我国社会主义经济市场中占据至关重要的地位，证券市场的健康发展关系着社会主义市场经济的稳定和蓬勃发展。而在发展证券市场中一个重要的环节就是打击证券内幕交易行为，世界各国都通过立法、执法和司法的层面来规范证券市场交易，杜绝内幕交易行为的发生。以上通过对各国证券市场内幕交易法律监管的比较，提出了我国应当借鉴别国的几个方面，并且总结了如何具体规范证券市场、打击内幕交易行为的措施和方法，从而保障公平、公正原则的具体实施，维护证券市场健康、有序、安全的成长和发展。

# 论我国证券市场信息监管的法律规制

引言：证券市场是信息经济的重要场所，信息的全面、及时、有效对于证券而言即意味着价值。证券市场的运转过程就是一个证券信息处理过程，证券市场效率的关键问题是如何提高证券信息的充分性、准确性和对称性。不准确、不及时的信息会直接导致证券市场的失灵，从而危害证券市场的健康发展。因此，健全我国证券信息监管法律体系、明确监管机构及其监管职责和监管内容，是今后我国证券市场健康发展的必备条件。

证券市场监管是为确保证券市场高效、平稳、有序地运行，运用法律、经济、行政等各种手段对证券市场运行的各个环节和各个方面进行组织协调和规划的总称。然而证券市场就本质而言是一个信息市场，证券市场的运转过程就是一个证券信息处理的过程，证券市场效率的关键问题是如何提高证券信息的充分性、准确性和对称性。因此，对证券市场信息的监管是我国证券市场监管的重中之重。

## 一、证券市场信息监管的主要方式——证券信息公开

证券信息公开又称信息披露，它是一个公平、公正及有效的证券市场得以存在的基础。证券信息公开是证券市场发展的基石，它的完善与否直接决定了证券市场有效程度的高低。美国著名法学家布立戴斯在其著作《别人的钱》中写道："公开原则犹如太阳，而太阳是最佳的防腐剂；犹如电灯，而电灯是最好的夜警。"我国证券市场在经过了二十多年的发展后，已经成为我国经济社会生活的重要组成部分，对经济的影响也越来越显著，但是我国证券市场的信息公开制度无论从制度本身还是从执行上看都存在信息公开不够的问题，表现在一些重大信息公开带有很大的随意性和主观性，极大挫伤了股民、债券投资者的信心。因此对信息公开的规范研究是资本市场健康发展的关键所在。

### （一）证券信息公开制度产生的基础

证券信息公开制度，是指证券市场上的有关当事人在证券的发行、上市、交易等一系列相关活动中，必须依照法律或相关制度将与证券有关的信息资料真实、

准确、完整而又及时地予以公布，以便投资者能够评估特定证券的价值和风险并做出投资决策的一种法律制度。① 此制度最早起源于英国。英国 1884 年的公司法中就有关于公司募股时须将招股章程交由公司注册处注册的规定。信息公开是美国证券监管体系的基础性原则和制度，最早确立于 1933 年的《证券法》和 1934 年的《证券交易法》，在此后一系列特别单行法律中，信息公开原则得到进一步体现。② 如今信息公开制度已发展为现代证券市场的核心制度。

1. 证券信息公开制度产生的理论基础

对信息公开制度产生的理论基础进行分析，有利于我们从更深层次通过经济、法律等手段对证券市场信息进行监管和规制。它产生的理论依据包括：契约理论、交易成本理论以及信息不对称理论。③

在契约理论中，由于契约的不完备性，它不能完全明确规定经理人员在什么情况下干什么、得到什么及负怎样的责任，因而经理人员需要监督与激励。监督经理人员的一个重要途径，就是股东要求经营者向其进行信息披露，报告其经营管理情况。

交易成本是指投资者搜寻关于证券品质的信息是要付出成本的。交易成本理论的主要观点是由于交易成本的存在，在没有强制披露法规的情况下，投资者要单独搜寻信息，每个投资者都进行这种重复的劳动。解决的办法就是进行强制信息披露，通过这一制度强制进行信息的供给，解决股东单独搜寻信息的成本问题。

信息不对称理论指交易的一方对另一方具有信息优势。在证券市场上公司经营者相对于投资者掌握更多的信息。信息不对称会导致事前的逆向选择和事后的道德风险。

2. 证券信息公开制度产生的现实基础

在当今社会，信息已经成为一种宝贵的资源，拥有信息优势的人相比其他市场参与者处于更有利地位，并且可以明显感受到信息不对称程度越高，二者在市场中的地位差别越明显。因此，从各国各地区的立法情况来看，主要采用的是信息不对称理论对证券市场的信息进行规制。

信息不对称是证券市场的典型特征。证券信息使用者与提供者之间，如发

① 李勋. WTO 与我国证券法的信息披露制度[J]. 理论月刊，2005（2）.
② 叶林. 证券法[M]. 北京：中国人民大学出版社，2000：136.
③ 孙旭. 美国证券市场信息披露制度对我国的启示[J]. 经济纵横，2008（2）.

行人与投资者之间、证券经营机构与客户之间、证券交易所与投资者之间以及证券主管部门与其他市场参与者之间存在获取信息的不平等性，最突出的是发行人与投资者之间的信息不对称性，这是证券市场的特有问题。由于交易双方有信息优劣的差异，如内幕人员对公司的状况较外部人员具有优势，证券商相对于一般投资者更能掌握证券市场最新动态，因此信息优势的一方可轻易获利而一般投资者会因此受损，甚至认为游戏规则不公平而退出市场，中小投资者面临较大的投资风险。同时，由于投资者对证券市场上足以影响价格的客观事实缺乏了解或者披露义务人故意隐瞒事实真相、掩盖真实信息甚至提供虚假信息，造成证券信息的不完全性。此外，搜集和处理信息的高昂成本以及搭便车现象使得即使主观上愿意开发信息资源的市场主体也失去其积极性，从而导致证券市场信息供给不足。证券市场信息是证券市场投资人投资决策的依据，为缓和并改变这种不对称分布，保护处于劣势的市场参与者的合法权益，通过对证券市场进行信息披露的监管来实现市场参与者的地位平等和机会均等，进而实现公平和正义的价值目标就成为必然选择。[1]

### （二）证券信息公开的标准

信息公开应当有一个基本尺度，依照这一尺度进行公开，公开者的行为有效；违反或未达到该基本尺度的，公开义务人要受到法律制裁。[2] 信息公开制度的有效标准主要从信息公开的真实性、准确性和全面性三个方面考虑。

#### 1. 真实性

真实性，主要是指发行者公开的信息资料应当准确、真实，不得有虚伪记载、误导或欺骗。可以从两个方面来判定信息披露是否达到了真实性的标准。首先，公司公开的信息必须是客观真实的事实，这些事实发生在公司的经营管理及其证券流通的过程中。虚构的信息及与公司没有关联的信息的公开都将干扰投资者的投资判断，影响证券的市场价格。其次，所公开的信息必须与发生的客观事实相同。信息公开必须借助于一定的载体，客观发生的事实与公开的信息必须相同才能达到信息公开真实性的标准。

#### 2. 准确性

信息公开的准确性指证券发行公司、相关政府部门及相关媒体公开信息时，必须明确地表明其含义，其内容与表达应通俗易懂，不得使用模糊的用语以及

①李东方. 证券法学[M]. 北京：中国政法大学出版社，2007：106.
②段志平. 论证券市场监管中信息披露制度的完善[J]. 中北大学学报（社会科学版），2005（6）.

容易引起他人误解的词语。判断信息是否准确，应以信息的内容是否产生歧义结果、是否会使人误解为标准。公开的信息应该能被社会上普遍的投资者及经营者所理解。

### 3. 全面性

信息公开的全面性即要求证券市场信息公开主体所提供给投资者及经营者判断证券投资价值的有关资料必须全面，不得故意隐瞒或存在重大遗漏。全面的信息公开是投资者及经营者能够、公平、准确地判断投资信息的前提条件。反之，如果公开的信息存在缺失，则必然导致信息不完整，即使已公开的信息全部是真实的，也会导致信息公开整体上的虚假性。

## 二、当前我国证券市场信息监管存在的问题及原因

### （一）当前我国证券市场信息监管中存在的问题

#### 1. 证券监督管理机构监管过程中存在的问题

中国证监会及其所属地方证监会是我国证券市场监管的主体，以自律性监督机构为补充，但是在我国证券监管体制中这一体系并未完全发挥作用。主要表现在以下几点：

（1）发现问题不及时。上市公司首次公开发行股票时的招股说明书应当是最为详细的，同时也应当是最容易发生问题的。但是，一些上市公司为了顺利地发行股票与券商合谋作假，造成证监会不能及时发现问题。

（2）对违规行为处罚不严。尽管我国《证券法》第一百九十三条、第二百条及《最高人民法院关于审理证券市场因虚假陈述引发的民事赔偿案件的若干规定》中规定了对提供虚假信息的处罚办法和赔偿办法，但在现实中证监会很少按照上述规定进行处罚，并且对投资者的补偿也非常少。

（3）对投资者的民事权益保护不够完善。我国《刑法》第一百六十条、一百六十一条、一百八十一条等条款规定了违反信息公开义务的刑事责任，《证券法》第一百八十九条、一百九十三条、二百零七条规定了违反信息公开义务的行政责任，但对于民事责任的规定则不够完善，其中大多数规定仅仅是原则性的，并不具备可实施性，缺乏必要的配套措施，不能对投资者的经济损失给予必要的补偿。[①]

---

① 李国光，贾纬. 证券市场虚假陈述民事责任赔制度[M]. 北京：法律出版社，2003：186.

2. 专业中介机构缺乏自律性

对资产评估事务所、会计师事务所、律师事务所等中介机构的监管一直是我国证券市场信息监管的重点。中介机构是否勤勉尽责，是否按照行业公认的标准及道德规范对上市公司相关文件、数据进行检查和验证，并对自己出具的文件的真实性、准确性和完整性承担保证责任决定了信息公开是否具有可信性。在当前的环境下，投资者的信息来源大部分依靠中介机构，但是，有些中介机构为了谋取不当利益，严重违反职业道德，为企业提供虚假证明，做虚假账目，为上市公司公开虚假信息提供方便。

3. 新闻媒体在信息公开中存在的问题

新闻媒体在证券市场监管中起着全方位的贯穿作用，它以证券市场为关注对象，持续报道股市每日的价格变化和市场的行情走向，专门报道证券市场上风起云涌的事件，它与证券市场共生共荣、相互影响，构成证券市场不可缺少的一部分。但是，中国的大多数传媒具有官方或半官方的性质，具有很强的政策性，因此，不可能完全站在中小股东的立场为中小股东的利益服务。部分新闻媒体与上市公司勾结，瞒报或虚假报道证券信息，严重破坏了证券市场的正常交易秩序。

## （二）我国证券市场存在信息监管问题的原因

1. 证券信息公开监管法律体系不健全

随着我国证券市场不断发展，证券信息公开监管的法律制度也在逐步完善。目前我国已初步形成了以《公司法》《证券法》《会计法》《注册会计师法》为核心，以行政法规和规章及刑法配套的多层次监管法律体系。但目前各管理机构制定的法规、制度比较分散，可操作性不强。主要表现在两个方面：一是作为基本法的《公司法》和《证券法》对强制审计没有给予合理的关注，《公司法》仅对年度报告的审计作出规定，而《证券法》则未作出任何有关强制审计的规定；二是未对民事归责原则作出明确规定，使得针对信息披露的违法行为的民事诉讼可操作性不强，不能对违法者构成实质性制约。[①]

2. 自律性机构错位

我国中介机构是计划经济条件下的产物，风险意识差、职业道德水平不高、品牌意识欠缺，与市场经济的要求存在明显的差距。由于我国股票发行审批制度有很强的行政色彩，在此制度下，由掌握指标分配权的政府部门对希望发行股票

---

①冷雪莲. 上市公司披露虚假信息的动因分析[J]. 内蒙古科技与经济, 2006（10）.

的企业进行筛选和审批后作出行政推荐。而中介机构特别是主承销商只是充当政府的附属，其评价、选择和推荐企业的职能不能充分发挥，有的中介机构在政府有关部门授意下，甚至帮助企业制造数据、"包装"上市。[①]同时，以行政手段直接干预注册会计师审计过程和最终的审计意见，养成了事务所的"无风险"意识，忽视内部质量控制，导致会计师市场混乱。

3. 对新闻媒体的新闻发布缺乏约束

作为投资者保护体系中一支重要的制衡力量，媒体的监督作用不容忽视。对我国这样一个司法相对薄弱、民间力量尚未充分发育的国家来说，媒体主动介入，行使监督权，具有维持证券市场生态平衡的重大意义。然而，从现实情况看，由于司法权地方化等原因，媒体的舆论监督地位仍很尴尬，宪法所赋予的言论自由权利仍不具有操作上的意义，对其与上市公司勾结、瞒报或虚假报道证券信息行为缺乏制裁措施。

## 三、完善证券信息监管的法律措施

### （一）改善上市公司法人治理结构

上市公司发布虚假财务信息的受害者往往是中小投资者，因此在改善公司法人治理结构的过程中，应该把保护中小投资者的利益放在首位，中小投资者有了参与和监督上市公司的权利和热情，就能防止大股东一手遮天，减少公司管理层操纵利润的可能性。但是由于中小投资者直接参与公司管理的成本巨大，对于个人素质要求较高，所以，不妨大力发展机构投资者，利用机构投资者的投资管理人员和市场分析技术代投资者对上市公司的经营业绩作出评价，代中小投资者进行资产配置。这就要求健全现代企业上市公司法人治理结构，完善董事会的结构功能，严格按《公司法》要求形成股东大会、董事会、监事会与高级经理人员相互依赖又相互制约的公司治理结构，建立层次分明的人事管理制度，构建一个权责明确的管理体系。[②]

### （二）完善监管立法，明确法律责任

1. 加强立法和执法，完善证券信息公开制度

市场经济是法制经济，完善的证券市场法律体系是信息公开制度的根本保证。

---

[①]饶丽佳，王飞. 我国证券市场信息披露制度存在的问题以及对策分析[J]. 价值工程，2006
（2）.

[②]彭冰. 中国证券法学[M]. 北京：高等教育出版社，2007：223.

中国证监会制定了多个法规，对信息公开的内容、形式以及预测性信息、分部信息都作出了比较明确的规定。但是，上市公司信息公开是一个系统工程，不只涉及《证券法》的规定，同时需要相关法规的支持，比如《企业会计制度》等。在完善信息披露制度的同时，应加快相关法规的建设步伐。

2. 明确法律责任，加强执法

完善的法律责任体系有助于信息公开制度功能的实现，确保信息公开的真实、准确、及时，抑制违法犯罪行为，补偿投资者的损失，平衡当事人的利益，实现社会正义。[①]在证券市场交易中，违法者往往通过对证券市场信息的虚假陈述对投资者造成干扰进而破坏证券市场信息公开制度。因此对违法者法律责任的明确是十分重要的。例如，在上市公司信息公开的相关规定中，我国《证券法》第六十九条就规定了："发行人、上市公司公告的招股说明书、公司债券募集办法、财务会计报告、上市报告文件、年度报告、中期报告、临时报告以及其他信息披露资料，有虚假记载、误导性陈述或者重大遗漏，致使投资者在证券交易中遭受损失的，发行人、上市公司应当承担赔偿责任；发行人、上市公司的董事、监事、高级管理人员和其他直接责任人员以及保荐人、承销的证券公司，应当与发行人、上市公司承担连带赔偿责任，但是能够证明自己没有过错的除外；发行人、上市公司的控股股东、实际控制人有过错的，应当与发行人、上市公司承担连带赔偿责任。"[②]本条主要规定了违反证券市场信息公开制度应承担的民事责任，但对行政责任和刑事责任规定过轻，不足以达到预防和惩戒犯罪的目的。

同时，应当加大执法力度。因为当前我国上市公司信息披露不规范、不真实的主要根源在于经理人员，特别是公司领导人对会计过程非法干预，如不追究其责任就不能根本地解决问题。

3. 完善以证监会、交易所为主的信息披露监管体制

《证券法》第七条第一款规定："国务院证券监督管理机构依法对全国证券市场实行统一监督管理。"这给多年来一直悬而未决的中国证监会的法律地位以最高权力机构立法的确认，但证监会权力的整体配置状况依然令人不满意。一方面，与国外的证券监管部门相比，中国证监会缺乏两个重要的权力：一是

---

①祝丽娟. 试论我国证券市场信息披露的法律责任问题[J]. 法制与社会，2009（10）.

②曹震宇. 证券市场中虚假陈述行为的归责原则[J]. 法制与经济，2009（7）.

以自己的名义代表国家或受侵害的不特定的公众投资者起诉证券市场违规者并要求民事赔偿的权力，二是调查银行账户和电话记录的权力。当前不少违反信息公开制度的上市公司，隐瞒信息以便进行内幕交易，或者散布虚假信息以便联合庄家操纵市场、牟取暴利，不知情的中小投资者无形中成了利益的"受损者"。由于股票市场股民的分散程度和流动性均较高，同时起诉的可能性很小，中小投资者需要国家公诉机关代表他们提起民事诉讼，而目前我国唯一的公诉机关——检察院只有刑事公诉权，所以中国证监会有必要取得民事公诉权。[①]另外，由于受商业银行法保护账户条款的限制，证监会至今没有权力调查个人投资者在银行开立的账户，从而无法及时地调查操纵市场行为、内幕交易等违法活动，而这些违法活动又往往与违规信息公开紧密相连。进一步讲，缺少银行账户与电话记录的调查权影响了证监会充分履行其监管上市公司信息公开的职责。另一方面，与刚成立时相比，证监会的权力实际上已有了相当大的扩张，而且随着其权威的逐步树立，官僚主义之风开始抬头。就对违反信息公开的调查处罚而言，并没有规定完善的调查程序和处罚程序，也没有给予违规者和被处罚者陈述、辩解、申诉、上诉的权利。

因此，应当改善信息公开制度的环境与实施机制，构建完善的、可操作的信息公开责任机制，强化上市公司执行层对公司信息公开准确性、完整性、及时性的责任，包括足够的行政责任、刑事责任和民事责任，对财务欺诈行为形成有效的法律约束机制。

### （三）强化自律机制

完善自律管理，确保自律组织的独立性——独立于行政机关，在法律地位、经费、人员、法定权利上保持独立性，实现法制引导下的自治。体现自律组织的专业性，从每个证券商建立内控制度入手，各地证券监管分支机构对辖内证券机构应严格审查，协助其建立高效的自律管理机制，在证券业协会统一组织、协调下，形成真正的证券业自律管理体系。同时应提高证券市场中介机构素质，制定严格的从业人员市场准入规则，并通过培训，提高从业人员业务技能和道德素质，充分发挥证券中介机构服务与监督作用，增强中介的功能。[②]

---

①关俭科. 论证券市场信息披露监管制度之法律本质[J]. 湖南行政学院学报，2008（6）.
②李东方. 证券法学[M]. 北京：中国政法大学出版社，2007：208.

### （四）加大媒体监督

证券报道应立足于保护投资者尤其是作为证券市场脊梁的中小投资者的合法权益，维护经济秩序和社会公共利益，促进社会主义市场经济的发展。新闻舆论监督在很大程度上提高了广大股东获取信息的时效性、准确性和公正性，增强了大股东和中小股东在获取信息方面的公平性。新闻舆论监督不同于行政性监督、行业规制上的监督，也不同于法律监督，它以特殊的公开性、透明性，披露人事，使利益驱动下的违法违规行为在光天化日、众目睽睽之下无法掩饰、逃避。它虽然没有刚性的强制力，却有无形的影响力。我国证券市场欠成熟，参与市场的上市公司、证券商由于缺乏经验或受暴利思想的驱动，难免会产生一些违法违规现象，证监会、证券交易所以及证券业协会的监管在形式和所涉范围上都会由于法律规制的局限或能力欠缺而不力，新闻传媒却能以自己独到的方式对证券市场进行全面而多样化的监督，其监督作用也是极为必要的。①

《中国新闻工作者职业道德规则》第 1 条也规定了要全心全意为人民服务。这决定了新闻舆论监督的价值追求。一般来说，中小投资者作为股东中的弱势群体，与大股东之间明显地存在着信息分布的不完全和不对称。现在有很多上市公司对中小股东的咨询采取的是搪塞敷衍的态度，这就使得中小股东通过上市公司直接获取信息的有效性大打折扣。证券报道公正性的特点，使得媒体的报道成为中小投资者获取信息最有效、最及时、最主要的渠道。

## 四、结论

综上所述，首先应从健全和完善法律法规做起。修订法律中不适应市场发展的条款，出台相应的实施细则使之更具可操作性，尽快与国际接轨，引入民事诉讼和民事赔偿机制，强化民事赔偿制度等。但是我们也必须现实地看到，仅有法律法规是不够的，保证法律法规的贯彻执行更重要，否则，再完善的法律法规也是形同虚设。

其次是事前防范、事中控制、事后严惩三管齐下，加大处罚力度，维护监管机构的权威性和严肃性。证监会是信息公开监管的最后一道防线，必须在法律上确立证监会最高监管机构的地位，赋予其更大的权力。只有在违规者头上高悬监管的利剑、真正触及其经济利益才能使造假者不敢再造假，使想造假者

①吴青云. 中国证券市场信息披露存在的问题和对策[J]. 实事求是，2008（3）.

望而却步。

　　此外，营造良好的监管环境也同样重要。市场中的每一个参与者都有营造良好监管环境的责任。公司本身是没有能力单独完成全部造假工作的，它需要方方面面的配合，甚至包括政府部门和有关审批机构，监管者竟然成了造假的参与者。也正因为如此，才使得监管如抽丝剥茧般艰难。只有每一个参与者都能勤勉尽责地履行自己的监督职责，扮演好自己该扮演的角色，站在自己该站的位置上，才能使违规者在市场中无容身之地，才能维持市场公平的竞争秩序，才能形成良好的监管环境。

# 第五编
## 民间融资问题研究

# 当前我国民间融资的风险成因及防范

引言：随着我国经济的快速发展，民间融资在市场经济中的作用凸显，成为社会融资的重要组成部分。随着民间融资数量的增多和规模的扩大，越来越多的风险隐患暴露出来，但相关法律规定严重滞后，因此研究民间融资的风险成因、提出防范风险的对策建议对其规范发展具有重要意义。

民间融资作为我国社会经济生活中的一种融资方式具有悠久历史。在 21 世纪的今天，民间融资更是被激发出了蓬勃的生命力。民间融资具有两面性，若运用得当，将会充分发挥闲置资源的优势，促进我国经济的繁荣；若不加以规制或规制不当，一些不法分子将会利用民间融资的途径进行违法犯罪。近年来，民间融资的规模不断扩大，民间融资纠纷时有发生，甚至在一些地方造成动荡，严重危害了金融秩序和经济发展。因此，研究民间融资风险的成因，并采取有针对性的风险防范对策，使其变害为利，对促进经济发展、稳定社会秩序具有重要意义。

## 一、民间融资的特点

目前我国还没有法律来明确民间融资的具体含义，学者对民间融资的含义也有不同理解。有学者认为民间融资是存在于国家金融机构之外的资金融通行为。[①]该定义以是否被纳入国家金融体制内为标准，区分民间融资和金融机构的行为。显然这样的定义具有局限性，我国的社会融资除了正规金融机构的融资之外，还包括民间融资、政府和国有企业的融资。政府和企业的融资也位于金融机构之外，所以说，以上定义具有片面性，不能够准确地概括民间融资的含义。还有学者认为民间融资发生在出资人和筹资人之间，是以取得资金的使用权并支付高额利息为目的，并且游离于金融机构之外的资金流通行为。[②]该定义在一定程度上揭示了民间融资的基本特征，但还存在不足之处，原因在于并不是所有的民间融资都会产生高额的利息。有些发生于自然人之间的民间融资根本就没有约定利息，仅

---

①原艳. 试论我国民间融资的风险防范[J]. 时代金融，2012（33）：136-173.

②陈蓉. 对中国民间融资法律规制理念的思考[J]. 武汉金融，2011（8）：48-51.

仅是为了互帮互助，还有些民间融资的利息与银行利息一致。

故笔者认为：民间融资是发生在正规金融机构之外的自然人、企业和其他组织之间，按照法律的规定，通过民间借贷、票据、有价证券等形式进行的资金融通行为。与正规金融机构相比，我国民间融资具有以下特点。

### （一）民间融资的主体具有广泛性并且越来越多元化

民间融资的主体包括自然人、企业和其他组织。也就是说，除了政府和金融机构以外，其他主体都可以参与到民间融资中来。由此可见我国民间融资主体的广泛性和多元性。

我国民间融资的历史悠久，最早发生在自然人之间，通常是亲朋好友、街坊邻居为了互助互济而产生的民间借贷。这种形式的民间融资主体较为单一，并且主体之间相互熟悉。后来随着我国民营经济的发展，一些中小企业为了满足资金需求，基于信用向亲朋好友借用资金并向其支付相应利息。随着我国中小企业的壮大和数量的增多，自然人与企业之间的民间借贷行为越来越频繁地发生。随着民间借贷的兴盛，产生了一些专门的中介机构，如小额贷款公司、担保公司、典当行等，还有许多企业面向社会公众公开进行合法或非法的融资行为。

### （二）民间融资的行为方式较为自由灵活

相对于金融机构，民间融资的行为方式更为自由灵活。正规金融机构的融资程序复杂、审核周期长、门槛高。而民间融资所受到的限制较少，只要不违反法律法规的禁止性规定，当事人可以自行约定。另外民间融资的方式较为灵活。民间融资合同中有关融资用途、期限、数额、利息、还款方式等条款都是由双方当事人自行约定，而不是一方事先制定的格式条款。比如，大多的民间借贷手续较为简便，只需要双方意见一致，出具借条或者借据就可以了，有些借贷甚至不需要提供担保，有些约定利息，还有些不约定利息等，并且还款方式也较为自由和灵活。与银行借贷相比，民间借贷省去了很多烦琐程序，更为便捷。这也是民间借贷虽然利息高，却仍受中小企业青睐的一个重要的原因。[①]

### （三）民间融资规模越来越大

我国民间融资经过近几年的发展，特别是从 2004 年至今，其规模越来越大。根据中央银行的一份统计数据，2011 年我国民间融资的总金额大约为 3.38 万亿元，占当时银行总贷款数额的 6.7%。[②] 一年后，民间融资数额增长到 5 万亿元，

①田竞宸. 民间融资问题探析[J]. 财会通讯，2011（2）：17-18.

②闫春英. 我国民间融资的风险及发展路径选择[J]. 经济纵横，2013（1）：82-85.

同比增长 38%，相当于 2012 年银行总贷款数额的 8%。越来越多的自然人、企业和组织参与到民间融资中。

民间融资规模之所以发展如此快速，笔者认为主要有三个方面的原因：一是随着经济的发展，人们的收入越来越多，手中闲置的资金也越来越多。二是从需求层面上来说，企业对于民间融资的需求也越来越大。近些年，我国中小企业数量达到了前所未有的程度，而制约中小企业发展的一个最大因素就是资本问题。融资难成为绝大多数中小企业面临的难题。我国金融机构更愿意将资金借贷给信用较好的大企业，而对于中小企业的贷款存有较多限制。在此背景下，中小企业为了自身发展，不得不转向民间借贷。三是我国金融机构财政收紧也是造成民间融资规模扩大的一个原因。为了避免我国经济过热，我国金融机构对于贷款做出了严格限制，加大了企业向银行贷款的难度。因此，民间借贷快速地发展起来。

### （四）民间融资目的多元化

以往的民间融资大多发生在亲朋好友之间，借贷的目的主要是满足生活资料消费的急切需求。例如，个人因结婚、买房、买车等原因而向熟悉的亲戚或者朋友借贷，缓解一时之需。该种借贷法律关系较为简单，主要表现为亲朋好友之间的互惠互助。而今天，民间借贷的目的不仅仅是为了满足生活需要，更多的是为了满足生产需求。我国正规金融机构对于借贷要求较多，门槛高，且正规金融机构更愿意将资金借给信用较好的大企业，而中小企业融资较为困难。中小企业为了促进生产、扩大生产规模，不得不诉诸民间借贷。除了满足生产需要以外，民间融资还有其他的目的。在民间融资初期，大部分资金流向了实体经济，然而随着我国经济发展和产业结构的调整，民间融资流向也呈现出多元化。伴随着我国房地产的发展，越来越多的民间融资流向该产业。在民间融资的用途中，投向房地产业占有很大比重。例如，一些房地产商为了满足资金需求，不惜以高额利息向民间进行借贷。此外，还有一部分的民间融资流向股票、期货、生活消费等市场。在现实生活中，利用民间借贷进行炒股的现象并不少见。

## 二、民间融资的风险及成因

### （一）民间融资的风险

我国民间融资的风险大致可以分为三类：法律风险、金融风险和社会风险。

1. 民间融资的法律风险

民间融资的法律风险包括民事法律风险和刑事法律风险。

（1）具有民事法律风险。民间融资是发生在平等主体之间的民事法律行为，因此受民事法律的规制。那么在融资过程中，产生的所有关于债务履行的问题，属于民事法律风险。民间融资的民事法律风险有着各种表现，主要表现为合同风险①，具体可以分为合同无效的风险、合同瑕疵的风险和合同履行不能的风险。合同无效的风险主要表现为融资双方在签订合同时，超出法律规定的范围，因此不受法律保护；或者融资双方订立的合同违反法律的规定，当然不受法律的保护。例如，利用合法的形式掩饰非法目的的融资是违反法律的，情形严重的可能会触犯刑法。合同瑕疵的风险是指合同的内容存有异议，或者违背了当事人的真实意思表示。例如，在民间借贷合同中，常常会发生这样的情形，即当事人因为还款的时间、利息等约定不明而产生民间借贷纠纷。此外，合同履行不能的风险，也可称为债权不能实现的风险，是指债权人交付资金之后，债务人没有按照约定履行相应的义务。在现实生活中，很多的企业在进行民间融资之后，因为经营不善或者其他原因，无法偿还借款本息。

除了合同风险之外，民间融资还存在时效风险。该种风险在民间借贷中表现尤为明显。通常民间借贷的诉讼时效为2年，时效非常短，极不利于出借人权利的保护。出借人将资金出借给借款人，由于不了解2年的诉讼时效或者忘记了主张权利等原因，最终可能会失去了胜诉的权利。

（2）具有刑事法律风险。民间融资之所以受欢迎，一部分原因在于民间融资操作便捷、程序简单，并且存在着高利息。相对于正规金融融资来说，我国对于民间融资的监管力度不强，存在着很多的漏洞，因此，很多怀有不良之心的人在高利息的驱动下，铤而走险，触犯了刑法的规定。与民间融资密切相关的刑法罪名有集资诈骗罪、非法吸收公众存款罪、擅自发行公司或企业债券罪、高利转贷罪②等。

具体表现主要有以下几种：第一，一些中小企业为了解决融资难问题，擅自通过发行债券获得融资。该种行为涉及民众的切身利益，因此我国法律对债券发行主体做出了严格的限制，只有具有主体资格的公司或者企业才被允许按照法定的程序发行债权，否则将会触犯刑法，构成擅自发行公司、企业债券罪。第二，通常情况下，民间借贷的利息要高于正规金融机构规定的利息，由于两者之间的利息差显著，使得一些不法分子受利益的驱使，从银行获得贷款之后，转手再以

---

①祝淑娟. 我国民间借贷风险的法律防范研究[D]. 长春：吉林财经大学，2013.
②张强. 民间借贷的发展现状、风险分析及其法律规制[J]. 金融纵横，2013（1）：55-63.

高于银行贷款几倍的利息贷款给其他人。上述转贷行为所造成的风险极大，不仅会导致银行贷款的风险，还会破坏金融管理秩序。第三，近些年，在温州发生了几起非法吸收公众存款犯罪，例如温州吴英案。一些企业经营不善或者盲目投资造成资金链断裂，因无法获得银行贷款，将目光转向了民间借贷，隐瞒公司真实经营状况，向亲朋好友、左邻右舍、企业员工借钱。第四，一些不法分子以民间融资的名义进行集资诈骗的现象也不少见。通常集资者会以高于银行贷款的利息向亲朋好友进行借贷，在借款人尝到甜头并且信任该集资者时，集资者以更高的利息再进行借贷，最后将大量的资金占为己有并逃之夭夭。

### 2. 民间融资的金融风险

由于民间融资缺少监管，运行中存在着很多不规范的地方，会扰乱我国金融秩序。大量资金在正规金融机构外流动，不仅会减少银行的信贷资金，还影响了政府准确地评估资金走向，从而影响重大决策的做出。民间融资由于缺少政府引导，受利益驱动，往往投资于高利息的行业，容易引起投资过剩，企业最终因为承受不了高额利息而走向破产。当这种情况不止在一个企业发生，而在多个企业发生时，会严重地影响区域经济发展，甚至会造成区域性金融危机。除此之外，非法的民间融资行为，例如集资诈骗罪、非法吸收公众存款罪更是极大地危害了金融机构的正常秩序。再如，民间的"地下钱庄"，不仅经营贷款业务，还吸收公众存款，这些"地下钱庄"的存款利息往往高于银行利息，会吸引一批人进行存款。然而这些"地下钱庄"没有经过相关部门批准，一旦产生问题，将会造成一定的金融风波。

### 3. 民间融资的社会风险

民间融资对社会的安定团结、和谐社会建设具有重要影响。民间融资的资金大部分都来自民众。普通民众为了获取高于银行存款的利益，选择了一种风险较高的投资方式。普通民众的资金都是一点一点积攒起来的，来之不易，并且投入民间融资的金钱可能是一个家庭的生活依靠，对民众来说极其重要。一旦民间融资发生了问题，最终受害和倒霉的往往是这些普通百姓。如果投入的钱收不回来，普通百姓可能难以接受，情绪失控，严重的话，可能会引发群体性事件。当年温州民间融资各种问题频发，对于当地的百姓生活造成恶劣影响，一些群众损失严重，难以接受，影响了百姓的安居乐业，造成了该地的不稳定。

### （二）民间融资风险产生的原因

#### 1. 法律不健全

法律环境对于民间融资非常重要，关系到当事人的融资行为是否合法以及权利义务的规范问题。当前我国民间融资法律环境欠缺，不利于当事人利益的保护，也不利于金融秩序的稳定。

目前我国没有专门调整民间融资的法律，有关规范大多散落在《民法通则》《合同法》以及中国人民银行制定的相关规定和最高人民法院的司法解释中。我国《民法通则》中规定"合法的借贷关系受法律保护"，《合同法》对民间借贷做出了几条规定，但不能适应现实中多种多样的借贷关系。从2004年以来，我国民间融资发展迅猛，但是有关立法却没有跟上，民间融资行为多是靠政策指引。一旦民间融资出现了问题，虽可以立马出台相关政策对此类行为进行规制，但缺少先见性。同时政策具有不稳定性，不宜作为民间融资长久的规范指引。

2. 诚实信用缺失

诚实信用原则是我国民法的基本原则，并且该条款被称为"帝王条款"。诚实信用原则指导着我国的民事活动，该原则在民间融资中也发挥着重要作用。诚实、善意、守信地履行借贷合同的义务将会有利于民间融资市场的稳定、有序和繁荣。现实中民间融资中双方诚实信用原则的丧失是造成纠纷频发的重要原因。在市场经济的今天，很多人将金钱、利益放在至高无上的位置上，将诚实、信用、正直和善良抛在身后。这种传统优良品质的缺失在现在社会中愈演愈烈，以至于出现了温州商人跑路的现象。在民间借贷中，信用是借贷的基础，失去了信用，意味着将会丧失借贷机会。即使诚信在民间借贷中占有如此重要地位，依然存在大量因不诚信而引起的纠纷。例如，有些民间借贷的产生是当事人口头约定，没有书写借条[①]，现实中有些借款人丧失诚信，矢口否认借款存在；有些借款人明明没有还款能力，还编造各种谎言，骗取他人的资金，该种情形严重时可能触犯刑法；还有些借款人有偿还能力，却编造各种借口，故意拖延或者不还他人的金钱。

3. 民众意识薄弱

近些年来，有关民间融资的案件激增，无论是民间借贷纠纷还是其他形式的民间融资案件，数量都在不断增长。特别是这两年爆发的影响范围较大的民间融资犯罪，涉及金额多达若干亿，受害人众多。这也引发我们的思考：民间融资风险的产生除了与法律不完善、监管不到位和诚信丧失有关，是不是也与民众自身有着密不可分的联系呢？笔者认为，民间融资风险的发生与融资主体自身也具有

---

① 郑文秀. 温州小微企业的新型民间融资组织创新[J]. 经济导刊，2013（1）：80-81.

一定的关联。我国民间融资由来已久，准确地说，民间融资的一个表现形式即民间借贷在我国有着悠久的历史。[①]随着经济发展，近些年，民间融资发展出很多不同形式，如定向债券集资、企业内部集资等。民众对于这种新兴的民间融资并不是很熟悉，有关该方面的投资知识欠缺。民众在进行投资时，往往没有认真调查融资公司或者企业经营状况，而是听信他人一面之词，盲目跟风，忽视了投资风险。尤其是信息的不对等，很容易造成投资者的错误判断。

即便面对群众较为熟悉的民间借贷，也经常会发生因当事人法律意识淡薄、不熟悉民间借贷相关法律而发生不必要的纠纷。[②]有些行为人将钱借给他人时，因碍于情面或者过度相信他人，选择口头方式确定借贷关系，而不与他人订立书面协议。这种方式的借贷关系存在很大风险，一旦对方借款的事实不予承认，那么在法庭上，出借人就因没有证据而处于不利地位，甚至可能承担败诉风险。有些行为人在订立借贷合同时，虽然选择了书面协议，但协议约定的内容不完整。如借条中约定的利息不明，借款人的姓名出现错别字，借条中因使用借款人的小名致使借条中的姓名与身份证不一致，借款金额书写不清或者金额的大小写不一致，等等。以上种种不符合法律规定的行为，不仅加大了行为人的举证难度，而且加大了审理难度，这都是由行为人不熟悉法律造成的。

## 三、民间融资的风险防范措施

### （一）完善民间融资法律法规

目前我国有关民间融资的法律分散在多个部门法，且有些法律已经滞后于社会发展。因此我国应当尽快地制定专门的《民间融资法》，使民间融资行为有法可依，进一步规范民间融资行为，逐步推进民间融资的法治化进程，促使我国民间融资健康发展。笔者认为民间融资的法治化需要完成三件事情：一是从法律角度上明确民间融资的法律地位。[③]确立民间融资的合法地位是大势所趋，通过立法形式规范民间融资行为，摆脱以往灰色的地带，使其在阳光下健康运行。承认民间融资的合法性不仅可以打击一些非法集资和牟取暴利的行为，还有利于民间资金进入市场，更好地促进经济发展。二是制定民间融资的规则。在《民间融资法》

①王思瑶. 我国民间融资风险及其监管[J]. 合作经济与科技，2013（4）：58-61.
②祖彤. 论我国民间借贷的法律风险及其防控对策[J]. 学术交流，2013（5）：94-98.
③孙丽丽. 网络环境下我国意识形态危机及其治理之道[J]. 理论导刊，2015（9）：23-26.

中应该明确规定融资行为规范，包括双方的权利与义务，相关的手续、程序等。三是建立民间融资监管体系，明确监管主体和监管职责。监管主体应当正确引导民间融资健康发展，做好风险防御措施，稳定民间金融市场秩序。对民间融资的监管方式可以参考金融机构的监管方式，但需要注意的是，民间融资是平等主体之间的民事行为，要尊重当事人的意思自治，适当地放松对民间融资的监管力度。

### （二）建立民间融资信用体系

我国应当建立起完整的信用体系，该体系要将民间借贷行为人的信用纳入其中，还包括正规金融机构所涉及的行为人信用。在这个信用体系中，个人的借贷情况、经济状况、信用等都应有明确的介绍。该信用体系可以通过互联网的方式实现信息共享。假如一个人想要把资金借给另一人，若这个人对借款人不熟悉，可以通过征信管理系统查看借款人的信用程度和还款能力，通过查看借款人的信用决定是否将资金借给该人。如果借款人的信用度较好，并且拥有还款能力，那么可以放心地将资金借给此人。如果该借款人经常拖欠他人的借款不还，或者已经被拉入了信用体系的黑名单，那么就可以拒绝与其签订借贷合同，从而避免欠债不还的风险。同时企业的资产情况可以作为评判其信用高低的一个标准。一个企业的资产越多，对投资者利益的维护越有利，那么其信用度也就越好。反之亦然。投资者可以根据企业的资产状况判断该企业的信用程度。此外法院在审理案件时，若发现反复涉诉的当事人、经常欠债不还的被告或者涉嫌犯罪的当事人时，应予以注意，并且与银行、征信管理机构合作，将这些人作为重点关注的对象。征信系统的建立可以为借贷双方提供必要的信息，减少民间融资风险的发生，还可以使行为人更加珍惜个人信用，严格按照诚实信用的原则履行义务。

### （三）加强民众的法律意识

现在民间融资发生如此频繁，熟悉民间融资的相关法律对于维护自身权益具有非常重要的作用。我国可以通过有关民间融资的法律讲座或者普法活动，向民众普及相关法律知识，提高民众的法律意识，预防民众陷入非法集资、诈骗、高利贷的陷阱中。通过这种法律教育，有利于提高民众防范风险的意识，引导民众合理投资，避免盲目跟风。

民间融资是一把双刃剑，既是天使又是恶魔。倘若能够充分地运用好民间闲散资金，将会优化资源配置，并且最大程度地创造出更多的社会财富。我国民间融资还处于不断发展时期，有关制度和法律还不够完善。当前处理好民间融资的首要任务是承认其合法地位，并且通过法律形式规范融资行为，划定合法行为与非法融资行为之间的界限。其次，制定民间融资的行为规范，方便进行操作。再次，适当地对民间融资行为进行监督，既不可以完全放任不管，也不可以管得太严，应给民间融资充分的自由空间。除了从制度层面采取措施预防民间融资风险外，投资者或者民众自身也应当遵守诚信原则，既不加害他人，又要提高自身的法律意识，保护自己的合法权益不受侵害。

# 论经济新常态下民间融资的风险防范

引言：经济新常态意味着中国经济进入了一个新的发展阶段，经济发展的条件和环境将发生诸多重大转变。在这一背景下，民间融资的现状如何、对民间融资应采取怎样的态度、要为民间融资营造一个什么样的环境、如何防范和救济民间融资带来的风险等问题都值得我们探讨和深思。如果这些问题解决得好，民间融资必将助力经济发展，反之，则会给经济发展带来许多障碍。因此，剖析并探讨民间融资的规范问题，对民间融资风险的防范和经济发展具有重要意义。

2013 年 12 月 10 日，习近平总书记在中央经济工作会议上的讲话中首次提出"新常态"。此后，习近平总书记在多次讲话中阐述了"新常态"的内涵。经济进入"新常态"后，既有的需求管理政策已难以维持巨大体量的经济继续高速运行。[①]供给侧结构改革成为适应经济新常态的不二选择。如何在供给侧结构改革大背景下积极地发挥金融改革的主要作用，更加高效地运用金融市场提升经济运行质量，成为监管层面临的一项新课题。

金融在经济生活中的作用是多元的：既服务于国民财富创造，同时也创造国民财富。多年来，我国对金融要素的供给一直采取抑制的态度，造成了其创造财富的能力不足。因此，新一轮金融改革的重点应该是放松金融抑制，扩大金融有效供给，同时做好监管。那么如何解除金融抑制，提高金融供给效率，缓解中小企业获取资金难问题呢？打破银行垄断，承认民间融资，开放民间金融市场并使其有序发展将是一个不错的选择。民间融资是指资金借贷双方在国家法定金融机构之外，以较高的资金使用成本实现资金融通的过程。[②]

## 一、民间融资对供给侧改革的作用

"供给侧结构改革"的核心是生产要素有效配置的实现，其目的在于全要素

---

①范必. 供给侧改革应着重打破供给约束[J]. 宏观经济管理，2016（6）：11-18.

②李喜梅，黄凤仁. 金融机构与农民间的信用载体构建分析——兼论农村资金互助社的发展[J]. 贵州财经大学学报，2011（2）：55-61.

生产率的提高。经济增长取决于生产要素的有效供给和利用，在各个要素中资本的作用最为重要。因此在供给侧结构改革的框架下，经济发展依赖于社会总供给的结构优化，而社会总供给结构的优化应立足于资本供给的改善，提高资本供给的稳定性和有效性。2016 年年初，"两会"审议通过的《中华人民共和国国民经济和社会发展第十三个五年规划纲要》对未来五年我国加快金融体制改革作出了总体部署："完善金融机构和市场体系，促进资本市场健康发展，健全货币政策机制，深化金融监管体制改革，健全现代金融体系，提高金融服务实体经济效率和支持经济转型的能力，有效防范和化解金融风险……健全商业性金融、开发性金融、政策性金融、合作性金融分工合理、相互补充的金融机构体系。构建多层次、广覆盖、有差异的银行机构体系，扩大民间资本进入银行业，发展普惠金融和多业态中小微金融组织。规范发展互联网金融。稳妥推进金融机构开展综合经营。推动民间融资阳光化，规范小额贷款、融资担保机构等发展。提高金融机构管理水平和服务质量。"民间投资是深化供给侧结构改革的关键驱动力，更是落实大众创业、万众创新的重要基点。与此同时，在当前经济结构调整不断加速、经济下行压力仍然较大的形势下，供给侧结构改革正处于攻坚期，更需要尽快激发民间投资的活力和潜力，提升全社会金融资源的利用效率。因此进一步增加和完善金融供给是供给侧改革的关键环节，而民间融资对我国经济发展起着不可或缺的作用。

（一）民间融资能够充分利用资源，弥补金融机构信贷不足

民间有大量的闲散资金，如果能够利用好，在弥补金融机构信贷不足、优化全社会资金配置方面将起到积极作用。

（二）民间融资促进民间财富的积累

民间融资的发展在一定程度上丰富了投资渠道，改变了长期以来投资渠道狭窄、只能依赖银行储蓄的局面，使公众投资可以多样化。民间融资投资的高额回报加速了民间财富积累，而财富的积累有助于拉动消费、刺激生产，从而形成良性循环。

（三）民间融资可助推民营经济发展

规模庞大的民间融资，能够满足市场多层次资金需求，助推民营经济发展。广大中小微企业是整个经济中最具活力的部分，在创造就业、贡献税收等诸多方面占据举足轻重的地位，但正规金融无法满足其融资需求，为了生存和发展，这些企业不得已求助各种形式的民间金融。国有银行贷款难度大、手续烦琐，民间

融资与之相比显示出巨大优势，成为中小企业融资的主要渠道。与此同时，民间融资通过扶持中小企业发展，间接支持了地区的劳动就业。

## 二、我国当前民间融资存在的问题及风险

我国民间融资的主要形态有：民间借贷、股权众筹、P2P 网贷、票据贴现融资、有价证券融资、合会等。民间融资在满足经济发展需要的同时存在诸多风险，影响了社会经济生活的安定。

### （一）国家调控困难

民间融资的资金往来较隐蔽，资金分散度广、流动性强、规模和流向不易监控，难以纳入货币政策，也不能将货币政策作为调控依据，使货币政策的效率降低，对经济的调控效果减弱，威胁金融安全，而且容易造成税收的损失。另外，民间资本自发性较强，充分体现着资本的逐利性，很有可能导致大量资金短时期集中流向某行业或某区域，特别是流向国家政策限制的一些行业，这就可能会造成生产规模迅速扩大、发展过热的现象。这不仅扰乱了市场的正常经济秩序，而且对国家产业结构的调整和经济发展方式的转型升级造成冲击，很大程度上削弱了国家经济政策实施的效果，增加了宏观政策调控的难度。

### （二）信用危机频发，纠纷不断

民间融资参与者众多，几乎涵盖了社会各阶层，影响面宽，加上借贷信息不对称和参与者风险意识淡薄，造成盲目投资。一旦借款人经营不善出现危机或不守信用，极易引发大规模群体性事件，引起经济和社会混乱，影响社会稳定。还有部分融资者通过高利率吸收资金，但巨额资金到手后未能合法有效使用，或因各种原因导致资金链断裂后赖账，本来合法的融资活动却转向了非法。[①]由于出借人无法对资金的使用进行监督，民间融资的高利率极易引发借款人的道德风险和债务纠纷。社会信用不易控制，常常会干扰正常金融秩序。

### （三）借款人负担加重

随着产业资本向金融资本的转化，中小企业从正规金融机构获取贷款较难，导致资金供需矛盾突出。企业不得已进行高息融资后，加大了生产经营成本，削减了企业的经营利润，导致资金的使用呈现恶性循环，不仅加大了企业经营风险，而且影响国民经济的持续健康发展。

---

①王艳梅. 金融危机背景下中小企业融资困境及对策[J]. 企业经济，2011（6）：174-176.

### （四）风险保障机制缺乏

民间融资的出借方可以获得远超出同期银行储蓄的收益，但因缺乏有效的风险保障机制，也存在着较大的风险：一旦债务人的生产经营或生活状况不佳，出借方将承担全部的金融风险。

## 三、民间融资风险的防范对策

民间融资的服务对象主要是中小微企业，是正规金融渠道的重要补充。民间融资的存在与经济发展的需求是分不开的，民间融资与正规金融是金融市场的两个轮子。民间融资只要合理有序开展并加以引导和规制，将会有利于金融资源合理配置，进而促进经济发展。

### （一）民间融资的合理定位

我国的民间融资现在已经成为社会资金融通的重要组成部分，面对民间融资蓬勃发展的形势，政府部门不应忽视民间融资的存在，更不应该抑制和打压，而是要进行客观研究分析，及时作出政策调整。国家应鼓励多渠道、多层次的民间融资，使民间资本能够快捷、安全、有效地参与到供给侧结构改革中来，为国家经济的发展作出应有的贡献。

### （二）将民间融资纳入法制轨道

首先，国家应从法律上明确界定民间融资和非法集资，赋予民间融资合法地位。通过制定单行法规，完善民间融资主体制度，拓宽民间资本进入金融市场的渠道，对私募基金、网贷平台、地下钱庄、贷款中介机构、合会、股权众筹等组织进行规范，使之公开化、合法化，丰富和完善多渠道、多层次的民间融资体系。

其次，对民间融资强化法律约束，通过法律手段不断规范民间金融运作规则。采取顶层设计与基层创新相结合的方式，完善民间融资法律法规。一要从国家层面加快民间融资行为方面的立法，对民间融资的借贷主体、交易方式、期限利率、契约条件、风险控制和法律责任等事项作出明确规定，确定民间融资活动的合法性和规范性，为民间融资活动的健康发展提供立法保障。二要充分发挥基层创新的作用。鉴于各地民间融资活动存在差异，由各级地方政府在不违背国家民间融资管理法律法规的前提下，制定符合地方实际情况的民间融资管理办法，如规定民间融资的利率区间、融资方式、资金投向及登记备案制度等，制定民间融资突发事件应急预案和风险处置机制，建立起完整的民间融资管理法规体系。[①]

---

①宋水根. 加强对外资银行的监管[J]. 投资理论与实践，1996（8）：46.

### （三）加强征信体系建设

加快征信信息共享机制建设。社会信用体系是市场经济体制中的重要制度安排，也是民间融资赖以生存和发展的基础。当前应重视信用制度建设，建立健全民间融资统计信息共享机制和信息披露制度，及时向社会公布相关信息，以便融资双方自主决策；培育和发展信用服务市场，建立起与经济社会发展水平相适应的社会信用体系，增强民间金融活动的诚信程度，不断改善民间融资生态环境。[①]政府部门应着力加强信用环境建设，稳步推进民间融资中介机构接入中国人民银行征信系统，建设良好的金融生态环境。目前已有部分省市将小额贷款公司、融资担保公司等民间融资中介机构接入中国人民银行征信系统，成效明显，建议在全国范围内稳步推进这项工作。实际操作中，可以借鉴已接入地区经验，"集中报数，一口接入，实时查询"，科学管理，明确权责，促进民间融资有序健康发展。[②]

### （四）减轻借款人负担

根据实际情况降低企业的融资成本与税收负担。实践证明，民间投资和企业盈利能力成正比，只有提高企业投资回报率才能有效激发民间投资积极性。从融资成本看，国内小微企业的真实贷款利率仍维持在10%左右，而大型国有企业的贷款利率也显著高于国外的大企业。以70万亿元的企业融资规模测算，若真实贷款利率每下降一个百分点，则能够为企业增长近7000亿元的利润，因而可以极大地提振民间投资的积极性。从税收成本看，国内宏观税负目前为37%，而企业的综合税费负担已经达到40%以上。2016年，政府已全面推进"营改增"等改革措施，同时还应坚持实施减税优惠，基于结构性减税政策为小微企业减轻负担。若企业税费能够削减到30%左右，则企业利润将直接多出万亿元以上，民间投资积极性将相应提升，自然企业盈利能力会大幅增长。[③]

### （五）推进民间融资可监测化

民间金融不可监测导致政策效率受损是民间金融的主要风险之一。要改变检测范围狭窄、保障机制缺位、检测方式滞后的现状，扩大民间融资监测的覆盖范围、建立备案登记制度，引导民间融资公开登记，并规范其合规经营，让正当的民间融资活动充分发挥拾遗补阙作用。这样既可以维护民间融资各主体的合法权

---

① 王宝娜. 民间融资的法律规制探析[J]. 商业经济研究，2011（12）：107-108.

② 卢嘉，林菲，卢晓明. 全蛋液脱腥工艺及其效果评价[J]. 中国食品学报，2017（3）：171-176.

③ 刘若晨，韩冲，李圆圆. 供给侧改革视角下钢铁企业财务管理典型问题探析[J]. 财会学习，2017（4）：19-20.

益，又可以借助备案登记的证明效力实现信息采集，合理把握民间融资情况，实现规模、利率等指标的公开化、市场化，为民间融资的发展提供必要的信息服务，起到风向标作用，引导民间融资市场规范发展。要建立健全监测体系，监控分析民间融资流向。继续完善目前的民间融资监测网络，加大民间融资监测点的设置密度，全面、定期采集民间融资活动的有关数据。坚持"点多面广"的原则，科学合理设置监测网点，增强网点的代表性，避免监测网点的过度集中，防止出现监测数据与实际情况脱节的问题，准确把握民间融资的发展状况和发展趋势，促进决策的科学化。[1]

### （六）完善民间融资监管体制

通过健全法律法规让一切有益于市场经济发展的民间金融活动形式合法化。监管层面要尽快建立健全针对民间金融的监管制度，保证民间金融健康有序发展，以充分发挥民间金融对经济建设的助推作用。相关部门应加强对民间融资中介机构的监管，明确落实监管职责，加强对民间融资中介机构的资金来源、资金流向、利率、不良资产等情况的监测，促进其对中小企业资金扶持的作用，规范其经营。明确界定监管主体职责和其他职能部门之间的具体分工，实现分类监管。对小额贷款公司、融资性担保公司、典当行、网贷平台、股权众筹企业等民间融资中介机构应按照"谁审批、谁负责、谁主管、谁整顿"的原则，明确主管部门的权责，完善风险问责机制。要创新监管手段，加快监管方式转变，按照合法性和审慎性原则，完善对民间融资中介机构的市场准入与退出、业务范围和经营行为的合法性规定。加强对民间融资中介机构资本充足率、资产质量和流动性管理，有效防范和化解民间融资风险，加强民间融资自律管理。通过成立行业协会，建立民间借贷监测制度、行业风险准备金制度等方式，作为法律监管的重要补充手段，提高民间融资行业的自律意识和水平。[2]建立民间融资主体市场退出机制。在市场经济条件下，不可避免地产生不适应经济发展的主体退出市场的情形，因此在确立民间融资合法地位的同时，要建立风险防范措施和市场退出机制，防止因其倒闭对金融市场造成动荡。对于符合法定条件的民间金融组织，要按照一定的比例向存款保险机构缴纳保险费，在这些金融组织及金融中介出现危机或破产清算时，存款保险机构通过提供贷款、紧急资金援助、赔偿保险金等方式，保证其清偿能

---

①李杰. 民间融资立法现状及其完善[J]. 商业经济研究，2012（9）：114-115.
②刘长雁. 破解金融生态示范城市融资困境[J]. 时代金融，2015（12）：296.

力、保护投资人的利益，从而有助于减少金融风险带来的损失。要根据不同的类型分别适用相应的破产机制。如对民间中介借贷、融资租赁和私募基金的破产应当适用与正式金融机构相似的法律规定，而对于自然人，国家应当建立个人破产法律制度，其作用在于破产制度的免责制度可以豁免资不抵债的个体放贷人、合伙放贷人以及自然人借款人的无限民事责任。个人破产失权制度能约束恶意逃废债的个人，可以促进个人金融风险意识的提高。[①]

　　民间融资已普遍存在并迅速发展，用法律进行规制已迫在眉睫，要正确引导民间融资更好地为经济发展服务、防范其风险，就应当健全民间融资法律体系，采取综合性的措施，构建符合中国国情的多层次、多元化的民间融资法律体系，合理引导民间融资活动在法制的轨道上健康发展。

---

① 刘黎明，张丽娟. 对民间融资行为的现状与思考的调研报告[J]. 中国法治，2016（4）.

# 论民间借贷中出借人权益的保护

引言：民间借贷是随着我国经济的快速发展而逐渐产生的，游离于正规金融机构之外的一种信用活动。由于我国经济制度原因以及民间借贷市场的众多优势，使其存在有着深刻的必然性。民间借贷在一定程度上缓解了企业资金困难，推动了经济发展。但目前我国民间借贷市场存在诸多问题，导致出借人权益受到侵害的案件频发。因此，我国需要通过加快金融综合改革，疏堵并举，规范民间借贷市场，为民间资本对接实体经济创造有利条件，切实维护出借人的合法权益。

近年来，随着我国经济的快速发展，民间借贷市场逐渐兴起，并如火如荼地发展着。这一方面满足了企业对资金的需求，促进了企业发展；另一方面也拓宽了出借人的投资渠道，增加了出借人的收入，同时也有利于提高金融市场运行效率，推进多层次借贷市场的形成。然而，我国民间借贷市场并不成熟，加上法律机制不健全、监管不力、信用缺失等原因，民间借贷纠纷频发。浙江吴英集资诈骗案、温州立人教育集团债务危机、苏州凯维隆贸易公司法人代表顾春芳失踪案件、浙江江南皮革董事长黄鹤失踪案件、常熟鲤鱼门酒店董事长周思扬跑路事件等，都对出借人的权益造成严重损害，也反映出我国现行民间借贷市场存在诸多漏洞，同时也考验着民间借贷的前途。民间借贷现状如何、还存在哪些问题、如何加以规范并真正做到维护出借人权益，这些都值得我们深刻反思。

## 一、民间借贷存在的必然性

民间借贷是指游离于正规金融机构之外，发生在公民、非金融机构的法人、其他经济主体之间的信用活动。

随着中国经济的快速发展，民间资本逐渐成为一股游离于正规金融机构之外的巨大力量。央行的一份调查报告指出："2010 年民间借贷市场的资金存量就已超过 2.4 万亿元，占当时借贷市场比重已达到 5% 以上。以温州为例，温州89% 的家庭、个人和 59% 的企业都参与了民间借贷。"民间借贷市场如此繁荣，并非无源之水、无本之木，其存在有着深刻的必然性。

### （一）我国民间借贷存在的制度原因

当前，以大中银行为主体的金融体系占据大量信贷资源和资本市场融资，存在面向大企业、大城市、大项目的"三大"偏好。民营中小企业不仅面临重大轻小的"规模歧视"，还面临重公轻私的"所有制歧视"；不仅贷款难，而且进入门槛过高的资本市场也很难。因此，在现实中，金融体系与实体经济不匹配不仅造成"金融堵塞"，使大量银行存款和民间资本不能进入实体经济，不能惠及中小企业，还会造成"资金逆配置"，即大部分资金配置于低效经济活动，而高效经济活动却得不到资金支持。

"民营经济已成为我国国民经济的推动力量，民营企业的工业总产值、销售收入、实现利税分别占据了总量的60%、57%和40%。民营企业还占据了我国进出口贸易总额的60%以上。数据表明，我国目前的民营企业在国民经济中已经处于一个举足轻重的地位。此外，民营企业已经成为拉动国民经济的重要增长点。在20世纪90年代以来的经济快速增长中，工业新增产值的76.7%来自民营企业。"[①]民营企业发展同样需要充足的资金支持，但与国有经济相比，从正规金融机构获得的资金支持非常有限。虽然我国近几年存贷差一直为正，但是民营经济依然无法获得正规金融机构有力的资金保障，只能求助于民间资本。这表明政府在分配资金资源过程中存在一定的制度偏见。

### （二）我国民间借贷的优势

民间借贷自身存在诸多优势，主要表现在：第一，参与主体广泛。参与人员不仅包括城市居民、个体工商户、私营业主、农民，还包括企事业单位员工。其中，借款者大多是个体工商户和私营业主，贷款者包括资金充足的工商户和企业主，甚至包括一些村组干部。第二，资金来源多元。随着民间借贷参与主体范围的扩大，其资金来源也不断多元化，不但包括农民、个体工商户和企业的自有资金，而且包括私募基金、信贷资金、国外热钱等。第三，借贷方式灵活。借贷双方既可以口头约定，也可以打借条，多以现金方式交易，且一般无抵押，交易过程简单灵活。第四，借贷期限较长。随着民间借贷用途从临时性家庭互济互助向商业性质的资金融通转变，借贷期限也随之发生变化。当前，民间借贷期限多为一年或一年以上。

与正规金融机构贷款相比，民间借贷也存在一定的优势。银行贷款的基本要

---

①上官田野. 中小型企业发展状况与政策扶持可行性的探索[C]//湖北省行政管理学会. "经济转型与政府转型"理论研讨会暨湖北省行政管理学会2010年年会论文集. 2011: 516-521.

求是资金的安全性、流动性和营利性，而中小企业存在过高经营风险，使得其从银行获得贷款的困难增加。在强化信贷资金的管理后，对贷款的要求越来越严格，贷款责任也更加明确，贷款环节越来越复杂，使得中小企业的贷款成本逐渐增加，融资难度加大，从而导致了企业尤其是中小企业向正规金融机构贷款受限，也为民间借贷市场的产生和发展提供了广阔空间。[①]

## 二、我国民间借贷中存在的问题

### （一）界限不明

民间借贷与非法集资、非法吸收公众存款界限模糊。民间借贷纠纷往往与非法吸收公众存款、集资诈骗、高利贷等经济犯罪交织在一起，不仅破坏经济秩序，还为司法机关审理相关案件带来压力。

民间借贷与非法集资，究竟是两条平行线，还是一个核桃的两面，难以界定。非法集资案背后是市场经济体制不完善情况下的焦虑。因为这其中的界限过于模糊，使得民间借贷行为好像是背着一颗定时炸弹，一不小心就可能炸掉人身自由甚至肉体自由。合法与非法界限的不清，让民间融资进退失据，不知道自己的一些融资之举是创新还是犯罪，是吴英式的悲剧人物，还是像小岗村民一样，虽以"试错"始但以"改革成功经验"终的大团圆。[②]

在某些情况下，民间借贷也会异化为非法吸收公众存款犯罪。非法吸收公众存款罪是指非法吸收公众存款或者变相吸收公众存款，扰乱金融秩序的行为。非法吸收存款大都以从事正常的生产经营活动，如投资固定资产、开办子公司等名义非法集资。这些人经常宣传公司效益好、规模大，在人们的心中树立良好的印象，再加上高额利息和灵活手续的诱惑、中间人的介绍，出借人的防范意识逐渐被削弱，使这些公司能够披着"民间借贷"的外衣募集大量民间资本。但是非法吸收公众存款与民间借贷之间又有着许多相似之处，例如都是非法募集公众资金的行为，而且也扰乱了经济秩序，因此使得这两者在案件审理中难以区别。[③]

东阳"吴英案"便折射出我国相关法律规定的盲点。金华市中级人民法院一

---

①张卫平，张欣．金融危机背景下中小企业面临的融资困境与出路[J]．经济界，2009（4）：46-54．

②韩哲．"非法集资"背后的不确定性焦虑[N]．北京商报，2012-02-28（2）．

③周光富．民间借贷异化为非法吸收公众存款犯罪调研分析[J]．四川民族学院学报，2012（1）：59-61．

审判决、浙江省高级人民法院二审认定吴英以非法占有为目的，虚构资金用途，以高额利息或高额投资回报为诱饵，骗取集资款人民币 77339.5 万元，实际集资诈骗人民币 38426.5 万元，数额特别巨大，已构成集资诈骗罪。而吴英及其辩护人则认为吴英所借款项用于公司经营有关的房产、汽车、购买股权等活动，主观上无非法占有的目的；在借款过程中没有使用虚构事实等手段骗取他人财物；所涉被害人均属亲戚朋友和熟人，不属"社会公众"，不能以非法集资论。其行为只是一种民间借贷行为，不符合《中华人民共和国刑法》关于集资诈骗罪的规定。最高人民法院经复核后认为，第一审判决、第二审裁定认定被告人吴英犯集资诈骗罪的事实清楚，证据确实、充分，定性准确，审判程序合法，综合全案考虑，对吴英判处死刑，可不立即执行，裁定发回浙江省高级人民法院重新审判。浙江省高级人民法院经重新审理后认为，被告人吴英集资诈骗数额特别巨大，给受害人造成重大损失，应依法惩处。鉴于吴英归案后如实供述所犯罪行，并主动供述了其贿赂多名公务人员的事实，其中已查证属实并追究刑事责任的 3 人，综合考虑，对吴英判处死刑，缓期二年执行。虽然吴英案做出了判决，但是国内外仍众说纷纭，主要是由于我国相关法律规定的缺失，无法为案件审理提供可靠的法律依据。

### （二）监管缺失

目前，我国民间借贷市场处于监管失控状态，监管主体不明确。工商行政管理局、中央银行、银保监会等部门都对民间借贷进行监管，但是其相互之间的权限却没有厘清，监管体制未理顺，导致民间借贷市场监管混乱。同时，监管专业化水平较低，相关信息尚未系统化，缺少对民间借贷市场监管的专门平台，且监管人员没有经过相应培训，未按照一定标准定期考核，导致大部分监管人员难以适应民间借贷市场发展的需求，监管力度和深度不够。加上民间借贷的自发性和隐蔽性，相应组织管理机构的缺失，更使其经营活动游离于国家监管之外，进而导致债权债务纠纷，且绝大多数情况下是出借人的"养老钱"无法收回，其权益受到严重侵害。

### （三）金融犯罪案件增多

我国民间金融市场由于长期缺乏有效的监管，合法民间融资与高利贷和非法集资混杂于民间金融市场之中，在高回报的驱使下，甚至有金融从业人员转移信贷资金、公务人员挪用公款参与其中，滋生职务犯罪和个人非法集资行为，严重影响正常金融市场秩序。另外，民间融资的高利率导致了民间融资缺乏法律保障。现行法律规定："超过银行同类贷款 4 倍利率的部分不受法律保护；自然人之间借款对支付利息没有约定或约定不明确的，视为不支付利息。"在民间融资发生违约时，往往会造成出借人的资金覆水难收，引发债权债务纠纷，甚至在利益得不到法律保障的情况下，出现暴力收贷的现象，导致社会的不稳定因素增加。

## 三、出借人权益受到侵害的原因分析

### （一）民间借贷缺乏相应的法律保护

民间借贷的立法一直滞后于社会实践。从现有的法律法规看，主要散见于《民法通则》《合同法》《物权法》《担保法》《刑法》《贷款通则》等法律、法规和规章中。其中，《民法通则》只规定合法借贷关系受法律保护，对此并无具体的解释性条款。《合同法》虽有借款合同一章，但民间借贷合同却被局限于自然人之间，而对于个人与企业之间以及企业相互之间的借贷合同没有相关规定。《物权法》和《担保法》规定了民间借贷合同的担保规则，债权人可以选择设定抵押、质押、留置以及定金等担保方式，但对担保公司的规定却鲜有提及。《刑法》主要规定了非法吸收公众存款罪、非法集资罪等罪名，着力于打击犯罪，但对民间借贷行为规定较少。《贷款通则》属于部门规章，只是明令禁止非金融企业从事借贷行为。民间借贷法律规定的零散化和不协调，使得实务中处理相关纠纷案件时缺乏依据，凸显了我国民间借贷活动的制度性风险。[①] 而对于民间借贷合法性、合同效力的认定、利率规制、交易信息监测等问题，以上法律难以解决，缺乏系统的法律规定，出借人权益受到侵害后无法可依。法律尚且不能予以保护，出借人更是诉之无门。

### （二）"线人"尤其是公务员推波助澜

所谓"线人"，是指消息灵通，既掌握借方资料，又掌握贷方资源，甚至还建立起了自己的关系网络的中间人，且一般都是当地人。"线人"通过民间借贷抽头，一般按比例提成，有的甚至可以达到借款本金的 20%，收益十分可观，这也是"线人"逐渐增多的主要动因。为了获取巨额中介费，一些"线人"甚至在不了解企业经营状况的情况下，夸大企业赢利状况和偿债能力，使众多民间资本涌向并不乐观的企业，一旦公司亏损，资金链条断裂，出借人的借款将难以收回，

---

① 席月民. 民间借贷的困境缘于立法滞后[N]. 经济参考报，2012-02-28（8）.

而法律又对"线人"的这种行为缺乏相应的规定,因此难以追究其法律责任。这也导致越来越多的人扮演"线人"角色。如此恶性循环,出借人的借款最终覆水难收。

面对高额利润,工资水平相对偏低的公务员也逐渐加入民间借贷和"线人"队伍中,成为家庭理财的重要途径之一。甚至一些地方领导干部也参与到民间借贷中,利用公务员的特殊身份和手中的权力,挪用公款违规借贷资金,将民间借贷风险转嫁给国家。这一方面严重损害了党和政府的形象,滋生不正之风,降低政府公信力,另一方面也造成了国有资产流失,扰乱经济秩序,加重企业负担。

### (三)实体产业发展困难,逐渐空心化

民营企业做实业非常困难,面临着市场准入难、企业融资难、人才引进难以及税负重等问题,导致其生存压力增大,实业信心逐步丧失。辜胜阻过去几年对全国 20 多个省市、1000 多家实体企业进行了调研。他说:"结果显示我国的实体经济面临五大潜在风险:民间资本大量逃离实体经济,变成'游资'和'热钱';部分企业家移民海外;大量中小企业、小微企业变为停产、半停产状态的'僵尸企业';企业实体平台的融资转向炒房、炒农副产品等非实体经济领域;不少企业家心态浮躁。"[1]以温州为例,在生产不稳定的情况下,温州工业用电也出现明显下降,来自温州市电力局的统计数据显示,"2012 年 1—2月,温州市工业用电量 23.28 亿千瓦时,同比下降 5.85%,占全社会用电量比重的 55.65%,比重较前两年同期有所下降。"与此同时,企业并没有将民间借贷资金真正用于实体经济,而是经过多次转手,靠空转谋取高额利息,逐渐演变为"炒民间借贷"。甚至有的企业家反映,与其辛辛苦苦做实业,不如买楼炒矿。如温州立人教育集团,在学校规模不断扩大、光靠学生的学费和民间的少量借贷资金已经无法维持学校正常运转的情况下,该集团决定向外投资,先后开拓房地产、工程建设、煤炭等行业,希望借此填补亏损。然而,从紧的宏观调控政策、楼市的"限购"令,使得该集团许多房地产项目卖不动,资金无法回笼;该集团在内蒙古鄂尔多斯等地投资的煤矿产业,由于当年新出的"节能减排""限产"政策,也无法取得预期回报。最终导致该集团资金链断裂,负债 22 亿元左右,债权人超过 5000 人,立人集团宣告崩盘。

---

[1]崔立勇.温州企业家精神疲软很无奈[N].中国经济导报,2012-03-27(B03).

### （四）借条难以证明借贷关系

《合同法》第二百一十条规定："自然人之间的借款合同，自贷款人提供借款时生效。"由此可知，民间借贷合同的性质是实践性合同，而非诺成性合同，不能仅凭一张借条就认定借贷关系的存在。因此除借条外，还必须有实际交付借款的行为，合同才生效。再据《最高人民法院关于民事诉讼证据的若干规定》第二条："当事人对自己提出的诉讼请求所依据的事实或者反驳对方诉讼请求所依据的事实负有责任提供证据加以证明。没有证据或者证据不足以证明当事人的事实主张的，由负有举证责任的当事人承担不利后果。"由此得知，原告应当承担交付借款的举证责任。而纠纷出现时，原告很难在举证期限内证明其具有支付该笔借款的能力、支付凭证、资金来源等，达不到高度盖然性的证明标准，虽然直接证据的证明力大于间接证据，但并非仅以直接证据就足以认定案件事实，证据之间必须形成完整的链条。对于明显不符合常理的借贷，要结合其他相关证据予以综合认定。因此在大部分情况下，法院很难判决原告胜诉，出借人的权益难以得到维护。

## 四、保护出借人权益的几点建议

### （一）健全相应法律法规，提供法律保护

#### 1. 完善民间借贷立法

鉴于我国民间借贷立法尚缺，因此应当加快完善相关法律法规，防止民间借贷异化。如制定《民间借贷管理条例》等法律法规，明确民间借贷的合法与非法，确定民间借贷范围、利率、期限、管理部门及其职责等，以法律的形式为民间借贷正名，确定其合法地位，赋予中小企业更大的发展空间，也为日常生活中出现的债权债务纠纷提供可靠的法律依据，真正做到有法可依。

另外，在相关法律中应当划清民间借贷与非法集资、非法吸收公众存款等犯罪的界限。何为合法的民间借贷、何为犯罪，应当在法律中予以明确规定，同时应当对违规民间借贷行为的民事责任、行政责任、刑事责任作出细致规定，使非法集资罪、集资诈骗罪、非法吸收公众存款罪具有更强的可操作性，也使司法机关审理相关案件有法可依，从而在出借人资金难以收回时有追究其责任的相关法律依据，扩大出借人权益保护的范围。

#### 2. 引入公司法人人格否认制度

所谓公司法人人格否认制度，是指在具体的法律关系中，基于某种特定事由，

否认公司法人的独立人格和股东的有限责任，责令公司的股东对公司债权人或公共利益直接负责的一种法律制度。在民间借贷中，若公司明知没有偿债能力而大肆从事民间融资，或者将民间资金从事非法活动或高风险经营，最终导致公司资不抵债，难以偿还出借人资金时，可以适用公司法人人格否认制度，除了申请破产外，还可追究做出融资决定的董事及相关股东责任，并由之承担无限连带责任，迫使公司进行民间借贷时慎重考虑，减少恶意借贷行为。如此可以在一定程度上规范民间借贷市场，扩大责任承担范围，最大可能地偿还出借人资金，切实维护出借人合法权益。

### （二）规范"线人"参与民间借贷的责任

民间借贷之所以发展如此迅猛，出借人资金之所以难以收回，与"线人"的推波助澜是分不开的。因此，必须对"线人"加强监管。相关部门应当提高认识，做好调研工作，加强对担保公司、典当行等中介机构的监管和规范。对于恶意撮合借贷、从中谋利的中间人，应当规范其相关责任，加大处罚力度，以保障民间借贷市场健康发展。

对于公务员参与民间借贷行为，可从以下两个方面加以规范：

第一，《公务员法》第五十三条十四款规定，公务员必须遵守纪律，不得"从事或者参与营利性活动，在企业或者其他营利性组织中兼任职务"。但是此条并没有禁止公务员参与合法的民间借贷活动。因此，有必要制定更为详细的规定，规范公务员的民间借贷行为和责任，尤其要明确："公务员参与民间借贷的资金必须是本人或家庭的自有合法资金，严禁挪用公款从事民间借贷赢利；必须使用真实身份与借款人签订规范的借贷合同，并严格按合同约定承担风险、享受权益，不允许在企业发生风险时享受任何特权。"[①]

第二，加大公务员违规借贷的惩处力度。现实生活中，公务员利用权力挪用公款进行民间借贷、获取高额利息的现象时有发生，逐渐造成"权力资本化"。绝对的权力导致绝对的腐败，只有加大打击力度，才能树立政府的良好形象，规范公务员的职责，斩断权力黑手，推进民间借贷的健康发展。

### （三）加快金融综合改革

加快金融综合改革，推动民间借贷阳光化、规范化。2012年3月28日，国务院常务会议批准设立温州市金融综合改革试验区，按照这次会议的精神，温州

---

① 楼国康. 公务员参与民间借贷如何规范[N]. 中国纪检监察报，2012-04-08（4）.

的改革最终是要"通过体制机制创新，构建与经济社会发展相匹配的多元化金融体系，使金融服务明显改进，防范和化解金融风险能力明显增强，金融环境明显优化。"① 在温州市金融综合改革的 12 项主要任务中，规范发展民间融资也被放到首要位置。2012 年 4 月 10 日，中国人民银行行长周小川宣布温州金融综合改革试验区启动。这对于金融改革和经济发展具有里程碑意义，对于全国民间借贷市场的规范也具有重要的借鉴意义。

1. 加快发展新型金融组织

瑞安华锋小贷公司是全国最大的小额贷款公司，2011 年年底信贷规模为 15.4 亿元，在过去三年时间里，该公司累计发放贷款近 120 亿元，90% 的发放对象是三农，但其中坏账很少，不良贷款率仅为 0.65%。然而小额贷款公司存在一些瓶颈障碍：首先，在政策支持上，只有银监会一个文件中有所体现；其次，融资比例也受到一定限制，只有本金的 50% 可以做。而如果转化为村镇银行，则其放贷倍率会有所扩大，这也会弥补小额信贷公司缺少放大效应的不足。这样做可以为企业尤其是中小企业提供更为广阔的融资渠道，其向民间借贷的资金将会大大降低，由此引发的借贷纠纷也会随之减少。同时，可将满足条件的小额贷款公司优先改制为村镇银行，并允许小额贷款公司以参与人或发起人的身份转制为银行，推动村镇银行的深化发展。国务院常务会议批准的《浙江省温州市金融综合改革试验区总体方案》第二项中也指出，"加快发展新型金融组织。鼓励和支持民间资金参与地方金融机构改革，依法发起设立或参股村镇银行、贷款公司、农村资金互助社等新型金融组织。符合条件的小额贷款公司可改制为村镇银行。"这一条如能够完全做到，将有利于构建多元化的金融体系。

2. 设立民间借贷登记服务中心

2012 年 4 月 26 日，全国首家温州民间借贷登记服务中心挂牌成立，此举乃温州民间资本迈向阳光化的重要一步。公司注册资本 600 万元，经营范围涉及信息登记、信息咨询、信息发布、融资对接服务等。入驻该服务中心的金融中介一般只做抵押贷款、小额信贷，且抵押周期较短，抵押物价值可控，在合法合规且手续完备的前提下，若逾期不还，为保证出借人的收益，融资中介一般会先行垫付利息；若本金也出现风险，则中介会主动将抵押物拍卖。而对于信用贷款，中介将进行贷前调查、贷后跟踪等措施，经过服务中心登记的每一笔借贷资金，都

---

① 肖擎. 需要为民间正名[N]. 长江日报，2012-03-30（6）.

会由相应机构跟踪监管，这将大大提高资本利用效率，降低出借人投资风险，为民间借贷提供一个阳光化平台。该中心将通过强有力的服务体系，减少借贷双方债权债务纠纷，化解借贷风险。它将和"民间资本管理公司""股权营运中心"一起，为出借人提供可靠保障。

### 3. 推动境外投资合法化

以温州为例，目前，众多温州人在境外都有多项投资，然而，这些投资的境况却十分尴尬。由于公司在境外投资没有合法身份，一旦遇到问题，将很可能影响其在中国的担保和借贷活动。因此，有必要将境外投资合法化。国务院常务会议批准的《浙江省温州市金融综合改革试验区总体方案》第四项也指出："研究开展个人境外投资试点，探索建立规范便捷的直接投资渠道。"这一条最实在，最具突破性，也是放松资本项目管制的重要一步。因为只有放开个人境外投资，才有可能真正实现藏汇于民，减轻外汇储备持续增长的压力，减少其在国内担保和贷款的风险。

### （四）出借人提高风险规避意识

民间借贷具有风险性，因此出借人一定要学会合理规避风险。比如，出借人先摸清借款人的偿债能力，了解其信用状况，最好选择那些有充足资金来源且信誉良好的企业，不能把资金投向从事非法经营活动或者高风险行业的公司；与此同时，对于大额借款，最好要求借款人提供抵押、质押、保证、定金等相关的担保，并办理相关手续；此外，出借人也要严格把握诉讼时效，在合同期限截止时及时追索借款，确保在诉讼时效期限内行使权利。[①]

### （五）加强监督管理

国外高利贷的管理一直较规范，有成熟的经验，可为我们管理民间借贷提供借鉴。根据国外法律规定，高利贷必是非法，但它有"合法高利贷"。所谓"合法高利贷"，国外称之为"高成本信贷"。美国、英国、加拿大等国家的"发薪日信贷"就属于高成本信贷，这是一种"快速小额短期消费贷款"，贷款额度不超过税后工资额，即申请即得，很多情况下不需要任何担保和证明，要求到下一个发薪日立即还贷。发薪日贷款的月利率一般在20%左右。发薪日信贷必须经过法律许可，信贷公司必须注册领取执照。

美国有36个州法律不禁止发薪日信贷，对发薪日信贷主要参照反高利贷法

---

① 齐香真. 试论民间借贷中借出方权益的自我保护[J]. 现代财经，2008（6）：81-84.

进行管理，即不得超过法定最高利率。同时联邦政府也并不坐视不管。"2006年10月，美国国会通过法律，对军人的任何借贷年利率不得超过36%，因为美国军人工资普遍较低。而英国对小额贷款管理非常严格，公平贸易局经常在客户中进行调查。2008年4月到2009年3月，公平贸易局收到了3656份投诉，34家信贷公司因经营中存在违规问题被吊销执照。"[①]

通过国内外对比发现，我国民间借贷市场仍需加强监管。首先要明确监管主体及其责任，防止不同监管主体之间相互推诿，并在此基础上明确其监管职责，如由中央银行对客户进行调查跟踪，及时发现并解决民间借贷中的问题；其次，要提高监管人员的业务水平，实行定期考核制度，加大监管力度和深度，以适应民间借贷市场的快速发展。

### （六）重塑信用体系

#### 1. 重塑社会信用

首先，要加强政府诚信建设。政府不但是社会信用制度的制定者、执行者，更是社会信用的维护者，只有政府树立良好的信用形象，才能起到示范作用，建立良好的社会信用体系。因此，必须建设服务性政府，提高服务水平，根据民间借贷发展现状制定相关政策，并重视政策的有效性和稳定性，尤其要防止公务人员"权力资本化"，斩断权力黑手，防止"官商勾结"现象重演。

其次，要加强诚信道德建设。诚实信用原则是民法的帝王条款，也是社会发展的必要前提，要求法律关系当事人讲诚实、守信用，善意无欺，不规避法律和约定。在民间借贷活动中，借贷双方也应讲求信用，借款人应当主动、真实地表明自己的经营状况、盈利状况，并提供规范的借据，不应夸大自己的偿债能力；出借人也应按照约定如期提供借款。只有借贷双方诚实信用，让诚信如同血液一样流淌在人们心中，使之成为一种生活方式，才能保证借贷活动的顺利进行，减少借贷双方纠纷，推动民间借贷市场健康发展。

#### 2. 重塑金融信用

当前，我国金融现状较为混乱，金融制度与经济发展并不协调，相关法规也过于偏向既得利益群体。因此，有必要对金融信用体系进行结构性、全局性重构。"对于数额巨大的地方债，则应在控制总量、强化问责制的基础上，减少此前由国家隐性担保的地方债额度。由此不仅可以逐渐减少地方债总量，更会推动信贷

---

[①]刘植荣. 看看外国是如何管理借贷的[N]. 羊城晚报，2012-03-24（6）.

环境之于地方债务平台（国企）、中小民企两者间的相对公平。此外，我国货币政策应加快从'数量型调控为主'向'价格型调控为主'的转变，通过货币价格的市场化竞争，进一步优化信贷资源的整体配置功能。"①

民间借贷在推动经济发展方面扮演着重要角色，既可以缓解企业资金困难，也可以活跃民间资本。但是由于存在法律性障碍、监管性障碍、信用体制障碍等问题，我国民间借贷市场尚不成熟，存在着这样或那样的不足，导致出借人资金难以收回，其权益受到损害，双方利益严重失衡，也对市场经济秩序造成了一定冲击。因此，我国必须采取多种措施，从经济、法律、社会等方面着手，加快金融改革，完善立法，加强监管，重构信用体系，疏堵并举，多管齐下，规范和引导民间借贷市场健康发展，为民间资本对接实体经济创造更多条件，构建借贷双方利益平衡的市场经济秩序，切实维护出借人权益。

---

①杨国英. 重塑金融信用须进行结构性破题[N]. 华夏时报，2012-04-16（15）.

# 论众筹融资风险防范的法律完善

　　引言：众筹融资不同于传统的融资方法，众筹融资满足了尾部的社会融资和投资需求。在传统模式下很难融资的个人或者初创企业可以通过众筹平台较为低成本地获得资金，民众也可以通过众筹直接参与项目共享其收益。但不容忽视的是众筹也存在诸多风险，如法律规定不明确、融资方不透明、广大投资者相关知识匮乏、初始项目容易失败等，从而使众筹风险问题和投资者权益保护问题日益突出，对其进行规范引导便成为当务之急。

　　"众筹"来源于英文"crowd-funding"一词，是指一群人通过互联网技术或平台，公布其创意，基于营利或非营利的目的以实物、服务或股权等为回报，向投资者募集资金的模式。[①]

　　自 2011 年以来，众筹进入了中国广大投资者的视线，由于其便捷的特性也越来越受到民众的青睐。众多商家也没有放过这一商机，纷纷推出了属于自己的"众筹业务"，其中不乏阿里、腾讯这些大公司。大多创业者也选择了通过这种模式来完成自己的创业梦想，众筹开酒吧、众筹开咖啡店、众筹做创新项目等。他们借助着"众筹"这股东风做起了属于自己的事业，也开创了互联网金融的"众筹时代"。众筹融资平台作为当下互联网经济和金融行业相互结合的又一新型产物，在"大众创业，万众创新"的时代大背景下，在个人和小型企业以传统模式很难募集到启动资金的市场环境中，为中国经济实现转型、焕发中国经济新活力提供了一条可行之路，同时其作为网络金融中三大热门项目之一，同第三方支付、互联网借贷一样存在着大量的潜在法律风险，引起广大群众的关注和担忧。

## 一、众筹融资的界定

　　众筹作为一种新型网络融资模式，通常包括融资人、众筹平台运营方以及投资人三方主体。三者之中，融资人也就是发起该融资项目的人，在众筹平台上设立一项融资项目，推荐该项目所产生的商品、创新之处或所需条件，设置一定的

---

[①]刘占辉. 股权众筹的法律风险分析与解决对策[D]. 上海：华东政法大学，2014.

融资时间、融资运营方式、融资额和投入产出比等。众筹平台运营方的主要职能是项目查核、向浏览者进行项目的展示、提供相应的项目服务支撑。投资人则是利用浏览各式各样的融资项目并在众筹网站上进行对比，从中挑选出心仪的投资目标，进行相应档位的投资后获取预期设定的回报金额。众筹融资的本质就是想借助当代网络信息技术实现全部资源的优化配置，以填补传统金融市场对新兴项目和小微企业服务的空缺。[①]

众筹融资有以下四个特征：

（1）便捷性。众筹融资借助网络技术为民间小额资本投资提供了方便的渠道和方式，有效盘活了社会闲置资本，而且可以将其投入到小型微型企业，使广大群众无路投资和小微企业无法融资的难题都得以解决。

（2）易入门性。众筹融资使得许多在传统资本市场内无法筹措到启动资本的创业者，利用这种方式实现了自己的创业梦想，并且也通过该方式向广大投资者推荐了自己的项目，为自己的项目做了一次廉价的广告推广，同时也为广大的普通民众投资者提供了简便快捷的投资渠道。

（3）高效性。众筹融资是在网络平台上进行项目运营的，众筹项目也是将融资项目的信息在网络平台上发布，从而让广大投资者知晓，人尽皆知。网络具有低成本、便捷、效率高的特点，巨大的潜在客户资源可以在网络平台上得到迅速的开发；而且网络信息有互联互通的特性，网民作为自媒体既可以接收到大量信息，同时也可以将自身拥有的信息向外界推送，融投双方可利用网络平台进行信息交流和互动，从而减少双方不对称的信息资源所产生的问题。

（4）低风险性。众筹融资方式为众筹平台上所有项目都设置了相应的目标金额、筹资时间及投入产出比，倘若在规定限期内未达到既定目标金额，随即宣告该项目无法完成融资，已募集的资金需立刻连本带利还给投资者。[②]众筹融资的创新之处在于"众"，投资主体广而投资金额小，所以该投资模式有效减小了投资者所需承担的投资风险。但不容忽视的是，假如我们无法较好地实现风险把控，就容易造成众筹这种模式的损坏，从而损害广大投资者利益，也为社会的稳定发展埋下祸根。

---

①胡吉祥，吴颖萌. 众筹融资的发展及监管[J]. 证券市场导报，2013（12）：60-65.
②伍蓓. 股权众筹融资中的投资者风险及其防范[J]. 芜湖职业技术学院学报，2016（1）：56-59.

## 二、众筹融资存在的主要风险

### （一）众筹融资启动时存在的风险

此类风险的发生主要包括融资人自身信用存在的风险和众筹网络平台信用存在的风险。[①]项目融资人的信用水平是该融资项目信用违约风险大小的关键要素。而融资人的个人信息和信用等级，是由网络平台运营者查核和评定的，该种信息的可信性未通过国家专门信用评估部门确认。当前我国有关众筹的信息数据库并未与中央银行信用征集系统实现互通，平台没有办法清楚了解融资人的信用记录情况。反过来众筹平台所记录的融资人的不良记录也没有被纳入中央银行信息征集系统当中，使得融资人即便未根据约定支付广大投资者相应的回报，也不会对其银行信用记录信息产生不良影响，导致融资人违约之后的成本与收益相差甚远，使得融资人言而无信的风险增加。并且项目本身也存在经营风险，所融资金是否投入到项目运营当中也难以被投资者所监控。在众筹融资过程中还存在着网络平台运营者的失信风险。网络平台信用是众筹融资模式是否能顺利运行的关键所在。[②]而我国当前存在的网络融资平台中众筹的运营模式大大增加了其运行过程中的失信风险，大多平台的主要收入来自融资人在顺利完成融资后向平台支付相应比例的中间费用，此运营模式意味着网络平台与融资人是利益共同体，平台为了能从中获得更多佣金则会用多种方式来帮助融资人完成项目融资，而我国法律监管空白使得平台失信问题不易被发现。有些网络融资平台自己制定了本平台关于项目的审查标准，但对外保密，人们无法准确判断众筹融资平台失信风险自律程度的高低。此外，融资平台上的众多项目信息和信用等级也未得到具有独立地位的专业评估机构的意见和建议，这些信息大部分为项目简介及项目的创新之处，广大投资者仅仅凭借网站上刊登的项目消息来自我评估该项目的风险等级，无法得到更多能帮助自己投资的信息。另外，平台网站是"陌生人社会"，参与者之间人际关系不牢靠，再加上"五毛党"和幕后推手等在融资人或平台支持下参与到项目的推广当中，造成融资人与投资人两者间信息资源不均与投资风险加大。

---

①周秀娟，罗敏娜. 论互联网金融个人征信的法律监管[J]. 电子科技大学学报（社科版），2017（2）：46-51.

②叶纯青. 互联网金融之回顾与展望[J]. 金融科技时代，2015（2）：32-36.

### （二）众筹融资平台存在的法律风险

许多众筹平台为规避可能出现的法律风险，都在用户注册须知上对该平台性质有明显的提示和声明。在网站设立之初为避免大众误解，就将非法集资的范畴做了界定。我国大多众筹平台都认为自身进行的是"预售"融资人的项目实物，以该种商品较低的价格来回报投资者的项目投资，而不是非法集资当中的投资，海外众筹平台也是这样认为的。但是，这种概念的圈定明显是偷换了概念，和公众玩起了文字游戏，无法使其摆脱非法集资嫌疑。我们暂时勉强将该行为认为是对法律风险的规避，但无法摆脱其具有"非法融资"的本质体现。我们应明白众筹本质就是筹集项目资金的行为并非贸易行为，就更不可能是"预售"了。这里所说的"非法集资"就是我国《刑法》当中的非法吸收公众存款罪，在现今众多众筹网站中仅仅有几家向有关部门进行了备案或取得了相关经营许可证（即 ICP 许可证）。再者，所有众筹平台的公开宣传均是向不特定主体发出的，而且众筹平台也明确标出了其将给予的投资回报。从上述来看，众筹融资运行与非法吸收公众存款罪的变形形式十分类似。《最高人民法院关于审理非法集资刑事案件具体应用法律若干问题的解释》（2010 年 11 月 22 日通过）对非法吸收或者变相吸收公众存款数额做了规定：个人是 20 万元或者吸收 30 人以上，单位是 100 万元，吸收人数达到 150 人以上，这是罪与非罪的起刑点，达到或超出会被追究刑事责任。依据该规定，现在的众筹平台基本一半是在踩着法律底线运营，另一半是违法运营，众筹平台和项目发起人都必须正视这一法律风险。

部分众筹项目是以公司股份为回报而募集资金的，但该种形式称作股权众筹，也存在不易发现的法律风险。对于此类众筹的法律风险问题，根据 2006 年 12 月国务院办公厅《关于严厉打击非法发行股票和非法经营证券业务有关问题的通知》（国办发〔2006〕99 号）的规定："向不特定对象发行股票或向特定对象发行股票后股东累计超过 200 人的，为公开发行，应依法报经证监会核准。未经核准擅自发行的，属于非法发行股票。""向特定对象发行股票后股东累计不超过 200 人的，为非公开发行。非公开发行股票及其股权转让，不得采用广告、公告、广播、电话、传真、信函、推介会、说明会、网络、短信、公开劝诱等公开方式或变相公开方式向社会公众发行。严禁任何公司股东自行或委托他人以公开方式向社会公众转让股票。向特定对象转让股票，未依法报经证监会核准的，转让后，公司股东累计不得超过 200 人。"由此可见，公开发行的衡量标准是发行对象的数量多少和是否特定。证监会要审核向不超过 200 名特定对象转让股票的行为。

我国现有股权众筹项目的发行对象数，大多平台都做了限定，即不得超过40人，而且其以为用户通过注册并自己挑选了投资项目就应属于特定对象了，在对外发行之后，控制股东人数不超过200人就不属于公开发行了。《证券法》第十条第三款规定，如果是非公开的方式发行证券，不允许以广告、公开劝诱或者变相公开的方式进行宣传。如果采用了广告、电视网络、短信或者变相的方式向社会发布筹资信息，即便是人数没有超过200人，还是会被定义为公开发行股票。由此来看，在众筹平台网站上推广的全部项目均是公开转让股票的行为。此外我国《公司法》第四章（特别是第八十五条）、第五章、第七章也都十分严格规定了针对股份有限公司的股票和公司债券的发行条件、程序及审批制度，公开募集资金必须经过相关部门的审查和批准。但我国所有股权众筹平台都并未通过相应程序也未得到相关部门的批准。[①] 所以股权众筹运行中可能会涉嫌"擅自发行股票、公司、企业债券罪""非法吸收公众存款或者变相吸收公众存款罪"与"集资诈骗罪"等多项犯罪。只要是擅发股票证券情节严重的，而且对投资人造成巨大损失的，就可能触犯刑法。倘若融资人或众筹平台运营方起初只是以非法占有投资人财产为目的并非想发起相关项目，而且金额达到犯罪起罚线，就触犯了刑法当中的"集资诈骗罪"。而作为另一方的筹资平台如果对项目调查失职甚至与融资人相互勾结蒙骗投资者，或者发布虚构项目，那么融资平台运营人也会触犯集资诈骗罪。

**（三）众筹融资运营过程中的风险**

众筹融资在我国虽然仍处在探索和起步阶段，但发展速度极快，整个运营模式在我国迅速铺开，因此其整个运营过程中众多问题不断浮现，造成了极大风险。表现在：

（1）我国的众筹融资模式刚刚起步，进度很快，但各网站所经营内容重复率高，造成相同性质之间的不良竞争，无法展开充分的差异化竞争，造成资源浪费。而关键是我国的众筹本土化创新发展程度低，大多是"拿来主义"，抄袭了国外相同模式，不适用我国现实国情，从而导致项目大多因不符合国情而以失败告终。

（2）我国关于众筹方面的法律缺位，未得到正式文件赋予的合法地位并缺乏明确的立法指导。因此，一方面使大多有新意的项目融资人因法律的缺失而放弃，妨碍了很多项目顺利铺开；另一方面，众筹融资的法律缺位也造成了无法形成有效监管，缺乏明确的监管规范和特定监管机构，当投资人权利受到侵害时，

---

①赵小勇. 非法发行证券行为刑法规制完善研究[D]. 重庆：西南政法大学，2015.

难以运用法律武器维护自身权益。

（3）我国众筹融资规模不大。全球融资成功的项目数据统计显示，我国众筹融资规模较小，项目完成率较低，而且涵盖领域较少，发展极不均衡。[①]

（4）通过融资平台网站募集项目所需资金，融资人的创意易被盗。众筹模式的运行是通过开放的网络完成的，对众多网民开展快速融资。网络的公开性一方面让广大网民都有条件成为投资人，这样完成融资的概率也大大提升，但另一方面，融资人的项目创新之处被他人冒用也变得便利了许多，特别是知识产权法所保护的客体。若融资人项目具体内容刻意规避核心内容或创意的话，就会使投资人难以准确评估出项目的价值和发展前景，影响投资者决定是否参与到该项目投资中，进而对整个项目的运营产生影响，使融资难以成功。

众筹融资作为一种互联网金融下的新型融资模式，其对建设全民创新创业平台，加强生产与需求的对接，促进产业结构的转型升级，助力新常态下经济的平稳运行皆有不可替代的作用。[②] 不容否认的是，我国现今的众筹运营模式依然处于探索时期，存在诸多问题。故应全面了解互联网金融的两面性，并采取准确的立场和适当的方法推进发展，实时监管。

## 三、我国众筹融资法律完善措施

### （一）建立健全相关法律法规

大多西方国家较早开展了对众筹模式的法律制定工作，例如股权众筹模式在得到法律认可之后，获得极大发展。我国应加紧这一方面的立法工作，让众筹融资模式获得合法法律地位并对其进行规范调控。[③]

首先要加紧对该方面的立法，给予众筹融资模式合法地位，并加强对其监督和管理工作。其次豁免股权众筹融资的人数上限。小而众的资金是众筹的创新之处，但是我国现行的《证券法》与《公司法》关于"证券公开发行"和公司人数限制都极大限制了众筹人数。为了给予股权众筹合法的法律地位，建议我国参照美国"JOBS 法案"实施豁免股权众筹的人数限制的相应规定，打破我国《公司法》中关于股东人数不得超过 200 人的限制。同时，应注意的是"JOBS 法案"是在

---

①任晓聪，和军. 我国众筹融资的现状、问题及进一步发展的建议[J]. 理论探索，2016（2）：87-91.

②刘晓囡，吴箫. 青年创业中的众筹模式探析[J]. 当代经济，2016（3）：14-15.

③邵伟红. 小微企业融资问题研究——以众筹为例[J]. 中国商贸，2015（11）：64-66.

合格投资人制度的前提下才进行豁免股东人数上限的。我国不仅应对《证券法》和《公司法》有关众筹人数限制的相关规定进行豁免，还要对目前我国《刑法》中的"非法集资罪"的相关规定进行区分，区分出"非法集资"犯罪与股权众筹，出台相关司法解释进行明确说明。

### （二）完善信息披露制度

当下金融市场中融资者与投资人之间存在着信息不对称性，尤其是大部分投资人只是单纯扮演资金投入者的角色，他们并不在现实生活中参与到企业的实际生产经营活动当中，而且投资者大部分是由小额资金的方式成为股东的，其股东权利在企业重大事项表决中起到的作用微乎其微。由此经营者有可能进行转移资本等行为，通过伪造股东等资本伪造手段来稀释公司股权，损害投资人利益。广大投资者有权了解所投资企业的资本运营情况和实际管理状况，这是十分必要的。[①] 所以应对项目融资人的实际情况进行实时披露，披露的内容包含融资人的诚信等级以及项目的经营情况（例如所募集资金的使用计划和实际用途等），以此减少项目发起人的欺诈行为。在信息披露过程中众筹平台应担负起其作用，要认真审查项目发起人相关的身份证明和项目资料，尤其要严格审查项目发起人的信用状况。众筹平台之间应加强合作，实现信息互通，各平台间分享项目发起人的信用状况，并整合各方信息资源设立信用等级评估标准，努力为投资人提供全面准确的信息披露，从而减小融资过程中各方由于获取信息不对等或所获信息不全面而造成的风险。假如发现融资人提供虚假证明或者夸大事实情况，应该及时采取严格处理措施，坚决将其抵制在众筹融资之外，并加强惩处力度，并对该平台实施关停整改，及时预防风险发生。因此，建议建立健全众筹融资信息披露制度，对筹资人可能发生的严重影响其股东利益的行为进行全面准确披露。对企业作为发起人的情况应考虑设立年度信息披露制度，让投资人可以定期了解到公司的经营情况和财产状况，对投资者的利益实施及时的保护，避免融资风险的扩大。

### （三）加强对众筹平台的监管

加强对众筹平台的统一管理，并充分发挥其监管作用。众筹平台是连接项目发起人和投资人的桥梁和纽带，是众筹融资成功进行的主要影响因素。所以我们应完善众筹平台的准入和退出机制，设立众筹融资平台之前，应当向当地特定的

---

① 周琰. 互联网金融协会正式发布信息披露标准与配套自律制度[N]. 金融时报，2016-10-31（1）.

网络金融监管部门及时进行注册登记。但现今我国缺乏一个专业机构对众筹融资平台进行统筹管理。[①] 设立特定机构，有利于我们增强对众多融资平台进行全方位的管理，并对众筹平台进行持续的监督，保证平台只是以中间人身份履行其职责，保持绝对中立态度，避免给融资人和投资人的决策带来误导，从而损害二者的利益。此外，众筹平台作为避免融资欺诈出现的重要一环，还要对投融资人尤其是融资人的信用信息和项目具体信息进行审查，使投融资双方明确各自的风险和责任，冷静而谨慎地作出投融资判断和决策。

### （四）成立中国众筹融资行业协会

自从我国第一个互联网众筹平台"点名时间"上线以来，我国众筹网站如雨后春笋般迅速发展，众筹网络平台数也增长到数十家。我们相信在经济新常态的大背景下，我国经济将继续平稳较快发展，随着"互联网＋"范围的扩大，越来越多的众筹网络平台将会产生，该产业定会愈发壮大。所以，成立中国众筹行业协会势在必行。众筹行业协会的建立是以网络为阵地发展起来的，行业协会同样也需要开设属于本协会的官方网站，进行众筹融资知识的定期宣传活动，对投资者将面临的风险进行及时提醒和预防教育工作，通过宣传提醒在一定程度上阻止众筹欺诈发生，有利于投资人对众筹整体行业更深入地了解，让广大投资人对在筹投资过程中可能存在的风险有更加清晰的认识，并使其拥有良好的投资观。[②]

同时也要建立健全众筹融资行业的市场准入制度。由于我国关于众筹融资的立法工作滞后，整个行业市场的准入条件也未完全成型，使当下我国的众筹融资行业鱼龙混杂，泥沙俱下。因此应建立合适的准入制度，对行业内融资平台进行主体资格的认证，并向合格主体授予行业准入证明，严惩违反行业规范的运营行为，使众筹融资行业能够规范有序发展，防范众筹融资风险的发生。众筹行业协会要加强内部监察，通过对所有融资平台网站运营活动的统一管理，使行业的信誉不断优化，行业内部运营情况得到有效监管，服务品质以及项目完成进度不断提升等。

### （五）建立合格投资者制度

当今所有众筹平台与融资人大多没有能力或者不愿为投资者提供任何安全保

---

① 刘明. 美国《众筹法案》中集资门户法律制度的构建及其启示[J]. 现代法学，2015（1）：149-161.

② 杨东. 互联网金融的法律规制——基于信息工具的视角[J]. 中国社会科学，2015（4）：107-126.

障，制定合格投资者主体标准是想通过规则制定降低风险发生的可能性，同时众筹平台应当在投资者投资前对投资者进行股权众筹投资规则的普及教育和投资风险的告知。投资者投资之前要了解股权众筹知识及小微企业投资的相关风险。因为股权众筹的数额比一般集资的数额要大得多，即便投资者有能力从众多的项目中选择出可靠的融资项目，但股权众筹的程序繁杂，其中包含了全过程的评估、回购条款、股东权利和义务、退股程序等问题，这要求投资者了解基础的金融和投资法律知识，从而了解众筹融资过程中的风险。但现实生活中大多投资者对这些知之甚少，这就使投资者的权益存在极大风险。所以，在众筹平台网站账户注册的时候应进行适当限制，而且需要加大对不适合作为投资者的这一部分人的风险教育力度和必要的警示工作。建立投资人认可机制，在项目启动初期，需要得到专业人士的风险评估，评估合格时，普通投资者才可以跟投。并且要对专业投资人进行义务审查，确保专业投资人的客观性和专业性。普通群众在基本了解股权众筹的法律风险和投资风险的同时，并在专业投资人的领投下进行投资，才能更好地保障个人的利益。

众筹融资处于互联网金融创新的前沿，其作为我国拓展和完善多层次资本市场的重要举措之一，已在我国的政府文件和领导人的讲话中被多次提到，足见政府对其的重视程度。同时，纵观众筹融资近几年在我国的发展，其发展势头非常迅猛，民众的参与程度和参与热情也在不断提升，大众对其的接受程度越来越高。从政府和社会两方面的角度来看，众筹融资在我国大有发展前景。但众筹融资作为一种新生事物，缺乏完善的法律法规对其进行规范，其未来的发展存在极大的法律障碍和风险。如果法律法规能及时修改和完善，对众筹融资进行有效监管和正确引导，众筹融资促进经济发展的作用将大大提高，尤其能给中小企业融资提供极大的便利。

# 论P2P网络贷款的法律监管

引言：随着互联网金融的蓬勃兴起，网络借贷这一新生事物也潜移默化地渗透进人们的生活，最具代表性的就是P2P网络借贷，这个起源于英国的依托互联网平台来实现个人高效便捷地借贷资金的新兴业务模式一经问世便迅速发展起来。在我国，P2P网络借贷尚处于起步阶段，新生事物的发展总是曲折前进的。P2P网络借贷在我国的发展似乎到了一个问题频发的瓶颈期，如何引导这一潜力巨大的融资方式健康发展成为了当务之急。2016年8月，《网络借贷信息中介机构业务活动管理暂行办法》（以下简称《暂行办法》）正式出台，传递出这一领域不再处于监管缺失地位的信号，但该《暂行办法》只是构建了基本框架，还需要一系列配套制度才能落地运行。因此，探讨P2P网络借贷存在的问题并寻求其法律规制措施对其规范运行具有重要的理论意义和现实意义。

## 一、我国 P2P 网络借贷发展中存在的问题

近年来，"普惠金融"成为热词，在中央和地方政府出台种种政策促进普惠金融的情境下，P2P网贷作为民间借贷的新模式也随着社会闲散资金的激增而发展迅猛。时下热门的P2P网络借贷是起源于英国的一种依托互联网平台来实现个人高效便捷地借贷资金的新兴业务模式。2005年3月，第一家网上贷款平台Zopa在英国伦敦问世，随后这种借贷模式迅速风靡世界。我国网络金融P2P借贷平台于2006年应运而生，十年来在发展迅速的同时也面临着体系不完善、亟待监管和法律规范等问题。

在我们的生活中，P2P、网贷、互联网金融等众多新名词频频见诸报端，打着低门槛、高收益旗号的众多理财公司、理财产品已让人司空见惯，真正给大家留下深刻印象的反而是一些问题案件——不久前警方公布了"e租宝"非法集资500多亿的案件，回顾这个号称专注于融资租赁的互联网金融平台，其自2014年上线运营以来，以高收益为诱饵，声称预期年化收益率在9.0%到14.2%之间不等，受到了众多投资者的追捧，仅仅在一年以后，"e租宝"就因涉嫌违法经营活动接受了有关部门的调查。根据警方公布的案情，其虚构融资租赁项目非法集资，实际吸收资金500多亿元，涉及投资人约90万人。"e租宝"事件再次

将网络 P2P 贷款平台推向了风口浪尖。

"e 租宝"事件绝非偶然。近年来互联网金融领域以其低门槛、高收益的特色吸引了众多投资者，截至 2016 年中旬，全国正常运营的网贷机构就达到了 2349 家，借贷余额 6212.61 亿元，相比一年半以前，这两项分别增长了近 50% 和近 5 倍。不可忽视的是，从 2013 年的 76 家问题网贷平台，到 2015 的 896 家问题网贷平台，三年内出问题的网贷平台数量平均增幅已超过 300%。仅 2016 年上半年，出问题的网贷平台就有 515 家，因为跑路、提现困难、经侦介入等各种原因退出这一领域的就有 268 家。借用银监会的话说，其"行业规模增长势头过快，业务创新偏离轨道，风险乱象时有发生"。

野蛮生长的 P2P 网贷为借贷双方提供了更多机会的同时，也暴露了体系不完善、监管缺失，尤其是立法缺失的问题。当前与网贷相关的法律规制主要是《合同法》关于"借款合同"的规定及中国人民银行根据《中华人民共和国中国人民银行法》《中华人民共和国商业银行法》等有关法律规定发布的《贷款通则》和最高人民法院发布的《关于人民法院审理借贷案件的若干意见》。2016 年 8 月，由银监会和工信部、公安部、网信办等部门联合发布的《网络借贷信息中介机构业务活动管理暂行办法》（以下简称《暂行办法》）正式出台，结束了网贷行业"无门槛、无标准、无监管"的"三无"局面。

尽管《暂行办法》一定程度上使 P2P 网贷的发展现状有了一定的改善，但仍应看到这其中的问题：首先，《暂行办法》只是构建了对 P2P 网贷监管的基本框架，还需要一些具体的配套制度才能落地运行。其次，《暂行办法》中的一些制度是原则性和创新性规定，还需要通过实践不断检验。最后，《暂行办法》只是由银监会等四部委联合制定、经国务院批准的，尚处于不成熟的"暂行"阶段，并且尚不具备严格意义上的法律效力。

## 二、P2P 网络借贷存在的必然性及其风险

尽管以上数据触目惊心，但互联网金融仍不应被谈之色变，P2P 网络贷款暴露出众多问题，但仍能反映出其在金融市场中的佼佼者地位。P2P 网络贷款作为互联网金融的一个重要组成部分，尚处于起步阶段就受到了极大的关注，表明这一新事物在我国的发展前景是不可估量的，其既便利了借贷双方，也弥补了商业银行忽视中小型融资需求者的不足。新生事物的发展总是曲折前进的，网络借贷目前暴露出的种种问题也不容忽视。

### （一）P2P 网络借贷的优越性

要想解决当下 P2P 网络贷款的现有问题，先要了解网络贷款时兴的原因。相比于传统银行较为落后死板的服务状况，网络借贷的优越性尤其突出。表现在：

#### 1. 借贷门槛较低

传统的融资方式，以银行贷款为例，掌握着社会中绝大部分金融资源的商业银行在选择信贷客户时往往倾向于选择实力背景雄厚的大型公司企业，这导致小微企业、个体工商户、个人等群体的贷款融资需求得到满足的难度加大，迫使贷款需求者转而寻找其他融资方式，从而一定程度上促进了民间金融的发展壮大。同时由于银行贷款信贷产品的种类有限，提供抵押担保的要求严格，也使许多贷款需求者望而却步。而 P2P 网络贷款的多数业务都面向中小规模的贷款需求者，存在着种类多、门槛低的优点，相比较而言具有更大的吸引力和更广阔的市场。

#### 2. 快捷方便

网络借贷平台为用户提供从信息注册到借贷成功后的还款付息的全程服务，而这些"一站式"的服务仅需要借贷双方注册成为借贷平台的用户并在网上完成身份验证，与银行贷款相比，P2P 网络借贷信用评级的依据范围更宽：电话账单、银行流水、租赁合同、工作证明等材料均可以成为获得贷款额度的依据。尽管这样宽松便捷的贷款过程暴露出了网络贷款存在着许多的漏洞，为许多不法分子提供了作案机会，但不可否认的是，与放款时间长且审查严格的银行贷款相比，P2P 网络贷款更能为急需资金周转的中小规模借款人提供快捷方便的贷款渠道。

#### 3. 回报率高

随着经济的迅速发展、社会闲散资金的增加，大部分居民都选择将手中的积蓄进行再投资，一般网络借贷平台所宣称的提供贷款年化收益率10%～25%无疑拥有极大的诱惑力。同时网络借贷平台的门槛较低，无须具备数额巨大的资金即可投资，对于想要投资但有资金有限的投资者来说不失为一个好的投资途径。

### （二）P2P 网络借贷蕴藏的信用风险

借贷的门槛低意味着实力背景不那么雄厚的小微企业和个人也能容易地获得所需资金，这在便利了贷款者的同时也意味着加大了借款人偿还的风险，中小企业运营的风险性使偿还资金的可能性下降，这其中也不乏运营吃力的企业采用"拆东墙补西墙"的方法来维系资金链，这其中的风险可想而知。

在看到网络贷款平台一站式贷款过程的便捷性的同时，也应该注意到用户身份审核宽松所带来的风险：用户通过网络提交的资料可信度并不高，一些作为贷款额度依据的所谓证据材料也存在极大被伪造的可能性，但大多数网络平台出于追求用户量的增加或其他原因，不去追究这些材料的真实性，这就为提供贷款的用户埋下了无法追讨的祸根。

在许多网络贷款公司打着高收益的旗号招徕客户时，一些盲目的投资者会被作为诱饵的高回报率所诱惑，他们在网络贷款公司充满鼓动性的广告文案中忽略了高收益性和高风险性并存的事实，最终导致血本无归。

许多网络贷款公司没有建立完善的资金托管机制，增加了网络贷款的中间账户的监管缺位风险。暂时存放在网贷公司账户中的大量资金缺乏监管，面临着被挪作他用，或被转移，甚至被管理者携款潜逃的风险。此外，在许多网络贷款公司中存在着"挂羊头卖狗肉"的现象，即表面上作为为借贷双方提供交易机会的平台，实际上利用双方交易资金发行金融产品，破坏了我国互联网金融的发展秩序，严重者甚至触犯了刑法，面临着非法集资和诈骗的罪名。

关于网络借贷及互联网金融的立法相对模糊，监管也不明确，导致网络借贷可能为犯罪提供有利条件，例如不法分子通过注册出借人和借款人两个身份，轻松实现洗钱或转移资金等犯罪行为。另外，互联网金融的一些服务形式本身就游离在合法行为和犯罪行为之间的灰色地带，稍一越界就有可能触犯法律，例如非法吸收公众存款、非法集资等犯罪行为，甚至直接触犯刑法。

## 三、完善 P2P 网络借贷法律监管的建议

在对网络借贷领域的规制中，政府作为引导者，应当重视市场的自我调节功能，尽量通过法律手段、市场手段而非粗暴的行政手段干预 P2P 网络借贷的发展。聚焦时下网络贷款这一新生事物，不难发现要实现其规范发展，不仅需要引入行业自律监管，更重要的是法律的引导和制约。目前互联网金融行业自律机构已初具规模，2013 年 12 月月初，央行下属中国支付清算协会牵头成立了互联网金融专业委员会，其中除央行清算中心和征信中心外，还有 18 家商业银行、10 家 P2P 网贷平台。2014 年 1 月，由央行牵头建立的互联网金融协会获得国务院批准成立。

而在 P2P 法律监管方面，仍然存在着立法模糊、监管不明的现状。现针对如何利用法律来规范 P2P 网络贷款领域的发展提出如下对策。

### （一）完善立法

要清理现行法律中的不适条款，加快关于网络贷款相关法律法规的制定。清

理现行法律中对互联网金融，尤其是网络贷款发展进行限制和禁止的内容，同时修改可能被利用进行互联网金融犯罪的一些滞后的法律条文。由于互联网金融的迅速发展，使得相关立法领域存在较多空白，相对滞后。与较为成熟的《证券法》《保险法》等起到了相关行业的引领者和制约者作用的法律相对而言，缺少明确清晰的法律规制也是互联网金融业尤其是 P2P 网络贷款领域出现乱象的重要原因之一。因此不仅要加快相关法律法规的制定，也要修改例如《证券法》《银行法》等一些生效时间距今较久的法律中与互联网金融和网络贷款发展不相适应的条款。[①]

2016 年 8 月《暂行办法》的出台，结束了网贷行业"无门槛、无标准、无监管"的"三无"局面。这是网络借贷乃至互联网金融领域向有法可依迈进的重要一步，该《暂行办法》明确了银监会、工业和信息化部、公安部等相关业务主管部门在网络借贷业务中的监管职责和相关法律责任，也对网贷机构的业务范围和禁止行为进行了明确。该《暂行办法》的出台是网络借贷领域相关法律法规趋向完善的标志之一，一定程度上填补了这一领域的立法空白。但互联网金融发展迅速，使得法律规范很难与其发展保持同步，因而在为网络贷款提供合法地位的同时，也要适时修改相关法律，谨防不法分子利用现行立法的漏洞，以网络贷款为手段实施犯罪活动。

### （二）将网络借贷纳入征信体系

网络借贷平台的便利性固然为借贷双方提供了方便快捷的交易，但极易伪造的身份验证和资信状况也加大了用户的受偿风险，造成网络借贷行业的混乱。因此不但要通过法律法规强制统一 P2P 网络贷款行业用户的准入系统，还要将其纳入国内居民征信体系，不偿还或过期偿还将被个人信用报告记录在册，从而加大违约成本，降低偿还风险。

在 P2P 网络借贷平台发展较为成熟的欧美发达国家，具备成熟完善的个人征信体系是其发展成熟的原因之一。例如在英国，借款人在 P2P 网络借贷平台注册需输入与个人信息、银行账号等相关的社保账号，偿还记录直接关系到其银行账户和个人履历，违约成本极高。在美国，P2P 网络借贷公司会审慎考察客户的社会保障号、银行账号、信用记录、个人税号等，并通过不同信用等级的用户间相互监督的办法来使坏账率保持在较低水平。

---

① 柳立. 完善P2P网络借贷的法律监管体系[N]. 金融时报，2013-07-08（3）.

加强网络借贷公司和金融征信体系的合作不仅有利于国内居民征信系统的建设，还将促进行业间的信息共享，增强行业间的互相监督，使得网络借贷领域趋向于规范化。

### （三）建立网络借贷违约惩戒机制

P2P网络借贷的实质是民间借贷，但与传统的民间借贷有所不同，传统民间借贷通常由出借人和借款人直接达成借款协议，而P2P网贷的出借人和借款人则是通过中间网络平台达成借款协议。① 由于P2P网络借贷所涉及金额大多为小额贷款，因此当借款人违约时，一些网络平台购买出借人的债权，采取雇用打手等破坏治安的暴力催债的方式，严重者甚至违反《治安管理处罚法》和《刑法》；一些出借人采取法律手段进行维权，最终花费高昂费用，得不偿失。保护出借人的权益需要法律出面，规范网络借贷的还款行为，建立网络借贷违约的惩戒机制是保障P2P网络借贷顺利发展的重要条件。

### （四）规范P2P网络借贷平台的准入和运作

P2P网络借贷平台以其广泛的用户群带动着巨大的资金量，在规范的P2P借贷交易中，网络借贷平台仅作为提供给交易双方交易机会的中介机构，不作为借贷关系中的任一方当事人，并且不接触借贷双方资金。而目前不少P2P网络借贷平台自身却以直接或间接的方式参与到P2P网络借贷的业务运营中，由此面临着非法集资等罪名和虚假宣传的风险。②

根据1998年颁布的《非法金融机构和非法金融业务活动取缔办法》的规定，"非法金融业务活动是指未经中国人民银行批准，擅自从事非法吸收公众存款或者变相吸收公众存款等金融活动"。我国《刑法》第一百七十四条规定了擅自设立金融机构罪是指"未经中国人民银行批准，擅自设立商业银行、证券交易所、期货交易所、证券公司、期货经纪公司、保险公司或者其他金融机构的行为"。可见，明确P2P网络借贷平台的主体资格显得尤为重要，否则该平台会陷入法与非法的灰色地带。③

由于行业门槛低，缺乏外部监管，P2P网络借贷平台极有可能将用户资金吸纳入自己账户，突破资金不进账户的底线，在未经批准注册的情况下非法发

---

①郭田勇. 民间借贷应双线多头监管[J]. 高层视点，2011（11）：7.

②黄震，何璇. P2P网络借贷平台法律风险及防范[J]. 金融电子化，2013（2）：56-59.

③官大飚. 我国P2P网络借贷发展存在的风险及其监管对策[J]. 台湾农业探索，2012（5）：61-64.

放贷款，发行金融产品，甚至演变为非法集资和诈骗。而且在目前的经济形势下，网络借贷平台所宣称的提供贷款年化收益率10%～25%无疑具有极大的诱惑力，在缺乏第三方监管、进驻门槛低的情况下，许多网络借贷平台以虚假的高额利率为诱饵吸引投资者提供资金，并采用在前期借新贷还旧贷的庞氏骗局模式积累一定资金后携款跑路，放任网络贷款公司虚假宣传高收益率，就是放任投资者误入歧途。①

监管部门需要对这一行业的准入和运作作出明确法律规范，划清合法与非法的界限，引导行业的健康发展。

在当今飞速发展的社会中，金融创新无疑是一把双刃剑，在激发了潜藏的市场活力的同时也带来了更多的风险。P2P网络借贷是互联网金融发展的产物，既繁荣了借贷市场，也缓解了中小规模主体融资难的问题。新生事物的发展总是曲折的，P2P网络贷款的发展虽然尚处于起步阶段，但其所暴露的问题仍然不容忽视。随着2016年8月《暂行办法》的正式出台，传递出一个由国家引导P2P网络借贷行业规范发展的信号，相信会有更多更健全的法律法规在这一新生领域中诞生并发挥自己的作用，推动互联网金融乃至社会主义市场经济的繁荣发展。

---

①刘宇梅. P2P网络借贷法律问题探讨[J]. 财会通讯，2013（1）：178-187.

# 对民间借贷法律问题的新思考

引言：2015 年 9 月 1 日，《最高人民法院关于审理民间借贷案件适用法律若干问题规定》正式实施，使得民间借贷第一次被国家以专门立法的形式进行规范，涉及民间借贷的许多问题得以解决。但此规定仍然有一些不完善之处需做进一步探讨和改进，以更加符合社会实际需要、更具有可操作性。

近些年，随着市场经济的进一步发展，各经济主体之间的借贷往来更加频繁，传统的官方借贷已经不能满足飞速发展的经济需求，民间借贷似雨后春笋般应运而生，但同时也相伴而来了诸多的纠纷和法律问题。

民间借贷行为由来已久，从产生至今经历了数千年的历史。市场经济的发展使民间借贷向现代型转化，突破原有的形式展现出新的特点。目前，民间借贷已成为我国正规金融的有力补充，在解决中小企业融资难问题、拓宽金融市场的投资渠道等方面发挥了巨大的作用。但是其存在一直未得到法律上的认可和规范，未能得到我国金融体系的接纳，一直处在"体制外"运行的问题。近年来，因资金链断裂而导致的巨额民间高利借贷无法归还从而被司法机关以"非法吸收公众存款犯罪"来认定的案件持续增多。由于民间借贷的高风险性以及法律制度的不完善，民间借贷引发的高利贷问题，甚至集资诈骗、非法吸收公众存款等犯罪行为，引发了不少社会问题及法律纠纷，对我国金融秩序稳定乃至社会稳定均造成了不利影响。市场经济大环境下产生的民间借贷是一把双刃剑，民间贷款的存在对市场经济的发展有优势也有劣势，多数人都看重民间借贷的优势部分，但也对其劣势部分有担忧。故此，法律监督便派上了大用场，应对其不足之处进行监督，对其合理利益给予保护，使民间贷款行业呈现良性发展态势。①

## 一、我国民间借贷的现状

在 2015 年《最高人民法院关于审理民间借贷案件适用法律若干问题的规定》（以下简称新《规定》）出台之前，我国民间借贷一直没有合法的地位，虽然我

①陈柳钦. 民间借贷的法律规制和完善[N]. 中国城市报，2017-04-03（23）.

国早在1991年就出台了《关于人民法院审理借贷案件的若干意见》（以下简称《意见》），但对于民间借贷问题，一直处于模糊状态，只是零零散散地出现在《民法通则》和《合同法》等相关的法律中。近些年来涉及民间借贷的案件频发，经济形势极不稳定，这才使得该问题得到众多专家学者的重视。这些年关于民间借贷的立法提案层出不穷，经过多年的努力，终于在2015年看到了曙光。

长久以来，关于民间借贷有效还是无效的问题一直困扰着我们，按照国家当时的有关规定，个人之间的借贷行为是有效的，个人与企业之间的借贷，只要是意思表示真实的，就视为有效，而企业之间的同业拆借行为，则全部被法律所禁止。这就造成了关于民间借贷一元论和二元论的纷争，一元论认为民间借贷全部有效抑或全部无效，而二元论则相对复杂，但其主张也就是我国一直以来的主张：民间借贷部分合法、部分非法。这看似最为合理的解释在实际现实的操作中是非常困难的，比如企业之间的借贷转变成法定代理人和另一家企业之间的借贷，按当时的法律来说就是以合法形式掩盖非法目的，但监管难、取证难的问题一直困扰着我们，使得民间借贷在合法与非法的边缘游走，令司法机关在审理相关案件时也非常为难。

根据麦金农提出的"金融压抑"理论，发展中国家普遍存在"金融压抑"现象，即政府操纵金融，利用利率限制和配给信贷等非市场机制手段来管理金融行业，集中金融优势优先发展经济建设重大项目。这些国家、地区的主要金融活动处于政府当局的控制之中，正规金融的进入门槛过高，民间借贷机构通常不能顺利地融入正规的金融体系。[①]可我国早已经过了初级发展中国家的时期，并且顺利地通过了刘易斯拐点[②]，经济日益蓬勃发展，再进行"金融压抑"就不符合历史发展的潮流了。

从我国的实际情况来看，民间借贷还是大有可为的。传统意义上的金融机构，借贷手续烦琐，条件苛刻，可谓是"只会锦上添花，从不会雪中送炭"。对于那些资金雄厚的大企业，金融机构仿佛赶不走的苍蝇，一直围着转，而对于中小型企业和农民来说，能从这些金融机构借到款简直比登天还难，审查的手续就会让人望而却步，即使能耐得住这些程序，最后往往也因为主体资格的问题而被拒之门外。可这些经济主体也需要大量的资金来运作。而民间借贷就可以避免这些问

---

① 刘慧兰. 关于完善我国民间借贷法律体系的思考[J]. 金融发展，2010（4）：119-128.

② 所谓刘易斯拐点，即劳动力过剩向短缺的转折点，是指在工业化过程中，随着农村富余劳动力向非农产业的逐步转移，农村富余劳动力逐渐减少，最终达到瓶颈状态。

题，具有简单、快捷等特点，满足了广大群众的需求，易于被一般民众所接受和认可。

## 二、民间借贷合法性确立的利与弊

### （一）民间借贷合法地位确立的必要性

只有确立了民间借贷的合法地位，才能有效地加强对其的监管；面对层出不穷的借贷纠纷，只有用法律的武器把其锁在制度的笼子里，才能使这个猛兽为我们所利用。在美国历史上，曾经有过一个绝对禁酒的时代，后来，随着时代的发展，绝对禁酒已经不可能做到，绝对禁酒的法律反而给酿私酒和走私私酒的人提供了暴富的机会。[①]

在现代社会中，正是由于民间借贷始终没有取得合法的地位，才导致了大量相关行为的界定非常困难，法院在实际的审判过程中，碍于没有直接的法律规定，只能按一般的借款合同纠纷来处理，针对性相对来说就要差得很多。

从个人的角度来看，民间借贷合法地位的确立，使得个人之间、个人与企业之间的借贷变得非常方便，个人的投资渠道得到了进一步的发展，民间的闲散资金得到了充分的利用，简单的手续使得每个人都可以成为债权人，辅之以配套的制度，使得民间资本涌流，进一步促进了经济的大循环，实现了个人和国家的双赢。

从企业的角度来看，尤其是对于那些规模较小、筹集资金比较困难的中小企业来说，民间借贷合法地位的确立无疑是天大的福音，不仅可以从个人处谋得资金，也可以进行企业之间的借贷，极大地解决了这类企业融资难的困境，并且使得原本黑暗的地下金融市场在一定程度上得以阳光化，可以在很大程度上避免类似于温州的"跑路潮"的现象，无疑会使国家的金融秩序得到非常大的改善。

### （二）民间借贷合法地位确立可能带来的风险

正如上述所讲，唯恐一些人以合法形式掩盖非法目的，打着民间借贷的幌子，做着非法吸收公众存款和集资诈骗的事情，威胁我国的经济安全。在实际的司法中，许多类似的案件就是由于合法与非法的界限比较模糊，或者开始只是合法的民间借贷，到后来由于情势变迁，才慢慢滑向了犯罪的深渊。而从现实情况来看，这类行为往往具有隐蔽性，通常情况下相安无事，但只要出现问题，就会存在取

---

[①]林达. 历史深处的忧虑[M]. 北京：生活·读书·新知三联书店，2013：23.

证难的问题，许多碍于情感因素的借款，凭借的都是债务人的信誉，债权人不好意思开口，等意识到事态严重了，已经过了民事案件的诉讼时效，意味着债权人的相关权利保护就丧失了，此时便追悔莫及。

在民间借贷合法前，合法的金融借贷总是供不应求，而其合法后，肯定会对原有的金融借贷产生冲击。资本大量涌入民间借贷，导致居民的银行储蓄和其他投资减少，对现有的投资消费结构都会产生不小的影响。而正规的金融机构，对债务人的资格审查比较严格，对于信誉较差的债务人，往往会要求其提供担保。而大肆放开民间借贷，根据马克思所言："如果有 10% 的利润，资本就会保证到处被使用；有 20% 的利润，资本就能活跃起来；如果有 50% 的利润，它就会铤而走险；如果有 100% 的利润，它就敢践踏人间一切法律；如果有 300% 的利润，它就敢犯下任何罪行，甚至冒着被绞死的危险。"[1]放贷人为了自己的利益，不会（有时是做不到）严加审查，就会轻易借钱给他人，而债务人也会因为急需资金而饥不择食，被迫签下高利息的借贷合同。若是相关的法律法规不能及时跟进，许多与金融相关的衍生问题便会层出不穷，类似于美国的次贷危机也可能会在我国上演。

## 三、民间借贷的利息问题

### （一）民间借贷利息的过往规定分析

1991 年出台的《意见》第六条规定，"民间借贷的利率可以适当高于银行的利率，各地人民法院可依据本地区的实际情况具体掌握，但最高不得超过银行同类贷款利息的四倍(包含利率本数)，超出此限度的，超出部分的利息不予保护"。这一利息标准从 1991 年出台，一直执行到 2015 年新《规定》的出台。这 20 多年的时间，市场早已经发生了天翻地覆的变化，固守这个四倍的底线，未免与现实经济的发展格格不入。笔者看来，这样的规定完全是为了在司法过程中便于执行，法官在审理相关案件时，可以就此标准来断定利息的合法与否，但现实情况远比这复杂得多，许多因素诸如地域因素、国家货币政策和财政政策等都没有被考虑其中，虽然给了法官自由裁量权，但碍于这个四倍底线，自由裁量权很难得到切实充分地行使。而借贷关系都是按照合同来处理，合同的第一原则就是意思自治，若是双方都认可的利息，又在双方的承受范围之内，仅仅凭借《意见》的

---

①马克思. 资本论：第一卷[M]. 北京：人民出版社，1958：839.

硬性规定就断定孰是孰非，未免太过于死板，与时代的发展也不相适应。

### （二）新《规定》中对民间借贷利息规定的优劣分析

新《规定》第二十六条中明确提出，借贷双方约定的利息未超过年利率24%，出借人请求借款人按照约定的利率支付利息的，人民法院应予以支持。借贷双方约定的利率超过年利率36%，超过部分的利息约定无效。借款人请求出借人返还已支付的超过年利率36%部分的利息的，人民法院应予以支持。

该《规定》突破了1991年《意见》的规定，原来的法律中规定的是不超过银行同期利率水平的四倍。这也就明确区分了正常的民间借贷和高利贷，超过36%的利息，在新《规定》中即属于高利部分，国家不再予以保护。这给了民间借贷一个新的气息，即使双方当事人之间约定利息有了一个基本的框架，也使得法官在审理案件的时候有了一个较为明确的标准，一举两得。

新《规定》第二十六条的规定固然解决了一部分问题，但对于24%～36%之间的这部分利息没有明确的规定。笔者认为，与新规定的其他条款结合来看，这之间的空白地带，若是借款人已经支付，本着意思自治原则，不能要求返还，若是借款人没有支付，出借人也不能去法院主张让借款人再支付这部分利息。这就给司法实践造成了一定的困难，若是双方因此引起了纠纷，那么举证责任在谁。从近些年的司法实践中不难看出，附有举证责任的一方往往就会处于不利地位。如何处理，又将是摆在司法工作者面前的一个难题，需要在实际的审理中花费时间不断探索，才能得出结论。

### （三）关于利息过高的法律责任

我国香港地区的《放贷人条例》对于高利贷规定了两档法律责任："实际利率超逾年息48%的，推定该宗交易属于欺诈性，实际利率超过年利率60%的，属于犯罪"。[①]而大陆地区就相对模糊，高利贷界限没有那么清晰，究竟多高的利率应该承担怎样的责任，在此次的《规定》中没有明确的界定，还需要在接下来的立法中进一步规范和完善。

我们不妨借鉴其他国家和地区的相关法律法规，这里仅以美国和南非为例。在美国，一些州对非吸收存款类放贷机构的贷款利率通过《反高利贷法》设定最高利率，另一些州则没有设定上限。一般会根据放贷用途、放贷人的自身条件及其是否有担保等采取不同的利率，通常消费信贷利率高于商业信贷利率，无担保

---

①姚辉. 关于民间借贷若干法律问题的思考[J]. 法律与政治，2013（12）：2-9.

信贷利率高于有担保信贷利率。① 再回到我国的实际，从民间借贷的类型上看，利率必然应该有所区别。个人之间的借贷利率限制与企业之间的借贷利率限制必然应该有所不同，对于完全的自然人之间的借贷，利率不宜过高，鉴于我国现在没有自然人破产制度，一旦利率过高，难免会对债务人产生极大的压力，不利于债务的顺利履行。而对于企业之间的借贷，应该本着意思自治的原则，只要大体上符合公序良俗的原则，国家就应该放手，让市场这只"看不见的手"进行自我调节，国家仅需要提供必要的宏观调控，在发生纠纷的时候定纷止争就可以了。针对东西部地区的发展差异，民间借贷的利率也应该随着经济水平的差别而有所变化。对于西部不发达地区来说，几十万的借款标的已经是相当可观的了，而对于沿海发达地区，几百万的金额往往都属于基层法院的受案范围，大家都习以为常。故对于这种差异，应该差别对待，关于高利贷的界定问题，更应该具体问题具体分析。最后需要对农村的民间借贷给予特别的重视。在广大的农村地区，农民的文化程度普遍偏低，对于自己权利的保护意识较差，一不小心就会被不法之徒利用。高利贷对于他们来说，更是一个既熟悉又陌生的词汇。国家在制定民间借贷利率的差别对待时，应该对农村问题作出专门的规定，以保护农民这部分弱势群体的合法权益。

再来看南非，南非的《高利贷豁免法》规定，任何机构或个人发放 5000 美元以下的贷款，无论利率高低，只需在相关的管理部门登记，即为合法。② 对应到我国来说，正是由于国家对民间借贷的严格限制，借款人无法从正规的渠道获得贷款，才会被迫接受高利贷。现在市面上许多小额贷款无须担保，仅凭身份证即可，如此简便的手续，使得借款人在急需小笔资金的时候会选择这种方式。若是我国也能采取南非的办法，在一个合理的金额范围，国家对于利率完全放开，那么便会有许多个人和企业涌入到小额借贷的领域，使得国家的借贷结构更加多元化，让资本的利用率呈几何倍数的增长，从而扩大了内需，在一定程度上拉动了经济的增长。

## 四、关于民间借贷案件的法律适用

新《规定》的第七条规定："民间借贷的基本案件事实必须以刑事案件审理

---

① 李炎诺. 借鉴国际经验制定我国《放贷人条例》[J]. 法制博览，2013（1）：139.
② 同上。

结果为依据，而该刑事案件尚未审结的，人民法院应当裁定中止诉讼。"本次的新《规定》仍然没有突破先刑后民的原则，而现实中许多民间借贷案件，由于当事人跑路等原因，无法与民事案件的被告，即刑事案件中的被告人取得联系，导致了案件的一再延期。民事案件的程序相对简单，根据民诉法的有关规定，当事人经两次合法传唤不到庭的，可以拘传，确实无法联系的，可以缺席判决，可是刑事案件却不能如此，只有被告人归案了，案件才能审理、判决，时间较长，处理的效果也不显著。

对于民间借贷问题，笔者认为应该先走民事程序，判决后申请强制执行，减少诉讼时间，提高诉讼效率，尽最大的可能减少出借人的损失。民间借贷的大部分出借人就是普通民众，他们抵御风险的能力本来就较差，若是刑事案件迟迟得不到解决，必然会导致民事案件的中止，普通民众的血汗钱有可能血本无归，给民间的金融秩序造成一定程度的混乱，会激化社会矛盾，不利于国民经济的平稳运行。

## 五、对民间借贷问题的展望

### （一）关于我国的《放贷人条例》

早在 2007 年 3 月，中国人民银行就组成了《中国〈放贷人条例〉立法研究》课题组，在国内选择广东等九个省市作为样本地区，民间借贷的状况进行了调研；2008 年第二季度的货币政策执行报告再次提出，要适时地推出《放贷人条例》；《2012 年法治蓝皮书》也建议尽快出台《放贷人条例》。可时至今日，中国的《放贷人条例》仍然处在酝酿之中，未能出台。究其原因，主要有三：

首先，该条例的出台，必然与 1996 年颁布的《贷款通则》相冲突，例如：该通则不允许企业之间的相互借贷，而条例的出台，则必然预示着企业间的正常信贷活动应该被允许，而许多学者担心这会引起金融秩序的混乱，造成企业间无序的借贷，这显然与条例制定的出发点相背离。笔者认为，正是由于国家对企业之间借贷的禁止性规定，才导致了现在企业之间借贷出现的一系列问题，若是通过条例加以合理的规范，让所有的借贷都能暴露在阳光下，反而能顺应经济发展的大趋势，促进国民经济又好又快发展。

其次，依据中国的立法现状，出台该条例，必然又会对放贷者加以严格的管制，自主的空间很小，行政命令的色彩很强，反倒不如现在活得潇洒自在。例如上文所述的利率问题，从中国实际来看，民间借贷的利率普遍高于市场利率，当前国家的规定是不超过银行同期贷款利息的四倍，而在许多经济发达地区，民间借贷利率都会略高于这个四倍的指数，若是按传统的"一刀切"模式，必然会抑制这些民间借贷实体的发展。为了自己可以获得更大的利益，他们往往不会走上合法化的道路，如果合法化了，这个条例也就变成了一纸空文。

最后，既得利益者的阻挠。长期以来，借贷主要被控制在由国家颁发相关资质的金融机构，而他们对贷款人的信用程度要求高，许多中小企业和个人根本无法获得贷款，大企业想要获得贷款，也要颇费周章，许多黑幕便应运而生，由此引发的问题更是不计其数。正是由于正规的借贷机构缺乏竞争，才造成了这种一家独大的情景，尤其是四大国有银行的实力，实在是让其他机构没有丝毫的生存余地，他们的话语权在相关政策出台时，经常起到了至关重要的作用。正是国家和国企不愿意放弃这部分庞大的利益，才使得民间借贷完全合法化的道路显得尤其艰辛。

要解决此矛盾，应从以下几个方面入手：首先，要创设相关的监督管理部门。国家不愿意放开民间借贷的限制，除了对经济利益的考虑，更重要的是怕市场的盲目性、自发性和滞后性。国家经济监管的各部门职能模糊，造成了有利益就抢着管，没有利益就相互扯皮、推脱，谁也不管的情况。国家现在的行政改革和司法改革正在如火如荼地进行中，就是要改变这一现状，目前我国借贷的主体仍然是以银行为主，其监管部门是银监会。而对于民间借贷，笔者认为，应该建立专门的民间借贷管理委员会，与银监会同一级别，对民间借贷的所有问题进行统一的监督和管理。这其中的主要问题包括民间借贷的登记制度、审核制度、监控问题等。需要特别指出的是，这里的审核只是帮助那些没有较丰富法律和经济相关知识的人审核借贷合同的合理性，并不意味着我国实行的是民间借贷的审查制，只有审查成功才能批准。审核仅仅是一种附加程序，当事人申请才审核，而主体的民间借贷仍然是登记制，只要去相关的部门进行登记，即可宣告借贷合同的成立。其次，采用阶梯渐进式的立法模式。从民间借贷最盛行、问题最严重的东部城市地区进行试点，逐步扩展到中西部地区及广大农村地区。资料显示，从2006年年底开始，银监会开始村镇银行试点，并规划2009—2011年3年间审批建立1027家这样的村镇银行，但3年时间过去了，开业的村镇银行只有500多家。小额贷款公司也受融资比例和融资机构数量、只存不贷等限制，叫苦多年。[①]

---

① 李威. 《放贷人条例》难产背后[J]. 商业与金融，2012（7）：71-73.

　　笔者认为，国家制定该条例，不应一味停留在相关机构的建立上，应该给予这些机构切实的权利，从法律构建的层面确认其职能的范围，不然设立的那些金融机构就又成了空头衙门，发挥不了应有的功能，对民间借贷问题的解决也没有实质性的帮助。应该从东部地区的部分城市开始，建立民间借贷的监管机构，通过地方性的立法，给这些机构最大限度的自主权，对民间借贷的相关问题有充分的管理权限，使得本地的民间借贷实现良性的可持续发展。经过几年的平稳运行后，再逐步推广到其他地区，针对不同地区的特点进行微调，最终形成全国性的立法，使得《放贷人条例》得以最终出台。

## （二）关于个人破产制度的建立

　　纵观中国的立法历史，出现过《企业破产法》，却从未出现过《个人破产法》，这不给不说是我国立法的一大缺憾。

　　实施《个人破产法》后，一旦出现个人恶意欠债、久借不还的情况，债权人可以依照该法的相关规定，向人民法院申请宣告债务人破产。债务人若是资不抵债，也可以依照该法申请破产保护，在生活出现极大困难、名誉受到严重损害的前提下，债务可以在法律允许的一定范围内得以免除，防止债务人出现背负沉重债务后逃债以致有家难回、无家可归甚至自杀的现象。对于债权人来说，能够更加便利地运用自己的权利，利于债权的实现。对债务人来说，有了这个破产制度，可以在一定程度上自由地退出市场，免于深陷债务的泥潭无法自拔。对国家来说，对建设社会主义和谐社会起到了一定的促进作用，一举三得。

　　也许有人会担心部分人会恶意破产来逃避债务，这就需要国家建立强大的信用制度体系，申请过个人破产的人，多少年之内不能申请新贷款，在买房、买车、享受社会福利方面都会有适当的限制，尽可能不会出现恶意破产的情况，维护正常的信贷秩序。要知道，在西方发达国家，信誉是非常重要的，没有了信誉，不光是消费问题，就连升学和就业也会受到诸多的限制。而正是中国对信誉机制的建设不够完备，才在国际上形成了不好的形象，貌似中国人都是不讲诚信的。个人破产制度的建立，正是在信誉体系建立上迈出的一大步，通过个人信誉的不断提高，个人破产制度一定可以最终确立。

　　在人们的传统观念里，欠债还钱，甚至是父债子还，天经地义，债务人一旦无法按时偿还债务，便要背上沉重的负担，非死不得安生。其实这样的观点也未必全都是正确的，过分保护债权人的利益，有时也在一定程度上忽视了债务人的利益，他们未必是存心不还钱，而是实在有困难，若是此时再逼迫他们还钱，反而会使他们的境遇雪上加霜，更不利于债务的履行。

　　许多时候，债务人进行民间借贷都是为了商业的需要，未尝不可以视为债权人的一种投资行为。众所周知，股市有风险，入市须谨慎。那在明知债务人是用于商业目的的情况下，债权人仍然心甘情愿地出借自己的大量资金，并被债务人许以高额的利润，笔者认为，在这种情况下，若是债务人无法到期偿还债务，便可启动个人破产程序，以此来保护债务人的合法权益。尤其是明知债务人是用这笔资金从事风险投资或是射幸行为，就更应该加重债权人的责任。建立这样的制度，不是为给债务人欠债不还找借口，而是敦促债权人对出借行为持更加谨慎的态度，尤其是对于那些恶意借贷的高利贷放贷人的进行惩戒，以保证民间借贷的良性发展。但许多具体的问题，例如在赌场迫于无奈借来的赌资，是全部不用归还，还是有一个归还的比例，需要在接下来的实践中不断摸索。

　　综上，国家出台的这个新《规定》在接下来的日子里会给民间借贷带来一个新的面貌，虽然该《规定》实施的时间并不长，但可以看出国家对这个问题开始给予高度的关注。为民间借贷披上了合法的外衣，必然会进一步促进我国经济的发展。当然，我们更要看到民间借贷还有许多问题是这次新《规定》所没有涉及的，亟待在下次修法时加以补充和修缮，从而进一步完善我国的社会主义法制体系，加快依法治国的进程。实务中，司法部门也要正确处理刑、民交叉问题，严格罪与非罪的界限，妥善处理案件，引导和规范民间借贷行为，使民间资金流向合法渠道。

　　总之，国家层面应尽快出台单行法以规范民间借贷，使其进行良性发展，有法可依，有法可循；各级职能部门要加强有效监管，明确有效的监管责任与联动机制，建立民间借贷及新型金融产品的长效监管机制，使民间借贷主体回归到诚实信用和法律约束及"有借有还"的诚信道德基准上来。①

---

①陈柳钦. 民间借贷的法律规制和完善[N]. 中国城市报，2017-04-03（23）.

# 结　语

市场经济是法治建设的经济基础，一个国家法治的实现程度取决于市场经济的发展程度。依法治国是我国的基本治国方略，建设社会主义法治国家，离不开良好的法律法规。在我国现行的法律体系中，民商法作为与人类经济、生活联系最紧密的一个法律部门，对我国法治建设的重要性不言而喻。

民商法作为高校法学专业的必修课，所有高校对民商法教学都十分重视。民商法是随着社会经济的发展而不断演变的，自 20 世纪末以来，随着我国民事立法工作的推进，民法典的制定逐步提上了立法日程。2020 年 5 月 28 日下午，十三届全国人大三次会议表决通过了《中华人民共和国民法典》（以下简称《民法典》）。《民法典》的出台，对于民商法文化匮乏、民商事立法薄弱的我国而言，无疑是一个巨大的进步，标志着一个保障权利的崭新时代的到来，标志着社会主义市场经济在中国有了强有力的、成熟的法律制度支撑，社会主义法治有了自己响当当的"金字商标"。《民法典》的编纂成功，也是人类法治史、文明史上的一桩大事件。然而也应该看到，在 21 世纪这样一个特殊的时空环境中，我国的民商事立法尽管有着较为丰富的比较法经验参照，但随着我国经济体制改革的逐步深入、市场经济体系的日趋完善、社会经济的飞速发展，面对着经济全球化所带来的经济、道德、文化伦理的冲击，国家知识产权战略的制定与实施，国际范围内人权运动的蓬勃开展，网络的日趋普遍化及其对人类生活影响的日益深刻，电子商务交易模式的日趋广泛，第三部门的兴起及其在社会生活中作用的日益增大，生物科技革命及在民事主体、人工生殖、器官移植等领域引发的法律问题，关于民商法的研究之路还很长很长，与此同时，民商事立法也仍然需要不断完善，民商法教学改革也永无止境。

展望未来，随着社会经济生活的不断变化，民商法教育教学研究成果仍将不断涌现，人们的认知水平会越来越高。愿本人的这部拙作能为民商法的教学改革和理论研究增砖添瓦！